只有真的为孩子着想，

站在孩子生命成长的高度思考教学，

课堂才会充满活力，

人生也就更有意义。

——潘小明

· 教育家成长丛书 ·

# 潘小明
## 与数学生成教学

PANXIAOMING YU SHUXUE SHENGCHENG JIAOXUE

中国教育报刊社 · 人民教育家研究院  组编
潘小明 著

北京师范大学出版集团
BEIJING NORMAL UNIVERSITY PUBLISHING GROUP
北京师范大学出版社

**图书在版编目（CIP）数据**

潘小明与数学生成教学/中国教育报刊社人民教育家研究院组编；潘小明著. —北京：北京师范大学出版社，2017.10（2022.6 重印）
（教育家成长丛书）
ISBN 978-7-303-22520-0

Ⅰ.①潘⋯　Ⅱ.①中⋯　②潘⋯　Ⅲ.①小学数学课－教学研究　Ⅳ.①G623.502

中国版本图书馆 CIP 数据核字（2017）第 145057 号

营　销　中　心　电　话　　010-58802135　010-58802786
北师大出版社教师教育分社微信公众号　京师教师教育

出版发行：北京师范大学出版社　www.bnup.com
　　　　　北京市西城区新街口外大街 12-3 号
　　　　　邮政编码：100088
印　　刷：北京玺诚印务有限公司
经　　销：全国新华书店
开　　本：787 mm×1092 mm　1/16
印　　张：22.25
字　　数：380 千字
版　　次：2017 年 10 月第 1 版
印　　次：2022 年 6 月第 3 次印刷
定　　价：72.00 元

策划编辑：倪　花　　　责任编辑：戴　轶
美术编辑：焦　丽　　　装帧设计：焦　丽
责任校对：陈　民　　　责任印制：陈　涛

# 教育家成长丛书

## 编委会名单

# 总 序

　　教育是国家发展的基石，教师是基石的奠基者。古人云："国将兴，必贵师而重傅。"兴国必先强教，强教必先重师。党中央、国务院高度重视教师队伍建设。2013 年教师节，习近平总书记在给全国广大教师的慰问信中指出："百年大计，教育为本。教师是立教之本、兴教之源，承担着让每个孩子健康成长、办好人民满意教育的重任。"2014 年，在第 30 个教师节前夕，习总书记到北京师范大学视察并发表重要讲话，指出："一个人遇到好老师是人生的幸运，一个学校拥有好老师是学校的光荣，一个民族源源不断涌现出一批又一批好老师则是民族的希望。"《国家中长期教育改革和发展规划纲要（2010—2020 年）》也明确提出，"有好的教师，才有好的教育"，要"努力造就一支师德高尚、业务精湛、结构合理、充满活力的高素质专业化教师队伍"。"倡导教育家办学"，要创造有利条件，鼓励教师和校长在实践中大胆探索，创新教育思想、教育模式和教育方法，形成教学特色和办学风格，造就一批教育家。"两个一百年"奋斗目标的实现、中华民族伟大复兴中国梦的实现，归根结底要靠人才、靠教育，而支撑起教育光荣梦想的，是千百万的教师。

　　时代呼唤好老师。有一流的教师，才有一流的教育；有一流的教育，才有一流的国家。出名师、育英才、成伟业，是时代赋予我们教育战线的神圣使命。"所谓大学者，非谓有大楼之谓也，有大师之谓也。"好学校、好教育的最重要标准，就是要有好老师。一所学校、一个地区，乃至一个国家，如果教师有理想、有爱心、有学识、有高超的教育艺术，那么即使硬件设施有些简陋，家长、学生也会心向往之。教师是中国梦的奠基者。教师的重要使命，就是为每个孩子播种梦想、点燃梦想，并帮助他们实现梦想。每一间平凡的教室，每一节朴实的课，都不仅是知识的传递，而且是人类文明精神的接续、人生梦想的起航。正是有亿万个孩子梦想的放飞、绽放，中国梦才更加光彩夺目。如果说中国梦最坚实的土壤是学校，那么教师就是最伟大的"筑梦师"，他们用默默无闻、孜孜不倦的智慧劳动，让每一颗年轻的心灵都与中国梦激情相拥。

倡导教育家办学，造就一批好老师，首先要尊重、珍惜我们的本土智慧、本土创造。教育家不是凭空产生的，而是扎根于自己的民族文化土壤，同时吸收人类文明成果，从而创造出独特而生动的教育实践、教育智慧和教育文明。五千年源远流长的中华文明，不但形成了有我们民族特色的教育理论体系，而且涌现出了千千万万优秀的教育家，有被推崇为"大成至圣先师""万世师表"的孔子，有"匹夫而为百世师，一言而为天下法"的韩愈，有"捧着一颗心来，不带半根草去"的人民教育家陶行知，等等。改革开放40年来，随着教育改革的不断深入，教育战线涌现出了一大批杰出教师。他们痴情于教育事业，坚守理想信念和教育良知，在三尺讲台上默默耕耘、刻苦钻研，同时以敢为天下先的精神大胆创新，不断进取、不断超越，形成了各具特色的教育思想和教学风格。正是他们的成功探索和实践，创造了具有中国风格的教育经验，丰富了具有中国特色的教育理论宝库。原由教育部师范教育司组织编写，现由中国教育报刊社人民教育家研究院组织编写的"教育家成长丛书"，就是要向这些宝贵的本土创造性的教育经验致敬。

当前，教育领域综合改革正在深入推进，考试招生制度改革的大幕已经拉开，立德树人、培育和践行社会主义核心价值观成为大中小学教育的头等任务。可以预见，中国教育将发生深刻的变革，将从"中国制造"向"中国创造"转变。"没有革命的理论，就没有革命的运动。"没有适合中国土壤、具有中国智慧的教育理论，就不可能为未来的中国教育改革提供有效的指导。我们的教育要向"中国创造"飞跃，必然要首先创造属于我们自己的教育理论，而不是"言必称希腊"或者老是贩卖欧美的教育理论。170 多年前，美国思想家、诗人爱默生发表了著名演说《美国学者》，号召美国知识界："我们依赖旁人的日子，我们师从他国的长期学徒期时代即将结束。在我们周围，有成百上千万的青年正在走向生活，他们不能老是依赖外国学识的残余来获得营养。"由此，美国迈入精神立国阶段。

如今，我们也面临与爱默生同样的情形。随着我国 GDP 已从世界第二向第一迈进，我们的经济崛起已成为事实，但在道德文明、文化精神等方面，我们还需奋起直追。没有文明的崛起，经济崛起就难以持续。当务之急，是我们需要化解内心深处的文化自卑情结，摆脱对他国文明的精神依附，自觉养成强烈的"中国意识"，独立的中国文化品格，并由此去环视世界，去改造本土实践，去创造属于我们自己的精神养料——这在教育界显得尤为紧迫。"教育家成长丛书"，旨在把我们本土教育实践中蕴含的中国智慧提炼出来，从而形成具有时代意义的中国特色的教育话语体系，再以此去观照、引领、改造中国的教育实践，为伟大的教育改革提供经验、理论支持，也为未来的教育家提供丰富、可资借鉴的精神养料。

让我们为中国教育的伟大未来一起努力吧！

2018 年 3 月 9 日

# 前　言

　　见证着中国基础教育半个世纪的春华秋实，代表着中国基础教育教学成果的最高成就——"首届基础教育国家级教学成果奖"，闪耀着李吉林、窦桂梅、吴正宪、张思明、洪宗礼、唐江澎、邱学华、于永正、孙双金、薄俊生、龚春燕等一大批优秀教师的名字。而上述这些教师杰出代表恰恰都是《人民教育》"名师人生"栏目中最受读者喜爱的名师，都是"教育家成长丛书"的作者。

　　"教育家成长丛书"（以下简称"丛书"），是在第 20 个教师节前夕，为了研究、总结、宣传和推广我国众多优秀中小学教师的先进教育思想和鲜活宝贵的教育教学经验，培养造就一大批德才兼备的优秀教师和杰出的教育家，促进教师队伍整体素质的提高，根据教育部党组安排，由师范教育司组织编写的一套凝聚着一大批教育家成长智慧的大型教育丛书。

　　"丛书"自 2006 年问世以来，不但得到国务院和教育部领导同志的高度重视，而且先后印刷多次尚不能满足广大读者的需求。这其中的奥秘何在？

　　当你翻开"丛书"，每一部著作都讲述着一位教育家成长的故事。这些著作主要从"成长历程""思想概述""课堂实录"和"社会反响"等方面全景式反映其教育思想、教育智慧、专业精神和专业人格的形成过程与教学实践过程。这是教育家成长的基本素质所在。

　　当你沿着教育家成长的足迹走近他们的时候，你会融入这些带有"草根色彩"、扎根中华教育实践大地、充满田野芳香的真实感人的教育故事中。

当你从"丛书"中，从这些当年和自己一样的普通教师，成长为今天受人尊敬的教育家的成长过程中受到启迪，当你触摸着自己的心，把学生的成长和祖国的未来紧紧连在一起的时候，你会真切地感受到教育家离我们并不遥远。

当你用整个身心蘸着自己的生活积累去品味"丛书"中的每一部著作的"成长历程"时，在一位位名师不断学习、不断超越自我、不断超越学科教学的求索足迹中，你会读懂"教育是事业，其意义在于奉献"的丰富内涵。

当你研读"丛书"中的每一部著作的"思想概述"，和每一位名师展开心灵对话的时候，都会深深地感受到，一名教师对教育独立的理解与执着的追求有多么重要。从一名普通的教师成长为受人尊敬的教育家的过程中，你会读懂"教育是科学，其价值在于求真"的深刻含义。透过"丛书"，你会看到一代代教师用爱与智慧塑造民族未来的教育理想。

随着我们从"知识核心时代"走向"核心素养时代"，教师教育教学活动的视野已拓展到人的生存与发展的方方面面。教师要结合自己的教学实践去感悟"教育理念是指导教育行为的思想观念和精神追求"，应该把爱化为自己的教育行为，让爱充盈课堂，触摸到一个个灵动的生命，让爱产生智慧，让爱与智慧在学生心中留下岁月抹不去的美好回忆，让教育者和受教育者都感受到教育的幸福。这是"丛书"给我们的启示，也是每位教师应有的胸怀和视野。

时代呼唤教育家。为了进一步把我们本土教育实践中蕴含的中国智慧提炼出来，从而形成具有时代意义的中国特色的教育话语体系，以此去观照、引领、创新中国的教育实践并在更大范围加以推广，"丛书"将由中国教育报刊社人民教育家研究院继续组织编写，希望能够在更广大教师的心田中播种教育家成长的智慧，从而出更多的名师，育更多的英才，成就中华民族复兴的伟业。这是时代赋予广大教育工作者的神圣使命。如果广大教师能在每位教育家成长、探索教育智慧的过程中受到启迪，形成自己的教育智慧，则实现了我们编辑这套"丛书"的初衷。

"教育家成长丛书"
编委会
2018 年 3 月

# 目 录
CONTENTS

潘小明与数学生成教学

## [ 我的成长之路 ]

## [ 我的生成教学观 ]

## [ 生成教学的理论基础与特点 ]

## 生成教学的方法与策略

## 生成教学的课堂实践

## ［他人评说］

## ［写给年轻教师的话］

# 我的成长之路

# 一、"盐泥场"走出的"新郎官"

少年时的我

1960 年 4 月 26 日，我在上海宝山盛桥公社一个俗称"盐泥场"的村子里呱呱坠地。尽管农民成年累月地辛勤劳动，但由于贫瘠的盐碱地，田里庄稼长不好，每年年终分配水平常常是很低的。

为了多挣几个工分，读初中的我就利用早晚时间和节假日下地干活，特别是农忙季节，我经常加入出早工、开夜工的队伍中。记得一次晚上给稻谷脱粒，我竟然累得在稻草堆里睡着了。尽管一家人都非常拼命，但每年年终还是"透支"。幸亏父亲是教师，每月固定有五十多元的工资收入，一家人的生活还算过得去。

1978 年，我参加了"文化大革命"后的第一届高考，并如愿以偿地考取了上海市安亭师范学校。虽说是中师，可是在那个偏僻的乡村，读初中就能下地挣工分的生产队里，能考上中师已经很不容易。然而，接到录取通知书时，我们一家人又犹豫了：当时，恰逢宝钢征地动迁，我很有可能做一名宝钢工人。父亲的好朋友、我的高中数学老师好心地劝我：去安亭师范读书，将来当个小学教师，每月三十几元的工资，说什么也没有当宝钢工人强。也许是"子承父业"的传统思想，也许是父亲对教师职业的特殊情感，也许是父亲已经感觉到教育的春天即将来到，父亲建议我就读师范。这与我的想法不谋而合，于是，这件事在我们家毫无争议地定下来了。

在安亭师范的读书生活，我永远不会忘记：我是应届生，年龄小，身材也瘦小。同班同学大多比我大，他们常常照顾我。我学习很勤奋，理科成绩更为优秀。

与同学一起在安亭师范学校的校园内散步（笔者为右起第三）

两年的师范学习生活很快结束了。1980 年 2 月，我被分配到当时的宝山县盛桥中心小学任教，承担三年级一个班的语、数包班及班主任工作，每周 24 节课，整天和孩子们在一起。记得在盛桥中心辅导片上的第一堂公开课是讲授《一个降落伞包》，我至今还能回忆起课堂的一些内容。由于备课时得到父亲的指导，而我的教学又比较有激情，课上得很成功，获得辅导片老师的啧啧称赞。学校的党支部书记告诉我，他一直站在窗口听课，说我的课上得很不错，鼓励我继续努力！我默默地告诉自己，一定要努力带好我走上教师岗位的第一届学生。可是，就在我满怀信心准备带着该班学生升入四年级时，情况有了变化：有位资深的初中语文教师调入中心小学，担任班级的班主任和语文教学，学校让我教两个平行班的数学。说真的，当时我很舍不得，但必须服从工作安排。于是，我就成为一名专职的数学教师，开始了我的小学数学教学的"课堂人生"。

宝山位于上海的北郊，盛桥又位于宝山的北郊，地理位置偏僻，交通不便。工作的第三年，一次偶然的机会，县教研室来到盛桥中心小学进行教学视导，教研员老师听了我的数学课，觉得我这个小伙子很有灵气，没过多久，就带了县里的几位数学专家一同来校听我上课。后来我才明白，他们是在挑选代表宝山参加上海市首届小学青年数学教师教学观摩比赛的选手。一所农村小学能派出教师作为宝山唯一的选手参加上海市的教学观摩比赛，这个消息令我们举校上下欢欣鼓

右图：数学家谷超豪勉励青年教师热爱教学工作，提高教学水平。

下图：观摩课正在进行中。

沈计荣

潘小明

王春英

于兰英

部分区县小学数学青年教师观摩评议会

《上海教育》1983 年第 7、8 期

舞。参赛那天的情景我至今历历在目：学校的主要领导亲自陪同。书记对我说：今天你是"新郎官"，只要把课上好，其他都由我们来做；老校长则帮我拎着小黑板。能有机会参加市级大赛已经是非常幸运了，对于获奖我真的不敢奢望，这倒也好，没有过大的心理压力，可以尽情地投入孩子们中间，加之自己本身个子瘦小，像个孩子，更是和学生们打成了一片。比赛结果出乎意料，16 名参赛选手中有 4 人获得一等奖，我是其中之一。消息传来，学校轰动了，宝山轰动了。在表彰大会上，我激动地从著名数学家谷超豪教授手中接过获奖证书与奖品——一本《数学小词典》。我对这份特殊的奖品爱不释手，一直珍藏至今。第二年，我参加了由上海市教育工会组织的优秀教师庐山疗休养。在出发点名时，我才知道这个名额原本是给教育局局长的，顿时一股暖流直涌心头。能获一等奖我当然很激动，而更让我感动的是整个参赛过程中，各级领导、教研员、教学同行在方方面面给予我的关心、帮助和指导，让我感受到人们对教育的重视，对青年教师寄予的希望。同时，我也懂得，一等奖是集体的荣誉，我不过是一个演员，从演员成长为

导演，即成为一个有思想的教师，我的路还长着呢！获奖之后，我在市内渐渐有了点小名气，小学数学界开始知道宝山有个叫潘小明的数学老师，课上得挺不错的。随后，县里、市里各种教学观摩课、汇报课等接踵而来，任务驱动着我，我不断地接受着挑战。

1984 年在庐山疗休养

为了把课上好，我常常钻研教材，认真设计教案。我有一个习惯，凡是公开课的教案，我总是写在和考卷一样大的纸上，旁边还会留出一栏——专写修改意见。我之所以喜欢在大的纸上写教案，是因为可以多写点东西，除了复习导入、新授讲解、巩固练习、课堂小结、布置作业等必需的教学环节外，还有教师的启发提问、学生可能出现的回答、教学环节的过渡语、教学板书设计及每个环节教学时间的分配等，至少写满满一页，实在不够就写两页。这样，上课时就不用经常地翻教案了。为了把课上好，我经常利用晚上的时间来到学校，在空荡荡的教室里，独自站在讲台前，自言自语地面对着一排排的课桌椅进行试教，时不时地转过身去进行板书。我之所以选择晚上独自在教室里对着课桌椅试教，是因为此时的校园非常安静，我能够集中注意力熟记教案，也因为怕自己的幼稚被人嘲笑。为了把课上好，我经常翻阅教学杂志，特别喜欢看其中的课堂教学设计，因为这些教学设计可以直接拿来为我所用。我至今还记得 1982 年《福建教育》连续刊发邱学华老师的《尝试教学法的理论与实践》一文，其中"异分母分数加减法"的教学设计给我很大的启发。我用此方法进行了课堂教学的实践，收获不小。现在，我已不需要将教案写在考卷纸上了，对于教学目标及总体框架我早已烂熟于心。现在的我可以集中精力关注课堂上学生的学习状态以随时调控教学。当然，我不仅仅关注教育杂志上的教学设计，还更多地关注一些有关教学的研究论文，因为里面有许多教育的新理念。作为一名数学教师，我就是这样走过来的，这大概是人成长过程中不可缺少的经历。不知不觉中，我的课上得越来越好了。

# 二、课堂人生中的指明灯

在我的成长过程中，得到了许多领导和老师的帮助指导，我对他们都心存感激。其中有两位特别重要的导师，对我在小学数学教学领域的发展起着举足轻重的作用。

我的第一位导师是汪绳祖老师。认识汪老师，是在 1987 年暑假的一天中午。那天，我在虹口区教育学院吴淞分院进行大专中文学历进修。中午休息时间我在教室里做着功课。我们的讲课老师轻轻地走到我跟前，说："汪老师问你现在方便吗，想请你到他办公室去一下。"我愣了一下，问："汪老师是谁呀？""你不认识？他是我们学院的副院长，上海市数学特级教师。"那位老师告诉我。这下我才想起，自己确实见过这位著名数学特级教师，那是在上海市小学数学专业委员会换届选举时，他在主席台上就座，还为我们做过精彩的专题报告，给我留下了深刻的印象，可我并不知道他是吴淞区教师进修学院的副院长。当时我心里犯嘀咕：我只是宝山县乡镇中心校的一个普通的青年教师，汪老师找我会有什么事？我怀着忐忑不安的心情走进了汪老师的办公室。汪老师亲自给我沏茶，让我坐下，跟我聊起了家常：盛桥到吴淞，交通方便吗？大约要花多少时间？进修学习任务重不重，学得还可以吗？学校里带教几个班级的数学？……临走时，汪老师又关切地对我说："小潘，趁着年轻多读点书绝对是好事，遇到什么困难尽管来找我！"多么平易近人的领导，多么和蔼可亲的长者。我心里想，哪天能成为汪老师的学

得到导师汪绳祖的悉心指导

生，该有多幸福！这一天还真的来了。那是 1988 年，吴淞区、宝山县合并成城乡一体的宝山区。宝山区委组织部组织的拜师结对会上，我有幸成为汪老师带教的学生。此后的日子里，在工作、学习、生活等方方面面我经常得到导师的关心和帮助。"我们进行教学设计，首先必须清楚：新课新在哪里？新知识学生自己能学会吗？如果学生有困难，那么需要提供什么帮助？"这是汪老师指导我备课时经常说的几句话。这几句话，蕴含一种宏观思维，一直在指导着我的教学设计，成为我备课的思维习惯。细节决定成败，必须是在宏观决策正确的前提下。我们有些教师（包括曾经的我）的教学设计只关注枝枝节节、点点滴滴的细碎问题，出现了问题还不知原因，找不到方向，还要盲目地再试。他们缺少的就是宏观思维。当然，在宏观思维指导下的教学实践，必须关注教学的细节。记得教学《循环小数的认识》时，汪老师用红笔对我的教案进行了多处修改。印象最深的是，我的教学设计为，当计算比赛中有些学生喊"除不尽"时，教师佯装不信地说："真的有除不尽的题目？我们一起来看看某某同学是怎么除的。"本来，我是想把学生的注意力都集中到"70.7÷33"的计算上，然后一起逐步地商下去，让学生直观地发现"重复出现，永远也除不尽"。然而，汪老师对此进行了这样的修改：（出示右下方的竖式）如果再除下去，怎样能很快知道商是几？继续除下去，该商几，为什么？看来这道题是一直可以除下去的，你能说出小数部分的第八位是几吗？再下一位呢？读着修改后的教案，我最直接的感受是"细微处尽显高招"："出示算式接着除"，省去从头开始，把学生的思维直接指向问题的本质。"怎样能很快知道商是几"，让学生不再机械地试商，而是寻找重复的根源（规律的本质）。"看来是一直可以除下去的，你能说出小数部分的第八位是几吗"，让学生利用表象展开思维，揭示出循环小数的本质属性。汪老师就是这样指导我的数学教学的。

$$
\begin{array}{r}
2.142\phantom{0} \\
33\overline{)70.7\phantom{00}} \\
66\phantom{.000} \\
\hline
47\phantom{00} \\
33\phantom{00} \\
\hline
140\phantom{0} \\
132\phantom{0} \\
\hline
80 \\
66 \\
\hline
14
\end{array}
$$

　　我的另一位导师是原上海市教研室教研员、曾经担任国家小学数学教材审查委员、全国著名的特级教师顾汝佐先生。能拜顾老先生为师，还得感谢导师汪老师。为了让我能在更高的平台锻炼成长，汪老师把我推荐给顾老先生，使我有幸成为顾老先生的弟子，也有了更多的学习机会和发展空间。导师汪老师给了我很多在区内、市内的学习交流、汇报展示的机会，顾老师则带着我逐步地走向了全国。顾老先生对我的教育是多方面的。记得一次外出讲学，我和顾老师坐在候车室的座椅上聊着，突然，老先生站了起来，慢慢地向斜对面走去，弯下腰捡起了别人随手扔在地上的冷饮纸盒，又将其扔进了垃圾桶。目睹此番情景，我深感惭愧（因为我也看到那纸盒了，但没当回事）；同时，我也很感动，我想，这就是特级教师的素养，也是我和导师之间的差距，当老师做学问，首先要做人！一次去武汉讲学，离开

随导师顾汝佐（左二）在杭州讲学

宾馆时，顾老师让我检查一下返程的机票等，我说："都准备好了，您放心吧！""你再仔细看一下。"顾老师还是有点不放心。我就拿出机票再次查看，我一下子怔住了：我把返程的机票交给了会务组，身上带着的是来时的那张机票。顾老师则说："不急，以后可要细心哦！"他就是这样，善解人意，和蔼可亲。对于我在课堂教学中的失误，他从来不会埋怨半句，让我感受到的是长辈对小辈那种发自内心的真切的关爱与呵护！

　　大概是在常州举行的一次数学教学研讨活动中，顾老先生又和上海《小学数学教师》编辑部、中国数学教育记者编辑工作委员会等专家建议商量如何为青年教师成长搭建更广阔的舞台的事宜。1995 年 7 月，中国数学教育记者编辑工作委员会、《小学数学教师》编辑部等单位在青岛联合举办"吴正宪、潘小明课堂教学艺术研讨会"，顾老师对我的课进行指导，并作专题讲座。2004 年第二届"吴正宪、潘小明课堂教学艺术研讨会"在上海浦东召开，顾老师又专门撰写了《潘小明教学艺术的几个亮点》一文，发表于《小学数学教师》。读着导师的这篇文章，我内心真是百感交集。我从来不知道自己的教学竟然还有四大亮点，仔细对照想想，好像我的教学在这四方面是有所体现的。我的课堂教学真的有这么"亮"吗？我感受到一种巨大的激励，进一步明确了自己努力的目标。其实，在我的成长过程中，关心、支持、帮助我的人，还有许多，如北师大周玉仁教授，在看了我的教学录像课后称我是"教坛新星"，并说"潘小明老师把学习的主动权完全交给了学生"，这个评价一直激励着我努力把课上得更好；中科院心理所张梅玲研究员亲切地叫我"小冬子"，柳州讲学后我们潇洒地坐着小船观赏两岸风景的情景至今历历在目，而她那"再完美的模仿毕竟是模仿，有缺损的创造毕竟是创造，要创造要发展不能一次求完美，但毕竟是在前进在发展，路是人走出来的"一番话语，让我坚持着数学教学的不断创新以及关于如何培养学生创造力的实践与思考；东北师大史宁中校长的"尊重教育"以及"在众多的习惯中独立思考的习惯是最重要的习惯，而培养学生独立思考的最好方法是教师与学生一起思考"，教育着我怎样去尊重学生，去培养学生；教育部课程研究中心刘坚教授的"数学教育的重心，到底应该放在哪里呢？是利用数学为学生的发展服务呢，还是让所有的学生发展他的数学？"让我懂得数学教育、语文教育、英语教育等的教育本质到底是什么，教师应该努力追求什么；北京市特级教师吴正宪老师，用姐姐对弟弟那般的情感关心、帮助、

与中科院张梅玲研究员在柳州讲学

支持着我，在我被聘为上海市小学数学名师培训基地主持人时，她应我邀请成为我们基地专家组成员，并把"吴老师工作站"的宝贵经验毫无保留地提供给我们学习借鉴；张声远教授作为我校聘请的课题研究顾问，不仅给了我很多先进的教学理论，而且让我深刻感受到他那长者的人格魅力，让我经常思考怎样做人、做怎样的人；我校的严薇副校长，作为学校唯一的副校长，不仅全力以赴协助我做好学校多方面的工作，还经常与我一起探讨教育及教学的问题，她的教育思想和优秀的文字功底也给了我很多启迪与帮助。还有我的妻子，如果说我在事业上有所成就的话，那军功章里还真有她的一半。妻子不是教师，也不懂教育，对我的"课堂人生"也从不过问，只知道作为特级教师，又是一校之长，她的丈夫一定不容易，自己又帮不上什么忙，所以，她只能远远地，用一种心疼又带点敬仰的目光陪伴着我，默默地理解、分担着我的喜怒哀乐，并挑起了家庭生活的全部担子。

人们都这样说，内因是变化的根据，外因是变化的条件。我的成长却让我相信：自身的努力固然重要，"重要他人"也不能缺少。

与妻子、女儿在一起

# 三、好文章是"做"出来的

一直喜欢阅读教育杂志的我，从来没有想过抑或根本就不敢想自己能在刊物上发表点什么，除了 1983 年第 11 期《上海教育》刊登了我的获奖观摩课"反比例的意义"（由宝山县教师进修学校供稿）外，直到 1989 年我的处女作《着眼思维训练，优化教学过程——带分数减法的教学》才刊登在《教学月刊》当年的第 6 期上。文章比较简短，还不满一个页面，但是，它对我的影响是实实在在的。记得我刚从盛桥中心小学调入月浦中心小学那年，我的搭班老师是一位优秀的语文教师。一次，他拿着新寄来的《教学月刊》，介绍着他的文章，并建议我说："潘老师，你的课上得这么好，教学经验很丰富，也可以写些文章发表。"当时虽然我嘴上说自己离发表文章还差得远哩，可暗暗下了决心。于是，我抱着试试看的心态，投出我的第一篇稿子。几个月过去了，没有任何反应，我不免有点失望。突然有一天中午，我发现我的办公桌上放着一个大的牛皮纸信封袋，原来是来自河南《教学月刊》编辑部的赠刊。我急不可待地拆开信封，阅读着我那篇题为《着眼思维训练，优化教学过程——带分数减法的教学》的文章，读了一遍又一遍，我还不时地闻闻那油墨的清香。至今我仍清晰地记得那种成功的喜悦持续了好多天。为了不被别人发现，我把杂志放在办公桌的抽屉里偷偷地自我欣赏。成功给了我巨大的力量，可谓"一发而不可收"。这些年来，《小学数学教育》《小学数学教师》《上海教育》《现代教学》《人民教育》《现代教育报》《中国教师报》等报纸杂志刊发了上百篇我的教育文章。每当收到赠刊时，我心里自然是无比的欣喜。虽然写作的过程是很痛苦的，但我乐在其中。如果说，刚开始的写作是由第一篇文章的发表所带来的写作冲动促使的话，那么，以后的写作便是总结反思、提升自我的内在需要。为了写出有质量的文章，将成功的经验与同行们分享，我必须进行理论学习，用先进的教育理论武装自己的头脑；必须用理论指导自己的课堂教学实践，并对课堂教学实践进行反思。按照时间的先后，我发现自己所发表文章的内容也在渐渐地发生着变化：从开始时的教学设计到教学设计加意图，再到教学案例分析和教学论文。1998年，我撰写的《学生主动参与数学课堂学习活动的实践与认识》获得全国小学数学专业委员会

撰写教学反思

第八届年会论文评比一等奖，先后被《小学数学教师》《山东教育》《江西教育》等杂志转载发表。2006年第10期的《小学青年教师》刊发了《潘小明数学教学专辑》，我的《数学生成教学的实践与思考》的一组文章被发表。其实，人们可以想象写文

章要花费很多的时间，要付出很多的脑力，但是往往很难想象写文章之前所花费的精力。我的体会是，对于一位站在教学第一线的教师来说，好文章不是写出来的，而是做出来的，课堂教学实践是写作的源泉。有专家总结说：实践＋反思＝专业成长，而我要说，我的专业成长是"学习＋实践＋反思＋总结"的过程，在这个过程中，自己不知不觉地得到了提升。

# 四、一瓶珍贵的法国葡萄酒

　　成长的道路并非一帆风顺，我也有过因教学质量问题被扣奖金的经历。记得那是发生在区实验小学。在学校组织的期中质量管理的统测中，我所教的班竟然有两名学生没有及格。在当月的对学校行政班子人员的考评中，我被考评为三等奖。三等奖是最低等级的奖，低于平均奖，一般意味着在工作中出现过什么差错之类的。对于这个三等奖，心里没有压力是不真实的，因为自己毕竟是区政府命名的"青年尖子"，是区实验小学创办时引进的骨干教师。但是，我没有把这份压力转嫁给我的学生，而是与两位学生一起分析试卷，寻找出错的原因。我让他们先自己尝试订正错题，订正对的仍然给分。订正过程中，一名学生高兴地发现评分老师把分数给算错了，自己应该是及格的。另一名学生则认为其中的好几道题自己是能做正确的，并为自己的失误感到有点难过。由原来的不及格变成了及格，他们对自己有了自信，然而，他们根本就不知道老师因此而被扣了奖金。奖金被扣，虽说面子上有点过不去，但我心里很清楚，什么是真正的质量，我应该坚持追求什么。

　　坦白地说，我曾经也是个应试教学的骨干分子。记得在月浦中心小学任教期间，我所带的班级学生在县毕业统考中平均分高达 97.8 分，名列前茅。到期中考试时我们已经完成所有的教学内容，接下来的半个学期就是每天进行考卷练习或试卷讲评。那时尽管没有电脑，无法打印，但我们用钢板刻写印好，让学生把上海市 20 个区县上一届的毕业统考卷都做了一遍。对于学困生，我强化计算题训练，使其做到 50 分的计算题 1 分也不丢失，对基本的文字题和应用题也进行套题型训练。面对试卷，学生都能熟门熟路地解答，连班上学习最困难的那位女同学也考了 86 分。然而，高分背后是什么？我想，已经十分地清楚了，那就是题海战术，那就是枯燥乏味的重复操练，那就是学生的不堪重负，那就是学生对数学的厌倦……以如此高的成本和代价换得临时性高分，值得吗？

曾经听一位教授在报告中说：有位数学教学专家进行了多年的研究，发现小学低年级学生数学解题的随机错误率达 15% 左右，也就是说，对于满分是 100 分的试卷，正常情况下班级的平均分可能是 85 分左右，而现在实际的平均分高达 97、98 分，我们的一些老师还不满足。该教授接着说：如果这位专家研究得出的结论属实的话，那么，我不禁想问，这 97、98 的分数是怎么得到的？有必要追求这样的高分吗？如果孩子们确实有时间的话，我们更应该让他们去做些什么，使他们能更好地发展？教授这话，语重心长又一语中的。我们教师不应追求应试的分数，而应为学生的终身发展着想。数学教育重在发展学生的数学思维能力，并以此来发展学生的一般思维能力，达到育人的目的。令我高兴的是，我的这种教学理念及教学实践取得了较好的效果：一次教学研讨活动中，我上了《质数与合数》一课。课堂上，该班学生思维非常活跃，发言非常精彩。课后，市里的专家赞不绝口，有专家评价说这班学生的思维已经达到了初一学生的水平，还让我整理课堂教学实录，刊发在《小学数学教师》杂志上。这正是我所追求的质量。我想，学生之间的差异是客观存在的，考试测验中个别学生不及格实属正常，况且其中还存在着一些误差。学校也必须有一些质量管理制度，当然，也应该不断地完善这些制度，使之调动广大教师的工作热情。而教师应该在乎的是如何帮助学生尤其是困难学生建立起学习的自信心。自信心才是学生终身发展的力量源泉。我在实验小学时有一个学生，是我们班上有名的调皮学生和懒惰学生，不仅他经常被老师找到办公室挨训，就连他妈妈也经常被老师找来，以至于其他班级的学生还以为他妈妈也是学校的老师。其实他的智商很高，就是因习惯不好而遭到很多的批评，他因此缺乏自信。为此，我对他特别照顾，发现有亮点马上给予肯定。他小学毕业后我们有 7 年没有任何的联系。突然有一天中午，他母亲打电话告诉我，他现在法国的一所重点大学就读，这些天是假期，他从法国带回一瓶葡萄酒，说一定要来看望我。第二天的中午，我们约定了时间，共进了午餐，畅叙师生情谊。该生的一句话让我很激动，也很受教育：没有您的鼓励，就没有我的今天！他问我：还记得《这样列式有道理吗》这篇文章吗？我当然记得：一次数学课上，我出了一道数学几何题，他的思维与众不同，非常巧妙地

做孩子们的朋友

解出了答案。这可是一个极好的帮助他树立形象、建立自信的机会。我不仅在课上让其展示思维过程和方法，给予了表扬，而且还写了《这样列式有道理吗》一文，刊发在《少年之友报》上，并送给他一本。没想到，这样一篇不到 200 字的文章，竟有如此大的力量，几乎改变了他的人生。当我接过他从法国特意带来的葡萄酒时，体会到的是当教师的幸福，更感受到教师对学生的影响如此之大，教师的责任如此之大。当下的教师，其实面临着许多的困惑，如何在课堂上实施新课程理念给教师带来挑战，应试的质量评价像无形的镣铐铐着教师们的手脚，一不小心还会得到不公正的评价……面对这些现实问题，我们更应该坚持自己的教育信仰。

# 五、课堂里的"跌打滚爬"

在教学成长的道路上，我经常进行公开教学，因此得到了许多专家老师的帮助指导，我非常感谢他们。但有些指导建议，让我挺为难的，因为这些专家的意见本身就存在着分歧，如果听了那位专家的不听这位专家的，那么在关系处理上就会有点麻烦，都采纳吧，则可能无所适从。这倒也给了我独立思考、做出判断的机会，也培养了我不盲从专家权威的个性及独立思辨的习惯。记得 1988 年我上的一节区级公开课《带分数减法》，教材例题是这样的：例 1，$5-1\frac{1}{3}$；例 2，$5\frac{1}{4}-2\frac{1}{3}$。教研员的意见是：将两个例题分成两课时上，因为分数部分不够减的带分数减法是教学的难点，难点必须分开教学。整数减带分数学生学扎实了，再学带分数减带分数，教学效果会比较好。教研员的意见不无道理，但我觉得两个例题合起来上也是可以的。尽管例题的形式是不同的，例 1 是整数减带分数，例 2 是带分数减带分数，但解决问题的思想方法是相同的：由于分数部分不够减，需要从整数部分退"1"与分数合并后再减。更何况，学生将在计算例 1 时学到的思想方法及时地应用到例 2 的计算中，便于从整体上学习解题的思想方法，这样，自然也能突破难点；而且通过两个例题的计算，学生可以从知识结构的整体上体会思想方法，提高思维能力。我觉得这种做法是非常有道理的，怎么办呢？第二天的公开课上，我坚持了自己的观点。结果，课上得非常成功，得到了教研员及听课老师的一致好评。后来，我就此写了《着眼思维训练，优化教学过程——带分数减法的教学》一文，它成为我的第一篇铅字文被发表在《教学月刊》上。

我上的公开课并非每节都是成功的。记得一次在河南讲学，我上了《被 3 整除的数的特征》一课。在不同的阶段，我进行了不同版本的教学设计。最早时我是这样设计的：让学生任意报出一个数，教师很快判断出其能否被 3 整除，让学生对教师产生敬佩之情，同时激发学生探究其中奥秘的欲望。此时，教师将已经判断的数按能否被 3 整除分成两类，让学生分别计算每个数各位上数的和，促使其发现能被 3 整除的数的特征。可是，计算每个数个位上数的和是教师的指令，怎样才能让学生建立起一个数能否被 3 整除与各个位上数的和有关系的理念呢？于是，我就有了第二个版本的教学设计：用火柴棒摆数，一根火柴棒摆在个位上表示数 1，摆在十位上表示数 10……学生思考用几根火柴棒摆出的数能被 3 整除，并动手实验。学生发现当火柴根数是 3 的倍数时，摆出的数能被 3 整除，而火柴的根数正好是这个数各个位上数的和。学生在动手操作中发现了规律，体验到了成功带来的喜悦。但是，用火柴棒摆数仍是教师的指令，如何更有效地促使学生自己探究发现呢？带着这一问题，我设计了第三个版本，并在河南讲学时进行了尝试。我是这样设计的：导入：用 3、4、5 三个数字按照要求组成三位数——能被 2 整除的三位数、能被 5 整除的三位数；思考：能被 2 或 5 整除的数有什么特征？能不能组成被 3 整除的三位数？被 3 整除的数有什么特征？课堂上，许多学生组成的三位数是 453、543，他们欣喜地发现个位上是 3、6、9 的数能被 3 整除。在教师的"你能举例验证吗"的问题下，一些学生发现刚才的结论不是始终成立的，于是产生认知冲突：能被 3 整除的数到底有什么特征？此时，教师让学生多举些能被 3 整除的数，并从这些数中找到规律。尽管学生举出了许多数，但不知从何处着手去寻找规律。花了很多时间找规律，学生仍感茫然，课堂气氛有点沉重……我的心里有着说不出的滋味。回家的路上我感到很郁闷，送车的一位教研室主任向我建议：让学生举例寻找特征是好的，可是要从那么多的数中发现特征有点大海里捞针的感觉，能否从比较小的数中开始寻找呢？主任的建议使我豁然开朗：这不就是一种探究策略的学习吗？我又一次进行了尝试：能被 3 整除的数有许多，从中寻找特征就像是在大海里捞针一样，难呀！能不能从较小的数中试着找找看呢？学生受到启发，写出 12、15、18、21、24、27、30、33、36、39、42 等数，并开始寻找规律。有学生发现：后面的数总是比它前面的数大 3，能被 3 整除的数调换位置后还是能被 3 整除的……学生参与的积极性很高，不时地提出自己的发现，而后在师生的互动中又进行了否定。尽管学生还是未能找到特征规律，但是其间的收获较之前大增。其实，要让学生自觉地从个位上数的和的角度去思考问题，是不太可能的，因为学生没有这一基础知识和活动经验。所以，教师该出手时就要出手。我说：12 这个数，个位上的 2 是不能被 3 整除的，可是 12 怎么能被 3 整除呢？这下，学生的思维又被激活了：把 12 拆成 10 加 2，因为 10 除以 3 还余下 1，1 与个位上的 2 加起来等于 3，3 能被 3 整除，所以，12 能被 3 整除。学生回答得振振有词。顺着分拆的思路，通过对所举例子的分析，学生发现了知识的本质，揭示出了被 3 整除的数的特征。我和学生一样，获得了从失败走向成功的快乐体验。当然，我不满足于已经获得的成功，而是不断地进行自我超越。目前，该课教学设计又有了新进展，那就是在学生揭示出被 3 整除的数的特征之后，教师引导学生思考：被 9 整除的数有什么特征？为什么能否被 3 或 9 整除，要看个位上数的和，而能否被 2 或 5 整除，只看个位上的数即可呢？教师进一步拓展了学生的思维。

　　有位教师在《平实·扎实·真实——听著名特级教师潘小明"周长与面积"一课有感》一文中这样写道：整节课没有花哨的课件演示：一根铁丝，一张长方形纸，屏幕上只有几个长方形的直观图，如此而已。整节课围绕长方形周长与面积的关系，进行了一系列有效的操作活动，所有生发的问题均来自学生，均由学生来解决。教师巧妙地引，学生智慧地学。其实，"所有生发的问题均来自学生，均由学生来解决"的背后，还有一些鲜为人知的故事。教材的内容是这样的：用 20 根火柴围出长方形（包括正方形），看谁围出的图形面积最大，并呈现了小巧、小亚和小胖围出的三个不同的长方形（图略）。对此，考虑到学生动手操作费时以及所获结论存在局限性等因素，我将"20 根火柴"改为"20 厘米长的铁丝"。我找了部分学生问他们：用 20 厘米长的铁丝去围长方形，可以围成哪些长方形？这些长方形的面积是否相等？出乎意料的是，学生们非常肯定地回答：这些长方形的面积是不相等的。尽管老师进行诱导——"这些长方形的周长都是 20 厘米，它们的面积到底相等吗"，学生还是坚持原来的意见。于是，我出示了两个长方形，一个长方形的长是 5 厘米、宽是 3 厘米，另一个长方形的长是 6 厘米、宽是 5 厘米，我让学生分别算出它们的周长与面积，并提问：哪个长方形的周长长？哪个长方形的面积大？我的意图就是让学生发现"周长长的长方形的面积大"，由此类比得到"周长相等的长方形的面积也相等"，教师再针对"周长相等的长方形的面积也相等"的猜想进行验证等。可是，学生并没有像教师想象的那样自觉地进行类比，他们还是认为"周长相等的长方形的面积是不相等的"。没有了认知上的矛盾冲突，学生很难积极主动地投入学习活动。那么我该设计怎样的问题情境呢？这个问题一直困扰着我，萦绕在我的头脑中。

　　一天中午和老师们一起在食堂用餐，我突然想起了一个问题，问同桌的教师：一根铁丝长 20 厘米，另一根长 24 厘米，各围成一个长方形，哪根铁丝围成的长方形面积大？那位老师不假思索地回答：当然是 24 厘米的铁丝围成的长方形的面积大。"是吗？"该教师的回答让我特别地高兴：成人尚有这样的想法，想必学生更是如此。饭后，我马上找来了几位学生，提出了同样的问题，学生毫不犹豫地回答：24 厘米的铁丝围成的长方形的面积大。这就是学生的一种潜在的经验性认识，是学生真实的想法，是一个真问题，我们的教学不妨先从这个问题引入，让学生投入对"周长长的长方形面积就大"的探究验证，从中再引出对"周长相等的长方形的面积之间会有怎样的关系"的探究学习。"两根铁丝"的问题情境就这样诞生了。"所有生发的问题均来自学生，均由学生来解决"，这是我所期待的课堂教学。为了实现我的这一期待，我在教学设计时经常让自己变成学生，站在学生的角度去思考问题，预想学生面对问题可能有的各种想法。为了让自己的这些想法更加贴近学生，在学校里，我经常找些学生进行学情调查，在家里，我经常让我的妻子和女儿当小学生，帮助我一起预想学生可能有的想法。交大毕业参加工作已有 3 年的女儿有时会说：你现在还要把我当小学生？尽管她们母女俩的想法有时会与学生的想法有一定的差异，但是却能激活我的思维，因此，好多的问题设计都是这样生成的。除此之外，我会经常地将难于预测的学生想法，在课堂上进行试验，了解学生真实的思维过程，哪怕是在比较重大的观摩课上。

记得一次在福建省小学数学教学研究会的年会上，我上了《平行四边形的面积》一课。我是这样设计问题情境的：发给每位学生一张纸，纸上印有同样的一个平行四边形，让学生尝试计算该平行四边形的面积，并思考平行四边形的面积计算方法。然而，对于要不要画出平行四边形的高，我犹豫了。因为我有这样的教学理念：凡是学生能独立发现的知识，教师绝不暗示。给出了高，可能会给学生某些启示，沿着高剪开平移正好转化成了长方形；然而，不画出高，我又担心学生面对问题会束手无策。我想借此激发学生思维的火花。因为没有学生之间的不同想法的碰撞，课堂将会变得平淡或沉闷。那么学生中的情况到底会是怎样的呢？我的设计是，有两个小组拿到的是画出高的平行四边形，另两个小组则没有画出高，我想从中了解学生到底会有怎样的想法，以及持不同想法的人数比例。课后，我把学生尝试计算面积的纸又收了上来，进行统计分析。这一教学试验被 80 高龄的老会长发现了，他紧紧地握着我的手，对我执着的研究精神给予了充分的肯定。带着问题进课堂，把教室当作实验室进行学情的分析研究，已经成为我研究学生、研究课堂教学的一种思维习惯。

# 六、12 年校长生涯，为优质教育均衡发展尽力

2003 年，我从宝山区实验小学被调到宝山区第一中心小学担任校长。

一中心小学原本是区的窗口学校，因师资队伍强、教学质量高而赢得了很好的社

会声誉。然而，就在我赴任的前两年，学校发生了很大的变化：当时地处友谊地区的广育小学，教学质量很差，附近老百姓都舍近求远，把孩子送到别的学校，该校一年级招生时只招到二十来个学生，连一个班级都招不满。教学资源浪费，师资队伍很不稳定，学生家长怨声载道，学校处境非常艰难。为了帮助广育小学走出困境，区教育局成立了"一中心广育教育集团"，把一中心小学语、数、英等各学科最优秀的骨干教师调去广育小学，同时又把广育小学的一批教师调来一中心小学。一夜之间，广育小学的师资力量迅速增强，而一中心小学的师资力量无疑被迅速地削弱了。另外，一中心小学正面临校级班子的新老交替，各种矛盾和困难交织在了一起。"在教学业务上的投入，总会有回报；但在行政管理上的投入，有时会一无所获。"教育局党委副书记的话让我有了不计回报、全身投入的思想准备。"要让学校稳定，最重要的是学校的教学质量必须名列区的前茅。"导师的话让我明确了努力前行的方向。

　　然而，教学质量只有依靠广大教师朝着正确的方向、共同努力才能提高呀！用怎样的办学理念去统一思想，凝聚力量，提高质量？原上海市中小学心理辅导协会会长张声远教授，建议把我的"数学生成教学"的理念推广至各个学科。2004年，我们提出了"生成教育"的办学理念。记得刚提出"生成教育"时，班子成员也不解地问："生成"还是"生存"？现在，"生成教育"的理念已经被广大教师理解。所谓"生成教育"，概括地说，就是"一切为了师生智慧与人格的生成"。具体来说，有三条基本的理念：（1）教育的目的不只是知识与技能的获得，而且是师生智慧与人格的不断生成；（2）智慧与人格是在师师、师生、生生的互动中生成的；（3）互动的关键是学会独立与合作。教师们运用这三条基本的理念，在"生成性德育""生成性教学"和"生成性教研"这三个板块展开教育教学的实践，取得了很好的成绩。我校的教学质量始终在区内名列前茅，而且，艺术、体育、科技等工作均取得可喜的成绩。2006年，上海市教委教研室来我校进行全面的教学视导，那段时间我正好参加区委组织部组织的拔尖人才赴英国培训学习，严副校长带领行政班子和全体教师迎接视导，学校教学工作得到上级领导的充分肯定，受到一致好评。2007年，在上海市暑期校长书记大培训中，我做了《实践引领，引领实践》的专题讲座，讲座被制作成视频光盘，作为培训的内容。一中心小学的社会声誉也越来越好。

　　2008年4月，我又接受了一个重大的挑战。为了实现优质教育的均衡发展，宝山区教育局又有了新的思路和举措：撤销"海江小学"和"宝山区第一中心小学"，建立新的"宝山区第一中心小学"。学校分成东、西两个校区（东校区是一、二年级，西校区是三、四、五年级）。"撤二建一"，看似很容易，只需把"海江小学"的校牌换成"宝山区第一中心小学"，但两所学校的合并绝非挂校牌那么简单！由于两所学校在诸多方面存在差异，矛盾相当突出。比如，就班主任津贴而言，原海江小学为每月200元，一中心小学为每月600元，如何合并？教代会讨论后定为每月300元。可见，对于原一中心小学的班主任来说，"撤二建一"给他们直接带来的是每月300元的经济损失。当然，还有中层以上领导班子的融合，年级组长、教研组长的安排，各种管理制度的建立，特别是教师教育质量的评估。我们决定采用"一校两制"，即用两套不同的评价指标，用五年的时间进行过渡。"撤二建一"应该是"办人民满意的教育"的举措，但对原两所学校片区内的老百姓来说，则是有人欢喜有人愁，特别是那些刚用高价买了一中心小学学区房的家长，情绪更为激动，质疑校方做出重大决策不提前告知于民，坚决要求让孩子在西部校区就读……种种预想不到的困难接踵而来。作为校长，我真正体会到了什么是"风口浪尖"！毫无疑问，从大局看，"撤二建一"绝对是一件"使优质教育均衡发展，办人民满意的教育"的大好事，上海东方电视台还专门来我校进行了采访，对宝山区教育局的这一举措做了专题报道。但如何才能把"大好事"做好，让人民群众（包括学校教师）真正地满意？作为一校之长，我深感肩上担子的分量之重。困难让我越发努力。两校合并，工作千头万绪，而首要的就是将老师们融合在一起。以什么为载体去融合教师、凝聚力量？进行教研活动，改进课堂教学！因为课堂关乎教师的安身立命，抓课堂改进教师拥护；通过教研活动，则能较快地融合、凝聚教师；课堂又是立德树人的主阵地、绿色质量的主阵地、专业成长的主阵地，是学校工作的重中之重。只有把课堂教学抓好了，人民群众才会真正地满意。为此，我们坚持"生成教育"的办学理念，进行"生成的课堂——问题化学习"的实践研究。我更是发挥自身的学科优势，以实践的方式进行理念引领，进而由理念去引领教师们的课堂实践。渐渐地，校本研修氛围越来越浓，教师们融合在"生成的课堂"上，教师的专业得到发展，教学质量稳步提升。给教师们极大鼓舞的是：在区的质量管理检测中，"撤二建一"后的第一届毕业生的语数英总成绩名列第一。2011年4月，市教卫党委书记李宣海、宝山区区长斯福民等领导来我校进行德育调研，我作了以"小问题，大礼仪"为主题的学校德育工作汇报，得到领导的高度评价。李宣海书记说：一中心小学的德育教育，注重知行结合，注重实践体验领

时任上海市教卫党委书记李宣海（左一）做学校工作指导

悟；发现问题——联系自己——计划实施——实践反思，这是一个研究的过程，有利于培养学生良好的思维习惯。斯福民区长这样评价：外化的知识，内化的行为，知行合一；德育实践，道德教育是基础；参与互动，形成独立与合作精神；德育不能独立于课堂。他还对我汇报中讲到的以"你听明白了吗，有不同意见吗"培养孩子倾听、表达习惯的做法给予了肯定，并与我商量能否把"你听明白了吗"改为"我说清楚了吗"。"你听明白了吗"与"我说清楚了吗"，同样是想让学生认真倾听，然而前者是要求他人，后者是对自己的要求。课堂教学中的育人就是这样润物细无声地得到了落实。两位领导的评价，既是对我们工作的肯定，更是对我们的激励和期望。临别前，斯区长握着我的手亲切地说："许多教育家曾经都是小学校长。"一股暖流直涌我心头。

学校"生成教育"的办学理念及实践取得了一定的成效，也发挥着示范辐射作用。宝山区第一中心小学经常接待来自全国各地的教育代表团，我校许多教师有机会在这个平台上进行展示、锻炼。记得由中国教育服务中心组织的全国课堂教学改进大会在我校举行，来自四川一名校的校长课后颇为感慨地说：语文、数学、英语三个不同学科的三节课，都是让学生先提问，让学生尝试解决问题，让学生进行思维碰撞，学生学习的主动性得到充分发挥，能介绍一下你们是怎样进行课堂教学研究的吗？其实，这正是我们抓课堂改进、进行"生成的课堂——问题化学习"实践研究的

时任宝山区区长斯福民（右二）做学校工作指导

区长寄语：许多教育家曾经都是小学校长

结果。我们的教师还应邀到外省市进行问题化学习的课堂教学交流，"生成的课堂"作为学校文化逐渐形成。人民群众对一中心小学的办学质量是满意的，每年一年级新生都爆满。

"他是出色的数学教师，他总能让学生在枯燥的数字和图形中乐此不疲；他是优秀的小学校长，他带出的教师队伍，成为小学最有影响力的品牌形象；31 年的课堂人生，31 年的倾心奉献，见证了一个优秀共产党员的风采……"这是 2011 年 7 月 1 日，在中国共产党成立 90 周年之际，中共宝山区委组织部专门组织拍摄的关于我的专题宣传片《为教育信仰而坚守》中的介绍。那年，我被授予中共上海市优秀党员称号。然而我深知，优秀共产党员是一种荣誉，更是一种责任。为此，在之后的工作中，我以此不断地鞭策自己，廉洁自律、坚持原则、勤奋工作、改革创新，为教育信仰而坚守。

2016 年 8 月，我被调入宝山区教师教育学院工作，有了一个在区、市层面上助推教师专业成长的平台，实现着我的教育梦想。

不经风雨长不成大树，不经百炼难以成钢。担任校长这 12 年，是我教育人生中最宝贵的经历。它让我对"坚守教育信仰的艰难"有了深刻的体验，也让我懂得中国教育改革之旅充满坎坷曲折。路漫漫其修远兮，我将为之而坚守！

# 七、担任 8 年基地主持人，探寻名师成长之路

为建设高素质、高水平的校长教师队伍，加快培养优秀校长教师，发挥骨干校长教师的引领和示范作用，上海市教委于 2005 年启动了上海市普教系统名校长名师培养工程，简称"双名工程"。2008 年、2012 年，经组织推荐、专家答辩、领导审核等程序，我很荣幸地被聘任为上海市普教系统第二、第三期"双名工程"小学数学名师培养基地主持人。基地学员都是经过"个人自荐——专家举荐——学校推荐——专家评议——确定后备人选——公示名单——确定正式人选"的程序产生的，是来自本市各个区县的骨干教师。

怎样把他们培养成有良好的师德修养、先进的教育理念、厚实的专业素养、开阔的教育视野、较强的教改研究与教育创新能力的市级骨干教师？我深感责任之重大。我坚持不懈地努力，行走在探索名师成长的路上。

每两周一次的基地培训，在期待、紧张中如期到来，又总在兴奋、疲惫中匆匆结束。活动按计划有序开展，我期待的是导师、学员间的相聚、交流、切磋，结合研究主题的课堂实践、研讨、重构，实实在在，鲜活灵动，意犹未尽。任务驱动的

上海市名师培养工程潘小明小学数学名师培养基地第二期学员

模式使我多少有些压力与紧张，来回五六个小时的奔波自然免不了辛苦与疲惫，收获理念更新、行为跟进的同时，带给我更多的思考和对课堂更多的追求。

第三期学员宋凤英老师的这段表述，反映出学员的切身感受。

自 2012 年 3 月起，第三期上海市"双名工程"小学数学名师培养基地的培训学习改为 5 年。基地学员是各区县的骨干教师。基地的培养目标是：具有良好师德修养、先进教育理念、厚实专业素养，在小学数学教育教学中勇于改革创新、破解难题，有较深刻的学术思想、较强的教育实证研究能力、独到的教育教学策略和风格，在市小学数学学科教学领域形成一定的知名度和影响力，在同行中产生一定的示范引领辐射作用。这些年来，导师与学员一起，向着共同的目标努力前行！

基地学员来自上海的崇明、宝山、虹口、闵行、青浦、松江六个区县，遍布上海的东南西北。每两周一天的基地活动，学员往返需要五六小时。学员们总是天刚蒙蒙亮就得离家出发，乘公交、转地铁、打的士，有时还要坐轮渡，回家时又常常是下班高峰，人挤车堵，到家天色已黑。在家里，他们既是父母的儿女，又是孩子

上海市名师培养工程潘小明小学数学名师培养基地第三期学员

的父母，肩负双重责任；在学校，他们既是任课教师，又是校长的管理助手，同样一肩双挑。但学员们培训活动的出席率竟然达到 90％左右，缺席大多是因学员所在学校有重大活动。"私事一般是不请假的，请假的大多是公事"，成为学员自觉遵守的潜规则。大家非常珍惜每一次的培训学习，常讲的一句话是：至少要对得起路上那五六小时。学员这种对待培训的态度和精神，令我感动，使我常想着要对得起我们的学员。

为了使培训更具针对性、实效性，我们进行问卷、座谈，了解教师在工作中遇到的困难及需要的帮助和指导。我们发现一线教师最大的困惑或者说最迫切的需要就是：将新课程理念转变成可操作的教学行为。针对课堂中"教师对学生的那种关注、包办代替、强行牵制、强行引领的现象比比皆是"的教学现状，我们把培训学习的研究主题牢牢地锁定在"基于问题解决的数学课堂转型"。学员陈培群对此颇有感触："问题解决不仅仅意味着需要掌握一种技能性的知识，它蕴含着更丰富、强大的认知功能，成为学生数学学习的一种有效方式。对于教师，课堂转型实践的研究行动过程，又何尝不是一次次活灵活现的问题解决经历？解决问题的过程，滋养着师生双方的智慧，使之获得共同的成长！"这 5 年，我们一直在"课堂转型"的路上实践着、探索着、成长着！

以下为基地培训学习的策略。

## （一）在专家引领下不断更新教育理念

改变从思想开始，思想决定实践的方向。培训班学习一开始，我们就组织学员聆听专家的报告。与以往不同的是，专家的讲座是为我们学员量身定制的，是针对学员在实施新课程改革中遇到的困惑、问题及内在需要所设置的，是有系统的、整体的课程体系。

基地导师团的专家、市教研组成员姚剑强老师引导学员对《义务教育数学课程标准(2011 年版)》(以下简称《课标》)进行具体深入的解读，我和著名特级教师曹培英、虞怡玲、陆虹等，借助案例分别对"数与代数""图形与几何""统计与概率""综合与实践"四个知识领域的内容进行阐述；为正确理解《课标》中"数感、符号意识、空间观念、几何直观、数据分析观念、运算能力、推理能力、模型思想、应用意识、创新意识"10 个核心概念的含义，以更好地指导课堂教学的实践，我们聆听了东北师范大学史宁中教授的《〈课程标准〉的修订与思考》、教育部基础教育课程教材发展中心刘坚教授的《新课程：路在何方？》、南京大学哲学系郑毓信教授的《走进数学思维》、华东师范大学孔企平教授的《研究数学学习，促进有效教学》、上海师范大学杨庆余副教授的《渗透思想方法，培养数学素养》等系列报告；为了拓展教师的视野，我们特邀上海市特级教师顾鸿达先生做了《关于小学数学教学的几点思考》的报告；为了提升学员案例研究与撰写的能力，《小学数学教师》常务副主编蒋徐巍针对学员所写的研究论文给予具体的指导，副主编陈洪杰做《谈小学数学教研文章的写作——基本策略和注意事项》等专题讲座；我们还邀请中科院张梅玲教授、特级教师吴正宪等走进我们学员的课堂，面对面地进行指导。

这一系列的讲座，使学员对 2011 年版的小学数学新课程标准、核心概念、课程内容有了更深刻的理解。专家从教师教学素养的角度做出高屋建瓴的阐述，既有高度又有深度和广度，这也正是学员平时教学中最欠缺的。他们的讲座为学员的课堂

特级教师顾鸿达为学员作报告

教学指明了改进的方向，使大家有如沐春风、醍醐灌顶的感觉。

### (二)在课堂实践中深入展开研究主题

"有备而来——课堂实践——主题研讨——同课重构——反思改进"，这种简单易行的培训方式，却因常能给学员带来惊喜而广受欢迎。下文的活动案例，也许能告诉读者其中的原因。

对于"梯形的认识"这一几何概念，是否也能用问题解决的方式进行教学呢？学员们决定进行课堂实践研究。其实，"哪壶不开提哪壶"，已是我们基地的研究习惯。宋凤英老师勇敢地接受了挑战！教学围绕以下问题展开。

1. 用两个长方形透明色带交叠出的四边形都是什么图形？

2. 用一个长方形和一个三角形透明色带能否交叠出平行四边形？为什么？

3. 用长方形和三角形透明色带交叠出的四边形有什么特点？

4. 什么样的图形叫作梯形？请找出生活中的梯形。

5. 梯形各部分名称是什么？请自学课本。

学员宋凤英执教《梯形的认识》

6. 你能画出梯形的高吗？试试看吧！

7. 你能在这两张纸上分别剪一刀得到一个梯形吗(见图1、图2)？

8. 什么叫等腰梯形？什么叫直角梯形？

图1　　　　　　　　　　　图2

　　课后的研讨中，老师们一方面觉得课上得顺畅，梯形概念也表达得很清楚，特别是"一刀能剪出一个梯形吗"的问题，具有可操作性和探究空间，课好像也就只能这样上了；另一方面又觉得就整堂课而言，学生没有什么需要探究的问题，这不像是问题解决的学习。那么，学生的问题在哪里？怎样设计思维空间较大的问题？大家感到很困惑……

　　"能不能用一两个大问题去架构整堂课?"导师提出了自己的设想:"你能在方格纸上画出所有的四边形吗?你能画出所有的梯形吗?"对于如此大胆的设想,学员们有些迷茫,纷纷表达自己的疑虑:学生会画出怎样的四边形?学生有这样的基础吗,敢做这样的尝试吗?学生有这种分类画的经验吗?学生对四边形分类时,会不会出现两条边相等、三条边相等、四条边相等的情况呢?画出所有的梯形之后,学生会按怎样的线索思考?是按角还是按边去分类?⋯⋯

　　在思维的碰撞中,学员们逐步完善了设想,达成了共识,就用两个问题去架构整个课堂,建议把第二个问题改为:你能画出与众不同的梯形吗?在这种设想下,思维的空间很大,但课堂上的效果会是怎样的呢?大家都希望能够进行实证检验。匆匆吃过午餐后,学员们迅速做好了课前准备,导师亲自进行同课重构。

导师上跟进课——《梯形的认识》

　　面对"你能在方格纸上画出所有的四边形吗"这个问题,学生各自画着,结果是:有的学生画出了直角梯形、等腰梯形、菱形、平行四边形、长方形、正方形;许多学生认为自己还有很多图形没有画出来,因为四边形是由四条线段围成的,有很多很多，是画不完的。能不能按照四边形的对边是否平行进行分类，再每类画出一个做代表？学生们终于画出了两组对边分别平行、一组对边平行另一组对边不平行、两组对边都不平行这三类的代表，从而建立了梯形的概念，认识了梯形各部分的名称，找出了梯形的高。

面对"你能画出与众不同的梯形吗"这个问题，学生中出现多种不同情况，他们渐渐地聚焦在梯形的腰及角上，画出了等腰梯形和直角梯形。而在用语言概括什么是直角梯形时，学生又产生了新的问题，认为"有一个直角的梯形叫直角梯形"，这种定义是不严格的，应该是"有两个直角的梯形叫直角梯形"；"有没有只有一个直角的梯形？""有没有有三个直角的梯形？""为什么直角梯形只能有两个角是直角？""书上为什么说'有一个直角的梯形叫直角梯形'？"……学生不断地发现问题、提出质疑、举例辨析，思维积极主动，富含批判性和创造性。

第二次研讨开始了。

"画出所有四边形，画不完怎么办？可以分类画一个做代表，按照什么标准进行分类呢？……整堂课，学生一直在思考。"

"潘老师很会捕捉学生的问题，并把它放大作为资源加以利用，我们则是尽量把问题避免掉，这是教学思维方式上的区别。"

"看来，对于任何知识，在准确分析教学内容和了解学情的基础上都可以从问题解决的角度出发大胆尝试教学。"

"课后，应该与学生进行访谈，看看发生在孩子们身上的真实变化。"

"在画出与众不同的梯形前，可多听听孩子'与众不同'的想法，可能有的从梯形的腰考虑，有的从梯形的角考虑，或许还有学生既看腰又看角得出等腰直角梯形。这里，孩子想象的空间更大，思辨的要求也更高。这课，真想再上一次。"

……

从整个研讨活动中不难发现其中的关键点。

"有备而来"，这里的"备"不是一般意义上的"准备"，而是根据特定的研究主题"问题解决的课堂学习"和具体的教学内容，对研究主题在课堂教学中如何实施进行思考以及形成大致的教学思路。这样就会提高互动的质量。

"课堂实践"，显然是研究主题在课中的实践。尽管课前有很多的预想，但那毕竟只是教师的猜测，与真实的课堂是存在距离的。只有到课堂上，我们才能了解学生的真问题，发现教学中的真问题。这样，不仅能使教学设计更具针对性和实效性，而且为主题研究的深入展开提供了有价值的资源。此时的课堂实践具有很大的探索性。

"主题研讨"，围绕研究主题，对课中出现的问题的原因进行研究分析，形成解决问题的具体实施方案。围绕"基于问题解决的数学课堂转型"主课题的系列子课题（如什么是课时核心问题，核心问题从哪里来，核心问题如何引领探究学习的，等等），都产生于探索性的课堂实践，并在课堂实践中得到问题的答案。

"同课重构"，是将在主题研讨基础上形成的集体意见再次运用于课堂实践。应该说，此时的课堂实践更具有实证的意义。这是常被忽视却又不可或缺的环节。重构者，可以是原先的执教者，也可以是其他教师，还可以是导师或者导师与学员，甚至别的教师也可适时介入，关键是聚焦于"重构处"。

"反思改进"，对重构的课堂进行教学反思，以提升理念、提炼策略，更好地改进教学。撰写研究案例，知行结合，能更快地提升自我。

这样的课堂实践研究，集听课、评课、主题研究等于一体，很能"炼"人，已经成为基地活动的常态。有些学员进行模仿，在自己所带的团队中开展了类似的教研活动。

### （三）在对外交流中拓展视野、打造团队

2014年6月12日，我们非常荣幸地受邀参加由北京教育科学研究院培训中心主办的"促进教师专业成长，我们这样一路走来！"暨"小学数学特级教师工作室研讨会"。上海特级教师潘小明团队、天津特级教师徐长青团队和北京特级教师吴正宪团队，以及全国各地六百余位小学数学教师集聚北京史家小学，就"深入课堂教学改革，聚焦团队研修，切磋教师专业发展"进行交流，分享经验和智慧。其实，我们的学员早就期待能有机会去北京吴正宪工作站参观学习了，现在终于如愿以偿，大家欣喜无比，但又感到压力很大。上海团队在全国的平台上做怎样的汇报展示呢？学员们群策群力，达成共识：真实。因为"真实"更能通过交流，达到学习他人、锻炼自我的目的；也正因为"真实"，我们的汇报具有自身的特色。

特色一：我们的主题研讨课是五年级的《确定位置》。听课时，我们的学员没有坐在台下，而是都坐在了台上，坐在了学生的身边。"在今天这种场合下，这样坐合

和学员一起聆听基地特聘导师吴正宪的指导

适吗?"之前的准备会上有学员提出这一疑问。可是,如果坐在下面,我们又怎能了解学生个体真实的思维状态?平时的听课中,我们的学员就是这样近距离地观察学生的,他们会从学生"写了擦,擦了又写"等细节中,发现学生面对问题时的真实想法及思维过程。今天的课,研究的主题是"用核心问题引领探究学习"。尽管之前也试教过,但是,课堂是丰富、多样、多变的,尤其是在北京的史家小学,学生们面对"数射线上面的点的位置如何确定",会有哪些想法?在解决问题的过程中又会出现哪些新问题?会怎样构建平面直角坐标系?会怎样确定平面上点的位置?……我们很难准确地预估。这些发生在学生身上的想法和做法,对于执教教师来说,是应该加以关注、敏感地捕捉、充分地利用的,这样才能做到关注学生的个性特点,做到以学生发展为本。而对于进行课堂教学研究的学员来说,只有有了对学情的准确把握,才能发现教学中的真问题,才能使研究更好地解决教学中的实际问题。

　　特色二:课后的研讨活动中,我们将台上的座位摆成"外八字形"。这种摆放方式,也是学员们共同商量后对平时"面对面两排坐"做出的一种"微调"。学员一方面能与台下观摩的教师有神态表情等交流，另一方面可以与其他学员对话。这种"对话"，对学员是极具挑战性的，因为它不同于事先制作好PPT后的演讲汇报，所讲内容都是即时生成的：有你捕捉到的来自学生的课中生成的有价值的资源，有你对执教教师教学处理是否得当的分析和建议，有你由教学中的新情况引发的对研究主题的深入思考，特别是不同观点碰撞中的据理力争，还有你的语言组织和表达方式等。我们的学员经受住了这样的考验。

学员现场课例研讨

特级教师吴正宪在对上海团队的汇报进行点评时说：

我听过很多老师上《确定位置》这节课，老师们也让学生发散思维，让学生创造。创造在哪儿呢？创造最多的是这个数对怎么表示。当时，我提出了疑问：学生用怎样的方法表达很重要吗？今天，我从上海团队的这节课中找到了答案。老师引导学生在一个个的问题中，去经历创造平面直角坐标系的过程，把问题锁定在了数学最本质的问题上。教师让学生从头到尾地想问题，一以贯之地对问题发问、解决，再提出新问题，解决了困惑又有了新问题，在不断地否定自己中获得新的进步！

这节课给我们提供了非常好的研究素材。你们走后，我们还会静下心来，反复地看这节课的录像，好好地研究：上海的这个团队，到底是怎样让孩子自主地发现

导师吴正宪对上海团队的汇报作点评

问题、提出问题的，而且孩子们的问题越来越逼近数学的本质。

这里没有浮躁，没有表面的恭维，只有从心底涌出的声音。大家根据刚才听课的感悟、体会，谈了自己的看法。导师以他对教育、对学生、对课堂教学的感悟，提出了引领性的研讨问题。导师的引领是高端的，队员们的思考是深刻的。最让我感动的是，大家非常坦诚。这是一个民主的、平等的、对话的团队，是一个实事求是的、研究的团队，也是一个高水平、高水准的研修团队。

吴老师的点评，让我们在受到鼓舞的同时，明确了今后的方向。

活动期间，我们观摩了北京团队、天津团队的课堂教学和成果汇报，还有幸聆听了中国心理教育研究所张梅玲教授、中央民族大学孙晓天教授、教育部北京师范大学基础教育研究中心任景业副研究员的精彩报告。学员们感慨：北京之行，收获满满！

2014年12月26日，上海市小学数学名师基地学员来到太仓市新区第二小学，与太仓特级教师王文英名师工作室联合参加《小学数学教师》"辩课进校园"活动，围绕"以问题教学改变'教与学'的方式"这一主题，分别上了主题研究课《单式折线统计图》和《复式折线统计图》。课后，教师们就"什么是核心问题""核心问题是怎样产生的""如何创设情境让学生发现并提出核心问题"等展开了交流。两个团队围绕共同的主题，进行同板块内容的课堂教学现场交流互动，加上编辑部专家的引领，教师们对用问题教学改变教与学的方式有了更深的体验。

2015年5月28日，基地学员与贵州师范大学吕传汉教授带领的团队举行了联合教学研讨活动。这一次的活动，先是由两个团队独立备课，内容是三年级《谁围出的图形面积最大》；接着是同课异构的课堂教学实践；之后是研讨互动；最后由吕教授为我们作题为《小学生核心素养培育与"三教"》的讲座。在此过程中，学员都非常投入，互动中碰撞出智慧的火花：上海团队设计情境让学员提出核心问题并层层深入地展开探究，贵州团队让学员在动手操作的实践中、在图形的动态变化中揭示知识规律。交流，让大家有了新的教学设想，产生再进课堂的欲望。吕教授的"教思考，重在培养思辨能力；教体验，重在积淀人的素养；教表达，重在培养交际能力"，给学员的主题研究带来新的视角。

上海与贵州两个名师团队的合影

确实，这样的活动能拓展视野、打开思路，能学习他人经验、发现自身不足，更能培养团队精神、提升团队研修的品质。

### (四)在策划组织教学论坛中培养综合能力

2013年5月9日,"上海教育新课堂论坛——基于问题解决的数学课堂转型(专场)"在基地所在地上海市宝山区第一中心小学举行。上海教育报刊总社社长仲立新、宝山区教育局副局长陆荣林及来自本市和外省的近300名专家、教师代表参加了本次活动,围绕"基于问题解决的数学课堂转型"的主题进行了课堂教学观摩和研讨活动。我们的学员上了观摩课,参与了互动。导师作了主题报告。

如果说此次论坛中的主角是导师,那么,2013年12月,基地和宝山区教育学会小学专业委员会联合举办的主题为"有效课堂研究——用怎样的方式进行知识技能学习"学术论坛,其主角就是学员。

《课标》指出:"数学思考、问题解决、情感与态度的发展离不开知识与技能的学习,知识与技能的学习必须有利于其他三方面的发展",而一线教师实践中的最大困惑是:怎样的知识技能的学习,才有利于其他三方面的发展? 学员们经过研讨,将论坛主题确定为"有效课堂研究——用怎样的方式进行知识技能学习"。

怎样使论坛更有实效? 学员的组织策略是:先分两个组对《组合图形的面积》进行同课异构的教学实践;再结合课堂实践,进行教学反思,阐述自己的观点;最后,学员与参会的专家老师围绕主题进行互动交流。任务明确后,学员以小组为单位,自主地进行集体备课、试教、研讨等活动,积极地为论坛做准备。

"同课异构",确实会导致两组竞争的压力。但学员将压力化成动力,因为"同课异构"确实能打开教师的教学思路,从不同教学实践的比较中,去发现问题、揭示数学问题、探究学习的本质。相对而言,更具压力和挑战的是现场辩课。这是一场即时的头脑风暴,也是大家最为紧张的环节。导师将在现场提出6个问题。可这6个问题的内容,大家谁都不知道。只有在鼠标点击的那一刻,谜底才揭晓。这对坐在场上的学员来说,是一次智慧和能力的考验,是一次既坐针毡又酣畅淋漓的双重体验。这次由学员自己参与组织策划的教学论坛,对每位学员而言,都是一次难以忘却的历练。

学员要从繁杂的教育现实中提出需要多种思想碰撞、争辩的话题,并且对这些话题以论坛的方式组织实施。论坛促使学员对某些问题进行深入思考,提高了学员的专业素养与活动策划和实施能力。

### (五)在带领团队中提升自身综合素养

我们这 12 个教师，在名师基地是学员，而在各自的学校、区县都是教学骨干、学科带头人。在每个人的身后，都有着一支教研队伍，他们是一群传递火种的人。

基地的研究主题及研究模式，常常会被学员自觉运用。夏权老师模仿名师基地的模式，开展了一次教研活动。上午：教师说课答辩、课堂教学实践、教学反思研讨……中午：修改教案、制作课件、教学准备……下午：再次课堂实践、教学深度反思、问题改进提出、教学方案重建……老师们感慨：一天的活动让人紧张，但是很充实！这种课例研究，有理有据有深度。这样扎扎实实的研究，使老师和学生都能感受到智慧带来的快乐。

学员钱晓明在虹口区组织"男教师沙龙"，自发地尝试开展与基地研究主题相关的教学展示及研究活动。

学员杨爱军主持成立"思与问"工作室，以"基于问题解决的数学课堂转型"为主要研究主题，每月开展一次活动，促进了青浦区的一批青年骨干教师的专业发展。

学员陈培群带领团队围绕"基于学生真问题，实施有效的针对教学"的主题，进行了一系列的深度课例研究，研究成果成为区教师培训的重要课程资源，起到了示范辐射的作用，使一批年轻教师快速成长。

提升学员的综合素养的一种行之有效的方法是让学员当主持人。主持人必须有较高的师德素养和人格魅力，这样才能潜移默化地影响学员。主持人还要设计开发培训课程内容，确定研究主题，带领课题研究，进行课堂教学实践，组织策划教学展示活动等，过程中付出的多，收获自然也多，收获的就是自身综合素养的提升。

2016 年 5 月 26 日，在由上海市教师专业发展工程领导小组办公室主办的"在课堂实战中历练成长——小学数学名师培养基地(二组)汇报"活动中，市教委教研室陆伯鸿副主任观摩了我们的主题研讨课及教研活动，评价说："……这个探究过程很好！我们今天这堂课实际上推动了教学理念，也推动了实践。我们潘老师把实践小题大做，把理念大题小做，而且从大题小做走到了小题大做。这一点很重要！"

上海市教委教研室陆伯鸿副主任做专家点评

　　五年的本期市名师基地的培训学习即将结束。为了提升专业素养，我们这样一路走来。为了学员发展核心素养的培育，我们将永远前行。

# 八、为中国教育的振兴尽绵薄之力

　　2005 年 11 月，我随区教育局领导前往云南维西，参加帮困学校的结对签约仪式。听了维西教育局领导的介绍，参观了几所学校之后，我非常震撼。我真的不敢相信中国还有如此贫穷落后的地方，同一片蓝天下的孩子的学习条件竟有如此大的差别：一所学校只有一个教师，一间教室里摆放着几排破旧的课桌和双人长凳，阳光穿过屋顶的洞照到室内，隔壁的一间，既是教师的办公室，又是厨房，还是卧室。再看完小——我们的结对学校，三十来个学生居住在一间教室那么大的宿舍里，床铺上根本没有一条像样的棉毯，走进学生食堂，米饭经过两次加工像是发酵过一样，大铁锅里的菜汤里漂着少许的菜叶，食堂门口的餐具上全是乌黑的苍蝇，学生穿着破旧的衣裤，身材黑瘦，他们见了上海老师显得格外欣喜，而我的心情却非常沉重。我能为孩子们做些什么？

　　一回到学校，我就把拍摄的照片做成 PPT 给师生看，并组织了献爱心捐赠活动。我深知，真正要改变贫穷落后的面貌，关键是发展教育，培养学生。我应该为此贡献自己的一分力量。2007年暑假，进修学院让我作为数学专家赴维西培训教师。从上海虹桥坐三个多小时飞机到达昆明，再坐汽车前往维西。汽车在陡峭的盘山公路上足足开了五六个小时，终于到达了目的地。人非常疲劳，加上高原反应，我浑身无力，胸闷心慌，还阵阵呕吐。以前感冒咳嗽时，我总是不去医院不用药，挺一挺也就过去了。而这会儿却挺不过去了，因为明天就有我的讲课任务，于是，我晚上就去看急诊了。可是，那里根本没有什么好的医院，只有一家私人诊所，给我开了很多药，我也顾不上是否对症都吃了。第二天早上，我拖着虚弱的身子在同行的教研员老师的陪同下走进了会场（其实，我们已经有了预案，万一我坚持不下去，就由教研员接替）。一开始，我控制讲话时的情绪，注意保持体能，以求坚持到底。不知不觉地，我越讲越激动，越讲越投入，得到老师们的热烈掌声。人，真的很奇怪，我竟然一点不舒服的感觉也没有了。我想这大概就是情感的力量吧！这种情感来自我对小学数学教学的热爱，更来自我对云南小朋友的那份特殊感情。我希望能更多地给云南的教师进行培训，以提高他们教书育人的水平，让云南的小朋友接受优质的教育。

　　2008年暑假，我被聘为上海对口培训云南省中小学骨干教师项目小学数学学科领衔专家，对云南红河地区骨干教师进行培训。早在出发之前，我们团队的10位主讲老师就对培训方案等进行了多次的研讨。到了红河之后，我们首先对各班进行了访谈，了解受训教师的困惑，即培训要解决的问题。学员们充分反映了各自的想法：教育部门不抓课改实质，只抓考试质量，如何对教师、学生进行评价；有新教材，但没有新思路、新观念，有些学校是一校一师，复式教学，教师工作量大，没有时间充电；学校缺少计算机，即使有但制作课件能力跟不上；新教材中许多图文内容不符合边境农村地区的实际，学生们不知道什么是超市，什么是马路；老师对新教材的挖掘力度把握不好，穿新鞋走老路，不知道怎样引导学生自主学习；新教材要求用新方法，但用新方法教出的成绩不一定好；希望不要让教师一下子看完视频案例，因为有时会感到疲劳，如果边看边分析讨论，可能效果会更好；希望上海教师能面对云南的学生为我们上一堂观摩课，最好不要用多媒体……晚上，我及时召开专家组会议，针对教师们反映的问题及建议，进行有关内容的调整。会后，专家组教师们修改培训内容，工作到深夜，有的甚至工作

课间，与云南维西教师进行交流

到凌晨两三点钟。我本人也将原来的生成性教研等两个内容调整为"理念——方法——实效"的专题讲座，并借班上观摩课。我还结合视频课例，将一个个很现实的教学问题呈现在专家组教师面前，让教师们思考当地教师可能出现的情况，而我们应该采用什么方法，并说说其理由。思考解决实际问题的过程中，教师们可以体会怎样去做一个有思想的实践者。有学员这样写道："培训期间，有幸听了许多好课，但给我启发最大的，是潘小明老师上的《数学广场——谁围的面积最大》一课。从潘老师身上，我学到了很多。首先，潘老师是个成功的实践者，他在教学道路上不断打磨、不断探索，为教育教学实践经验的传播做出了巨大贡献。潘老师的课是开放的，他用幽默的、风趣的语言与学生交流，尊重每一位学生，关注学生说的每一句话，善于处理教学过程中出现的不可预设的问题。不仅如此，潘老师的课贯彻了新的教育教学理念，从学生已有知识经验出发，从教材实际出发，形成了独特的教学风格。潘老师是一名学生喜欢的老师，是我们青年教师的楷模。从潘老师身上，我看到了中国教育振兴的希望，我也会为之而继续努力！"

上一节不用课件的数学课

短短10天的培训中，我也确实看到了中国教育振兴的希望。我感受到各级领导高度重视，专门组织专家组进行实实在在的培训。而学员们求知若渴、刻苦学习的态度，专家组教师不知疲惫、忘我工作的精神更让我敬佩。10天的时间是短暂的，但是，对我的影响却是深远的……

2015年4月，我先后对广州市基础教育新一轮"百千万人才培养工程"小学名教师培养对象的两批学员进行两个星期的培训。学员卜晓薇在其《奔跑吧，活跃的思维！》的学习感想中写道：在上海宝山第一中心小学，潘校长给我们设计的一周跟岗安排是满满当当的，包括学校教育教学管理介绍、课例研讨、活动总结等。三天的集中学习使我们的心里充满了"感激"："感"——感谢、感动于特级教师潘小明校长对培训活动的重视，全程设计、组织、跟进、示范，为我们的专业研究提出要求，高效而扎实；"激"——激发我们坚持做专业研究、做有意义的课堂改革的信念。

2015年5月，贵州省第二届"名师讲堂"骨干上海团队5名成员在首席专家吕传汉教授、贵州教师教育学校张佩玲副校长等人的带领下到上海市"双名工程"工作室

向学员介绍教学案例

潘小明小学数学名师工作基地进行高端访学研修。我与 5 名贵州骨干教师签订了为期两年的结对指导协议。

与首席专家吕传汉教授带领的骨干团队合影

　　下文是贵州省兴义市向阳路小学柯代玉老师的学习心得体会摘要：

　　我国著名教育专家顾汝佐老先生曾做过这样的评价："潘小明的本事在于他捉得住学生。一堂课 40 分钟，学生一直在思考，这是因为他一直用有吸引力、具有挑战性的问题来刺激学生。"能与全国著名数学特级教师潘小明面对面接触，是我做梦都不敢想的事情，却因为幸运地参加吕传汉教授所发起的贵州省"名师讲堂"系列培训活动，赴上海拜全国著名教师潘小明为师得以实现。这份汹涌澎湃的激动是任何语言都不能描述的。行前，我对同事说："我中特等奖了，这份大奖，无与伦比。"

……在这珍贵而又紧张的五天学习中，我领略到名师的风采，领悟到宝贵的教学经验，这是我一生中弥足珍贵的"财富"，为我注入新的能量。我认真听、仔细记、静心思，潘老师的博学广识、生动课堂、精彩案例讲座无不在我的脑海里留下了深刻的印象。我只恨自己才疏学浅、文笔太糟糕，不能够将所有的感触在字里行间流露出来。

学习的第一天，潘老师在介绍上海市小学数学名师培养基地的工作后，将要培训的内容巧妙地蕴含于任务之中，让我们仅凭一页上海二年级教材《三角形与四边形》的复印纸，分析教材，设计教学，说课，答辩。这对于我来说是个极大的挑战。用吕教授的话来形容是"真枪实弹"。在微格教学过程中，潘老师没有难懂生涩的理论，没有华丽繁复的表述，而是用平实、风趣的语言和"一针见血"的提问，向我们传达了最直接的信息，让我们有了最深刻的认识：读教材该怎样读？理解教材编写意图，到底要让学生学什么？渗透什么数学思想？这一课的核心知识是什么？用什么核心问题引领、贯穿课堂？随后，我们观看潘老师执教的《三角形与四边形》课堂实录，进行课堂教学研讨。研讨中，我们除了对知识、经验进行学习和吸收外，更多的是进行自我反思：反思自己的教学，反思自己的课堂，反思自己的专业成长……我想这次学习引发的反思将成为我不断前进的动力，成为成功的敲门石，成为我坚定航向的指路标。

下午，我聆听了潘老师执教的人教版三年级《数学广角——重叠问题》。学生都离开会场后，我依旧在回味，由衷感叹：潘老师的课堂才是真正的"以学生为本"。每个学生都是一个独立的生命，生命个体间的各个方面都充满着差异。数学课堂就是要将这种差异视为一种教学资源，努力创造条件展现学生丰富多彩的个人世界。学生是有情感、有思想的人。承认差异、承认个性就是对学生最大的尊重，也只有这样才能把富有人文精神的生命意识落实在我们的课堂教学中，真正体现以人为本。潘老师在课堂教学中，创设一个有利于张扬学生个性的"场所"，让学生的个性在宽松、自然、愉悦的氛围中得到释放。潘老师的课让人豁然开朗。开放的设计，将问题暴露在学生面前；师生互动式的交流，点燃了学生的激情和欲望；最终，一道道难题在学生的剖析中，如剥竹笋般一层一层地被轻松地解开。潘老师的课堂，是师生共建的一片真实天地，是师生共度的生命历程、共创的人生体验；没有花架子，没有装腔作势，没有矫情表演。我们所看到的是学生实实在在地学，潘老师总能抓住每一次机会突出数学思想、方法，哪怕是细微之处，也从不放过。每当潘老师听到"老师，我还有更好的方法""老师，我有补充""老师，我发现他错了"之类的话，他总是"慷慨"地给学生时间，顺着学生的疑问或是有价值的问题前进。

　　课后的讲座中，潘老师通过多个教学案例让我们明白：问题解决中的核心问题是什么？核心问题从哪儿来？他认为每一个学生都是一个独立的思维个体，有权利在课堂上充分地思考。每一堂数学课，每一次提问，出发点永远是学生本身。很多时候，教会学生一种思维的方法，要比教会他一个公式重要得多。一位真正优秀的老师，必须多一份责任，要从学生生命成长的高度去思考教学，用自己的言传身教和精心设计的教学，引导学生形成积极的情感、态度和价值观。

　　"经历了就会有感动，行动了才会有收获。"这是 27 日贵州学员课堂教学实践和28 日两地名师班学员同课异构活动给我的最大感受，我也清晰地看到"曾经的我"：全神贯注地欣赏着授课老师娴熟的教学技巧"表演"，按照教案滴水不漏地授课，教学环节衔接得天衣无缝，然后鼓掌，大赞"精彩""完美"。

　　此刻，我反问自己：难道有顺畅的教学流程、先进的教学手段，热闹、"花枝招展"的课堂就是理想的课堂吗？在这样的课堂里，学生的个性思维在哪里？数学教学的独特魅力在哪里？

　　水到渠成的教学固然好，意料不到的课堂意外更能演绎精彩。课堂教学不是预设教案的"复制品"，而是在课堂上重新生成、不断组织的过程，是人性不断张扬、发展、提升的过程。没有生命气息的课堂教学是不具有生成性的。每一节课都应是不可重复的激情与智慧综合生成的过程。课堂学情灵活多样、变化莫测，师生唯有从容迎变、应变，形成高效互动，才能生成课堂，使课堂焕发生命的活力。潘老师从不回避课堂生成，他对生成有正确的认识，能及时调整，重构共建，使课堂上的生成转化为教学中宝贵的课程资源和财富。潘老师的课堂之所以出色，源于学生精彩的发言使教学得以升华；他能及时发现课堂生成，使学生感受到被关注，真正发挥学生的主体能动性；他总能随着学生的状态而调整、改进，让课堂充满生命的活力，这都彰显出潘老师炉火纯青的教学艺术。

　　曾经，我在设计教学时喜欢环环相扣。我要怎么问，学生会如何答；什么时候总结，环节间怎样过渡，在哪里出示课件……考虑甚是周到，形成一种"线形序列"。这样的课堂会有产生激情、灵感吗？这样的课堂能生成些什么呢？

　　潘老师的教学艺术给我以启迪。今后，我在教学设计时，要将线形设计柔化为机动性设计，不作茧自缚，让学生的个性摆脱教学设计的层层束缚，得以恣意张扬；

在教学中，观察分析课堂情势，随着学生的状态而调整、改进教学活动，使学生积极主动地投入学习、探究的活动中，获得思想启迪，加深知识理解，促进思维拓展，真正感受到自身的价值。这样的课堂才有可能激情荡漾，灵感迸发，精彩纷呈。

生成，追求的是教学的真实、自然；课堂，再现的是师生"原味"的生活情景。这样的课堂无疑是美的！美在它的不加修饰，美在它的清新单纯，美在它的活力四射，美在它的朴实自然。努力改进课堂教学，让数学变得快乐，成为一种享受。而这些恰恰考验的是教师的课堂调控和应变能力，是对教师教学智慧的挑战。但这些也正是数学永恒的理想和期盼，是数学的真谛和归宿。只有理智地对待每一个课堂动态生成，才能让课堂的生命流光溢彩，达到高效。

体会是可以用文字记录的，但心灵的感受是难以用言语表达的。潘老师那和蔼可亲、不断实践反思、不懈努力、做事严谨认真的态度和精神，深深地教育和引领着我们：作为一名教师，不仅要有深厚的专业知识，还要不断地学习先进的教学理论，经过琢磨、领悟，在反复实践、反思中不断地积累，提升自己的教育教学水平。教育需要一种可贵的坚持。把简单的事情做好就是不简单，把平凡的事情做精就是不平凡。正如潘老师所言："人活着，是一种追求，更是一种责任。"

2016年赴黔西南兴义市进行教师培训

2016 年 4 月，我又去贵阳市观山湖区和黔西南兴义市光明路小学，给学员做课堂教学的指导点评，并亲自上示范课、作专题讲座，希望给教师们带来启迪。

我的人生属于课堂，属于孩子们。尽管个人的力量极其有限，但只要作用于提升教师专业、改进课堂教学、培养学生素养，我便觉得人生很有意义。

# 我的生成教学观

# 一、我的小学数学教学模式

| 寻找思维空间 | 创设问题情境 | 聚焦核心问题 | 自主探究 | 发现问题　解决问题　实践运用 | 智慧和人格生成 |
|---|---|---|---|---|---|
| | | | | 领悟方法 | |
| | | | 合作交流 | 体验情感 | |

# 二、生成教学观的形成、发展与内涵

刚刚走上教师岗位的我，非常幸运地于 1983 年参加了上海市首届小学青年数学教师观摩课评议活动，上了《反比例的意义》一课，并且获得一等奖，课堂实录刊登在《上海教育》(1983 年第 11 期)上。今天读来，颇有感触，故摘录如下。

一、复习

1. 判断下列各题中的两种量是否成正比例。

(1)铅笔的单价一定，购买铅笔的支数和总价；(2)圆的半径和面积；(3)一个因数一定，另一个因数和积；(4)工作时间一定，工作效率和工作总量。

2. 出示关于长江机械厂的生产情况的表格。

| 加工的时间(时) | 1 | 2 | 3 | 4 | 5 | …… |
|---|---|---|---|---|---|---|
| 加工零件个数(个) | 10 | 20 | 30 | 40 | 50 | …… |

师：表中两种量是否成正比例？为什么？

二、新授

1. 引入新课：

师：已知工作总量和工作时间，我们怎样求工作效率？如果工作总量一定，那么工作效率和工作时间这两种量成什么比例关系？

2. 讲授新课：

师：长江机械厂加工一批机器零件，每小时加工 10 个，需 60 小时完成（出示表格），从表中看，如果每小时加工 20 个，需要几小时完成？每小时加工 30 个、40 个、50 个、60 个，需要多长时间？

| 每小时加工数量(个) | 10 | 20 | 30 | 40 | 50 | …… |
|---|---|---|---|---|---|---|
| 加工的时间(小时) | 60 | 30 | 20 | 15 | 12 | …… |

师：表中哪两种量是相关联的？它们的变化情况是怎样的？每小时加工零件数与加工时间的扩大缩小有没有规律？有什么规律？结合这些思考题自学例1。

师：表中有哪两种相关联的量？（学生回答后教师板书：两种相关联的量。）

师：这两种相关联的量的变化情况是怎样的？（学生回答后教师板书：一种量变化，另一种量也随着变化。）

师：它们的变化有没有规律？

生：每小时加工 10 个，完成这批零件需要 60 小时，每小时加工 20 个，需要 30 小时，加工总数是 600 个，每小时加工的数量与加工时间的积是一定的。

师：对！相对应的两个数的积是一定的。（教师板书：相对应的两个数的积是一定的。）

师：接着再自学例 2，考虑一下例 2 中哪两种量是相关联的，它们的变化规律是怎样的。

……

教师小结：从以上两个例题可以看出，两种相关联的量，当其中一种量扩大时，另一种量反而缩小，而且这两种量中相对应的两个数的积是一定的，这样的两种量叫作反比例的量，它们的关系叫反比例关系。（教师板书：反比例。）

三、巩固练习

1. 判断下列各题中的两种量是否成反比例。

(1)每本练习本的价钱与购买的本数；(2)平行四边形的底和高；(3)已行的路程和剩下的路程。

师：在生活中成反比例的量是很多的。如果用字母 $x$、$y$ 表示两种相关联的量，

用字母 $k$ 表示一定值，反比例关系式怎样表示？[根据学生的回答，教师板书：$xy=k$（一定）。]

师：现在你们能讲出什么叫作反比例吗？

学生进行表述，教师再让学生看书上的结语并齐读。

2. 判断每题中的两种量是否成反比例，为什么。

(1)播种的总亩数一定，每天播种的亩数与天数。

(2)制造拖拉机的总台数一定，每天制造的台数与天数。

(3)王叔叔从家到工厂，骑自行车的速度和所需的时间。

(4)种子的总量一定，每亩的播种量与播种亩数。

(5)华容做 12 道数学题，做对的题与没有做对的题。

3. 填空。

速度 × 时间 ＝ 路程
（一定）└（　　）┘

速度 × 时间 ＝ 路程
　└（一定）┘
　（　　）

速度 × 时间 ＝ 路程
└（　　）┘（一定）

亩产量 × 亩数 ＝ 总产量
└（　　）┘（一定）

加数 ＋ 加数 ＝ 和
└（　　）┘（一定）

一个因数 × 另一个因数 ＝ 积
　└（　　）┘（一定）

4. 根据已知数量组成正比例或反比例。

(1)单价、总价、数量。

(2)每本页数、装订本数、纸张总页数。

5. 根据下列等式，判断 $x$、$y$ 是否成比例，成什么比例，为什么。

$$xy=5;\ \frac{x}{y}=5;\ x-y=5;\ x+y=5;\ \frac{y}{5}=x$$

四、小结

今天我们学习了反比例，理解了反比例的意义，学会了怎样判断反比例。

五、布置作业（课本第 46~47 页第 1、6 题）

不难看出，该课教学环节完整：复习——新授——巩固——小结——作业。预设精细：复习题中判断两种量是否成正比例已经为学生学习判断两种量是否成反比例做了铺垫，而"长江机械厂的生产情况"的表格出示及判断，更是为学习新知提供了对比性的材料；新授中的"表中哪两种量是相关联的？它们的变化情况是怎样的？每小时加工零件数与加工时间的扩大缩小有没有规律？有什么规律？"的提问，将学生的思维直接引向了反比例的概念本身，而自学例1则让学生无须对上述问题多做思考便从书本上找到了答案；巩固中的五个层次的练习，由具体到抽象，层层深入，使知识得到强化，思维也随之深化；小结则是由教师直接归纳本节课要求达到的教学目标；最后便是布置作业。

其实，这节荣获一等奖的课，真实地反映了那个时期我的数学教育思想及教学实践。我认为，数学教学的根本目的，就是要让学生理解和掌握数学知识与技能，而要让学生理解和掌握数学知识和技能，关键在于教师的精讲和学生的多练。为此，我认真备课，备课时主要不是研读教材（因为教材上的数学概念、定理、公式、法则以及习题等学生都理解、会做），而是思考怎样把知识讲清楚，让学生理解。为了让学生理解，我经常站在学生的角度去思考学生可能遇到的困难，设法化解难点。最常用的、较为有效的方法就是设计坡度，即通过旧知识的复习及一个个小问题的提问，让学生听得明白且能理解。

如教学带分数减法（我曾就此以《着眼思维训练，优化教学过程——带分数减法的教学》为题撰写了一篇文章并刊登在《教学月刊》1989年第6期上），"由于被减数的分数部分不够减，所以要从被减数的整数部分退'1'与分数部分合并后再减"，这是教学中的一个难点。我先让学生在下面的括号内填数：$3 = 2\frac{(\quad)}{5}$，$7 = 6\frac{(\quad)}{4}$，$4\frac{7}{10} = 3\frac{(\quad)}{10}$，$7\frac{3}{8} = 6\frac{(\quad)}{8}$，$5 = \frac{(\quad)}{(\quad)}$，尽管学生此时不明白为什么要做这样的填空题，但我很清楚这是在为他们学习新知识扫除障碍；再让学生计算"$5\frac{6}{7}$减去$3\frac{4}{7}$"并回答"带分数减法的计算法则是怎样的"。在这基础上教师出示例题"计算$5 - 1\frac{1}{3}$"，进行新知讲解，难点自然被化解，课堂教学也就变得非常的顺畅。而这，正是我要追求的教学效果。

为了追求这样的教学效果，我经常把教学过程写得非常详细，特别是教学公开课，用考卷大的纸来写教案。教案上不仅有复习内容、新授例题及巩固习题，而且还有各个教学环节的过渡语、教师所提问题甚至是学生可能给出的答案。往往是密密麻麻写满一大张纸，有时要写两大张。遇到上公开课，我常常会在教案旁边写上时间安排，比如：1∶00—1∶05复习旧知，1∶05—1∶07新课导入，1∶07—1∶20进行新授，1∶20—1∶35巩固练习，1∶35—1∶38课堂小结，1∶38—1∶40布置作业。而且，我会把手表放在教案旁边。上课中做到"三看"：一看教案，二看时间，三看学生。当教学进度与时刻表不匹配时，我就马上进行调整，调整的对象只能是学生。只要学生的回答是教师所要的，就马上进入下一个教学环节。之所以这样做，为的就是在下课铃声响起的瞬间，正好完成全部预设的教学任务。这样精准的课，就是那时的我心目中的好课。

因此，在我的课堂上也会出现如叶澜教授所说的那样：上课是执行教案的过程，教师的教和学生的学在课堂上最理想的进程是完成教案，而不是"节外生枝"。教师期望的是学生按教案设想回答，若不，就努力引导，直至引出预定答案。学生在课堂上实际扮演着配合教师完成教案的角色，其中最出色的、活跃的是少数好学生。于是，我们见到这样的景象："死的"教案成为看不见的手，支配牵动着"活的"教师与学生，让他们围着它转；课堂成为"教案剧"的"舞台"，教师是主角，好学生是配角中的"主角"，大多数学生只是不起眼的"群众演员"，很多情况下只是"观众"与"听众"。

叶澜教授说：衡量一个教学计划是否具有教学论质量的标准，不是看实际进行的教学是否能尽可能与计划一致，而是看这个计划是否能够使教师在教学中采取教学论上可以论证的、灵活的行动，使学生创造性地进行学习。借以为发展他们的自觉能力做出贡献——即使是有限的贡献。为了使预设更加精准，我常常预想学生学习中的困难，对可能出现的错误想法，我总会预防在前，不让其"节外生枝"。教学较复杂的分数除法应用题时，针对学生可能有的"男生人数比女生多$\frac{1}{3}$"就是"女生人数比男生少$\frac{1}{3}$"的错误想法，出示"某班有男生20人，比女生多$\frac{1}{3}$，女生有多少人"的题目后，我精心设计了下列环节：（1）让学生找出关键句:"男生人数比女生多$\frac{1}{3}$";(2)根据关键句画出线段图,得:男生相当于女生人数的$\left(1+\frac{1}{3}\right)$;(3)写出数量关系式"女生人数$\times\left(1+\frac{1}{3}\right)$=男生人数";(4)让学生对照数量关系式列方程解答。这"四步"步步紧扣,即时效果当然是不错的,学生在新授后解答类似习题的正确率很高。我还特别高兴地写了一篇教学体会文章——《防止负迁移　促进正迁移——较复杂的分数除法应用题的教学体会》,刊登于《小学教学研究》(1990 年第 11 期)。然而,好景不长,当分数乘、除法应用题综合地出现在期终试卷中时,那种将"男生人数比女生多$\frac{1}{3}$"理解为"女生人数比男生少$\frac{1}{3}$"的错误想法还是出现了。经验告诉我,对于学生中潜在的错误想法,教师采用"防止"的方法其效果是极为有限的,很多时候还是防不胜防。这让我深感困惑:学生的学习到底是怎样进行的?怎样才能让学生真正地理解和掌握数学的基础知识和基本技能?

20 世纪 90 年代初某年的一个暑假,母校(上海市安亭师范)的王老师约我一起参加由华师大数学系教授张奠宙、唐瑞芬主讲的数学教育培训班的学习,这是一个极其难得的机会,我非常珍惜。记得那年,中山北路正在进行扩建改造,从宝山的月浦到华师大往返要花四五个小时,人很累,但心里是非常充实和愉快的。张奠宙等教授的《数学教育学》,打开了我的数学教育视野,其中的教育理念让我震撼。

教师对思维过程的展开,是否能替代学生自己的活动?按照皮亚杰的观点,如果说物理知识尚可由观察、感觉、传授来接受的话,那么数学学习就应由学生本人参加活动过程,这是因为,数学的认知活动是感性活动,数学思维要来自本人的心里运算和对运算的抽象,它无法靠传授知识和在传授知识的同时传授方法来代替。因此,数学知识靠灌输来学习是不行的。

生物学界曾有一句座右铭是"观察观察再观察",数学界的口号似应是"思考思考再思考"。数学知识的获得,主要不是靠实物的实验,而是通过思想上的实验,进行紧张的思维活动。

数学思维的特点:策略创造与逻辑演绎的结合。一个人的数学思维,有宏观和微观两个方面。宏观上,数学思维乃是生动活泼的策略创造,其中包括直觉归纳、类比联想、观念更新、顿悟机巧等许多方面。微观上,要求数学思维步步为营、言必有据,进行严谨的逻辑演绎。

数学教学的任务之一，是将按逻辑演绎编写的教材还原为生动活泼的数学思维创造活动。教师的任务是将策略创造与逻辑演绎紧密结合起来。

书中还介绍了荷兰教育家弗赖登塔尔的"再创造"教学理念。

弗赖登塔尔认为数学教育方法的核心是学生的"再创造"。教师不必将各种规则、定律灌输给学生，而是应该创造合适的条件，提供很多具体的例子，让学生在实践的过程中，自己"再创造"出各种运算法则，或是发现有关的各种定律。每个人应该在学习数学的过程中，根据自己的体会，用自己的思维方式，重新创造有关的数学知识。

……

这本《数学教育学》让我爱不释手，它解开了我心中的许多疑团，为我指点了教学的迷津：原来，学习不是知识由外到内的转移和传递，教师对思维过程的展开是不能代替学生自己的思维活动的。难怪教学中，任凭教师怎样地设计问题引导学生思维，以防止学生先前知识经验对新知识学习的干扰，还是防不胜防。这是因为课中学生没有机会主动地将新、旧知识经验进行反复、双向的相互作用，实现对原先错误想法的自我否定。怎样引导学生主动参与数学学习活动，让每个学生在原有知识经验的基础上，用自己的思维方式去解决问题，去创造有关的数学知识？我努力地实践着、反思着，并大胆地探索着新的教学方法。

对于"较复杂的分数除法应用题"，我进行了新的教学实践：出示"某班有男生20人，比女生多 $\frac{1}{3}$，女生有多少人"的题目后，提出"谁能想办法利用已有知识求出女生的人数"的问题，让学生独立自由地尝试解答。结果，出现多种不同的想法。

**生1**：我是这样列式的：$20 \times \left(1 - \frac{1}{3}\right) = 13\frac{1}{3}$（人）。因为我想男生比女生多 $\frac{1}{3}$，也就是女生比男生少 $\frac{1}{3}$，女生人数等于男生人数的 $\left(1 - \frac{1}{3}\right)$。

**生2**：我认为女生不可能是 $13\frac{1}{3}$ 人，因为不可能有 $\frac{1}{3}$ 人。

**师**：是呀！人怎么能说成 $\frac{1}{3}$ 呢？你们说是吗？（众生点头，有些学生笑了。）那么，是什么原因造成的呢？

**生3：**有可能是题目中的数据不科学，也有可能是算式列错了。

**生4：**我是通过画线段图来解答的（见下图）。

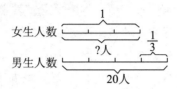

算式是：$20÷4×3＝15$（人）。

**生5：**我想，男生比女生多 $\frac{1}{3}$，说明男生是女生的 $1\frac{1}{3}$ 倍，所以，算式是：$20÷1\frac{1}{3}＝15$（人）。

**生6：**我是列方程来解的。设女生有 $x$ 人。方程是：$x+\frac{1}{3}x＝20$，解得：$x＝15$。答：女生有 15 人。

**生7：**我是这样想的：从线段图可以看出，男生人数与女生人数的比是 4∶3（教师结合回答板书：$\frac{男生}{女生}＝\frac{4}{3}$），现在男生有 20 人，从 4 到 20，分子扩大 4 倍，分母也应扩大 4 倍。所以，女生人数应该是 3 乘以 5 等于 15 人。

**师：**同学们真会开动脑筋，想出了许多办法。对于该班女生的人数，现在有两个答案：15 人和 $13\frac{1}{3}$ 人。你们认为哪个答案是正确的呢？（绝大多数的学生选择 15 人。）

**师：**我觉得刚才的同学的想法也有道理。（教师手指板书）男生比女生多 $\frac{1}{3}$ → 女生比男生少 $\frac{1}{3}$，所以这样列式也对呀！问题到底出在哪里呢？男生比女生多 $\frac{1}{3}$，能不能理解为女生比男生少 $\frac{1}{3}$ 呢？

同学们先独立思考，再以四人为小组进行讨论。各小组代表纷纷发表意见，普遍认为，男生比女生多 $\frac{1}{3}$，多的是女生人数的 $\frac{1}{3}$，而女生比男生少 $\frac{1}{3}$，少的是男生

人数的 $\frac{1}{3}$，因为男生人数与女生人数是不相等的，所以不能倒过来理解。也有小组学生说，如果要倒过来理解的话，那么，女生应该比男生少 $\frac{1}{4}$，我们从线段图上可以清楚地看出。这时，我说："是嘛，你能上来指给同学们看看吗?"该生高兴地指着线段图告诉大家。受到启发，学生列出了这样的算式：$20-20\times\frac{1}{4}=15$（人）。

我发现，让学生充分利用已有的知识经验，积极主动地参与尝试解决新问题的实践活动，学生会表现出较高的学习积极性，能积极地进行思维，并在思维的交流中产生智慧的火花，从中获取数学新知识，发展思维能力，而教师自己也常常会有意外的收获。成功的喜悦不断激励着我进行更多的教学实践。1995 年 7 月，在由全国数学教育编辑记者工作委员会、《小学数学教师》编辑部等单位联合召开的"吴正宪、潘小明教学艺术研讨会"上，我上了观摩课《三角形的认识》《一个数乘以分数》，并做了《引导学生积极参与学习过程，提高学习效率》的主题汇报。1998 年，对"如何引导学生主动参与数学学习活动"，我总结了自己的实践经验。

第一，要激发学生主动参与的欲望。主动参与的欲望主要来自学生对知识的兴趣和在自主学习中获得的成功。为此，在教学中我们要重视：一是创设问题情境，激发学生认知兴趣；二是使学生获得成功体验，予以激励评价。

第二，要发挥学生的自主能动性。因为学生学习数学知识的过程，不是"被动吸取知识、记忆、反复操练、强化储存"的过程，而是"学生以一种积极的心态，调动原有的知识和经验，尝试解决新问题、同化新知识并积极建构他们自己的意义"的主动建构过程。为此，在教学中我们要注重：一是让学生独立思考。即让学生大胆地尝试探究新知：凡是学生能发现的知识，教师决不代替；凡是学生能独立解决的问题，教师决不暗示。二是鼓励学生大胆猜想。数学家发现数学知识的过程，是一个凭借数学的直觉，提出各种猜想，进行实践验证，揭示知识规律的过程。数学教学中教师要鼓励学生大胆猜想，发现知识规律，使学生不仅获取数学知识，而且学会探究知识的方法。

第三，要培养学生主动参与的能力。学生的学习能力的培养，涉及的范围很广。在学生主动参与学习活动的过程中，教师要重视数学思想方法的渗透，如化归思想方法、归纳思想方法、演绎思想方法等。数学思想方法，隐含在知识里，体现在知识的发生、发展和运用过程中。教师在备课时，要把隐含的数学思想方法发掘出来；教学中要重视渗透，渗透在学生探究知识的尝试活动中，渗透在思维过程的展示中，渗透在数学练习的设计中，渗透在小结评价中。

我围绕该经验总结撰写的论文获 1998 年中国教育学会小学数学专业委员会年会论文评比一等奖，被《小学数学教师》《山东教育》《江西教育》等教育杂志登载。

引发我对自己的这篇一等奖论文进行深入思考的，是叶澜教授的《时代精神与新教育理想的构建——关于我国基础教育改革的跨世纪思考》一文。她在文中写道："从 80 年代后期开始，一些教育改革进行得较深入的学校，已经把改革的主题转向研究学生、激发学生内在积极性，但说到底还是为了使学生学得更好、更自觉地学。""任何一种活动，人都是以一个完整的生命体的方式参与和投入，而不只是局部的、孤立的、某一方面的参与和投入。"联系自己的"引导学生主动参与数学学习活动"，其中的"要激发主动参与的欲望"，只是作为调动学生学习积极性的一种手段，而"要发挥学生的自主能动性"及"要培养学生主动参与的能力"，都只是局限在认知范围内。随后的新课程改革，使我的教学观念不断更新。新课程的核心理念是：一切为了每一位学生的全面发展。新课程的目标是：知识与技能、过程与方法、情感态度与价值观。而要实现这"三维目标"，关键在于转变学习方式。转变学习方式，就是要转变那种单一的、他主的与被动的学习方式，提倡和发展多样化的学习方式，特别要提倡自主、探究与合作的学习方式，把学习变成人的主体性、能动性、独立性不断生成、张扬、发展、提升的过程。在新课程理念的驱使下，我开始"进行探究性学习，促进主体发展"的实践研究，其目的是让学生经历自主探究的活动过程，获取知识、获得体验，喜爱学习，学会学习，促进知识与技能、过程与方法、情感态度与价值观的"三位一体"目标的整体落实。

这段时期，我热衷于进行数学探究性学习的课堂教学实践，上了许多节实践研讨课：《圆锥的体积》《梯形的面积》《被 3 整除的数的特征》《设计新纸箱》《平均数应用题》《质数与合数》等。我连续在上海市小学数学教学专业委员会举办的"数学素质教学研讨""数学创新教学研讨""数学探究学习研讨"等活动中，给全国各地的教师上探究性学习观摩课。课后，我及时进行反思，撰写教学案例及经验论文。2000 年,《进行探究性学习,促进主体发展》一文,发表于《小学数学教师》,并获区教育学会科研论文评比一等奖;2002 年,《转变学生的学习方式是促进主体发展的关键》一文,发表于《小学数学教师》,并被北师大国家基础教育课程标准实验教材总编委会的内部刊物全文转载;2002 年,《封闭导致僵化,开放产生活力——"设计新纸箱"教学案例》一文,发表于《小学数学教师》;2003 年,《数学概念教学中的探究性学习——"质数、合数"教学实录(片断)及反思》一文,在《小学青年教师》的"本刊特稿"栏目发表;2002 年,我的个人教学专辑《小学数学探究性学习专辑》(第 3 辑),由中国教育电视台第三套节目"名师讲坛"栏目播放。

2003 年,上海市首批市级骨干教师成果展示中,作为唯一的学员代表,我做了《进行探究性学习,促进主体发展》研究成果专题汇报。通过实践研究,我对数学探究性学习有了更深刻的认识,也形成了一些行之有效的教学策略。我认为,数学教学的根本目的:一是智慧的发展,二是生命的成熟。智慧是一种内隐知识,它深深嵌入实践活动,常常是不可言传的;而生命的成熟主要体现在主体性的发展上,自由自觉的活动是主体性发展的决定性因素。这就是我进行探究性学习的价值追求。对于探究性学习,我是这样界定的,是指在小学数学课堂教学中,学生在教师的指导下,用类似科学探究的方式去获取知识、运用知识、解决问题的学习方式。这里,"用类似科学探究的方式",即让学生通过观察、比较,发现、提出问题,做出解决问题的猜想,尝试解答并进行验证。探究学习的基本流程是:问题情境——自主探索——合作交流——实践运用——评价体验。

如何创设问题情境?联系生活实际,能使学生产生兴趣;具有障碍性,能挑战学生的思维;具有开放性,能使学生有较大的思维空间;满足差异性,能使不同层次的学生都参与其中;具有实践性,使学生从实践探索活动中有所发现等。

如何让学生自主探索?要还给学生自由探究的时间和空间,不要将教学过程变成机械兑现教案的过程;要鼓励学生大胆地猜想、提问,哪怕是不着边际的想法,不要急于得到圆满的答案;要让学生充分展示自己的思想方法,对于错误的想法不要急于说"不对";要给学生以思考性的指导,不要将教师的想法强加给学生。

　　如何让学生合作交流？一是重视技能的培养，包括听的技能、说的技能、交往的技能、策略的技能等；二是合作的选择，包括辨析概念性问题的合作、发现知识性规律的合作、优化策略性解题的合作等。

　　如何进行实践运用？一是更新习题观念，二是开发习题功能。习题不仅具有帮助学生掌握知识、巩固知识的作用，更重要的是它是学生运用已学知识解决问题的最活跃的教材。只有在解答习题的过程中，学生才能把自己的想法、创造能力、创新精神最积极地表现出来。

　　如何进行评价体验？一是对学生进行学习积极性、主动性、独创性等主体精神的评价，使之体验自主学习成功的愉悦，增强学习的信心和动力。二是对解决问题、获取新知的思考方法的评价，重点是提炼数学思想方法，体会其对解决问题、获取新知所起的重要作用，将思维指向数学思想方法和学习策略。

　　也许是过于热衷探究性学习的课堂教学实践，我对探究性学习"情有独钟"。我曾与教师们探讨，课堂学习方式应该以接受学习为主还是以探究学习为主。有相当一部分教师认为：就学生课堂上的学习方式而言，当然是以接受式学习为主，因为我们所学的知识都是间接经验，在有限的课堂时间内，我们没有必要也不可能要求学生自己去发现一个个知识点。这种观点似乎很有道理，但我却不敢苟同：尽管小学生学习的数学知识都是前人发现的知识，这种学习属于间接经验的学习，但许多数学知识可以由学生的亲身探究活动得到"再创造"。大量的课例实践让我体会到：探究学习在小学数学课堂学习中是可行的，而且应该成为主要的学习方式。因为学生是学习的主体，所有的数学知识只有通过学生自身的"再创造"活动，才能纳入其认知结构中，才可能成为有效的和用得上的知识。借助探究活动的学习过程，一方面，可以使学生了解数学知识的来龙去脉，学习有意义的数学；另一方面，可以激发学生主动探究数学问题的欲望，增强学生学习数学的内驱力；更重要的是，可以使学生养成主动思考的习惯和形成主动学习的心态，并逐渐建立起独特的思维方式。进行探究性学习，对于学生有着多方面的意义。因此，在我的潜意识里，探究性学习已不仅仅是一种学习方式，更是我数学教学的一种指导思想，一种教学理念，直接影响着我的数学课堂教学。不仅如此，我还言传身教，向学校数学教师宣传探究性学习的教学理念。

一次数学教研组的集体备课交流中，一位教师问我："情感态度与价值观这一维度的教学目标能否不写？"这一问题非常尖锐。我想：新课程的"新"体现在提出了"三维一体"的课程目标，这能不写吗？可是，教师为什么要提出这样的问题呢？想必也有其道理。于是，我就把问题抛了回去："你觉得呢？""我觉得没有必要写，因为每节课写的都是'培养学生兴趣''激发数学情感'等套话。"那位教师的直话直说，得到了其他教师的赞同。说实在的，我也有同感，只是不便说出来而已。我有点尴尬地说："那就这样吧，如果你认为是在为写而写，一直写些套话，那就完全可以不写。"然而，这样的回答就连我自己也很不满意。教师们的问题，引起了我更深的思考："三维目标"是各自独立地存在于教学过程中的吗？"三维目标"能被清晰地表述并且直接检测吗？进行探究性学习，能将"知识与技能、过程与方法、情感态度与价值观"融合在一起吗？我把"知识与技能、过程与方法、情感态度与价值观"简单地表述为"数学知识、数学思维、数学情感"，我一直在思考这三者是以怎样的形态存在于数学课堂教学中的，它们之间到底有着怎样的关系。内心有点感觉，却总是找不到确定的语言来表述。直到偶然间重温了海明威的"冰山原理"，我才豁然开朗：数学知识、数学思维、数学情感这三者不就好比海明威"冰山原理"中所指的具体可见的文字和形象、寓于文字和形象之中的情感和思想吗？数学知识是显性的，是浮出水面的"山头"，数学思维、数学情感是隐性的，是在冰山下面但支撑着整座"山"的重要基座，而数学思维是一个重要的中介，数学知识、数学情感都是寓于数学思维活动中的。对于经过曲折的思维过程而获得的数学知识，学生理解得更加深刻也便于利用，而数学情感也是在付出很大的努力获得成功、随着思维的不断深入而产生的。我将它们之间的关系用图表示如下。我想，进行探究性学习的核心，就是学生自主

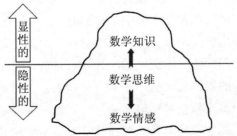

"冰山原理"新解

地进行探究新知识、解决新问题的思维活动的过程，我们应该将"三维目标"较好地落实在探究的过程中，落实在探究的课堂中。尽管仍没能解决关于怎样用语言来确切地陈述教学目标的教师们的这一困惑，但我对三者的关系的理解变得清晰了。

为推介名师，宝山区高级教师研修班的领导让我给自己的数学教学起一个能反映教学理念的个性化的名称。平时，我忙于课堂教学的实践研究，写一些教学案例，根本没有想到对自己的课堂教学进行提炼总结，更没想过取个有特色的名称。如果只是为了推介宣传，那就随便取个"某某课堂教学法"名称好了。然而，我觉得这是一件非常值得自己去深思的事情。一个教师，不应仅是一个课堂的实践者，还应该是一个有教育思想的实践者。而我的数学教育思想到底是什么？怎样的名称能较好地表达我的教育思想呢？

2003年暑假，我参加了区教育局的竞聘，担任宝山区第一中心小学校长。学校聘请了上海市教科院张声远教授，商讨用怎样的课题作为学校的办学理念，去统领学校的各项工作。当时，我就表达了自己的想法：要让"为了每个学生的全面发展"这一新课程的核心理念在实际工作中得到真正的落实，关键在于教师教学理念的转变和专业能力的提高。我做校长，只想做好一件事——带出一支好的教师队伍。因为再先进的课程理念，如果没有广大教师在课堂上的实践，都只是空中楼阁。而更新教学理念、提升专业能力的主阵地就在课堂。如何在课堂这一主阵地上打造教师队伍呢？张教授建议，可否先总结你的数学课堂教学经验，因为学科教学虽有其个性，但那些教学的基本理念是相同的。我说，数学课堂教学不应是封闭的、机械地兑现教案，而应该是开放的、动态生成的，让学生在自主探究的活动中建构数学知识，发展数学思维，培养数学情感。动态生成，应该是我数学课堂教学的特色。张教授表示非常赞成：动态生成，较好地体现出"以学生发展为本"的教学理念。因为"发展"作为一种开放的生成性的动态过程，不是外铄的，也不是内发的，人的发展只有在人的各种关系与活动的相互作用中才能实现。而且，他还提出了很好的建议，丰富了"生成"的内涵：生成，不仅仅是指教学是学生对问题的发现、提出，尝试解答、形成自己的想法，与同伴合作交流的一种动态过程，更是指在这个动态的、互动的过程中，生成师生的智慧和人格。因为智慧和人格，是天生的，但又不全是天生的；是环境塑造的，但又不全是环境塑造的。它是一种潜能，潜藏在每个人的身上，教育和学习就是要开发这种潜能。但这些潜能又不能像自然界中的金矿、银矿那样由别人用机器或工具去开采，而是由别人提供一种合适的情境，在别人引导帮助下，由自己来开发，因为每个人只属于他自己。这个开发的过程可以称为"互动"，就是相互影响，相互补充，就是积极地相互依赖。这不正是我所要追求的数学教学吗？于是，我把自己的数学教学命名为"数学生成教学"。

2004年，我撰写的《"小学数学生成教学"探究——从平行四边形面积计算的教学谈起》一文刊发在《现代教学》杂志上。文中写道：在二十多年的教学实践中，我深深地体会到，课堂中只有开放，才有可能生成，只有不断地生成，课堂才有生命力，学生和教师才会共同成长。我将我的数学教学取名为数学生成教学，即让学生亲身经历学习活动的过程，在获得知识技能的同时，生成智慧，生成人格。数学生成教学的基本流程是：开放导入——自主探索——有效互动——适时导悟——拓展练习。同年，在北京举行的教学论坛中，我做了"数学生成教学"的专题介绍，并上了专题研究课《平行四边形的面积》，与专家教师们进行了现场互动。2006年，我的《智慧与人格在数学活动中生成》《"数学生成教学"的实践和思考》等一组文章发表于《小学青年教师》。经过一段时期的实践研究，我深深地体会到，智慧和人格是在师师、师生、生生的互动中生成的，而互动的关键是独立和合作。怎样让学生学会独立与合作，成为我思考、探究的关注点。实践中我发现，教师要创设具有思维空间的问题情境，让每个学生都能积极地参与到发现、提出问题和尝试解决问题的过程中，从而形成自己的想法（不论正确与否），在此基础上，充分地表达自己的想法和意见，并与他人进行交流、讨论，在这个过程中学会合作。显然，独立与合作必须有具体的载体，这一载体很有可能就是发现解决问题的过程。我对数学生成教学的思考，似乎回到了先前的"数学探究教学"中，一度陷入困境。然而，教育的使命是促进和保障人的健康成长。从人的成长意义上看，问题和问题解决构成了人的成长的基本元素。遇到问题，解决问题；在这个过程中获得了知识，提高了能力，培养了态度，感受到了人生的意义。张卓玉的《第二次教育革命是否可能》一书，给了我信心和启迪，让我对影响学生终身发展的主要因素——学生有了更深的思考。一段时期，可以说，我一直沉浸在"知识、思维、情感"的思考中：到底什么是知识、思维和情感？知识、思维和情感是怎样生成的？它们之间的关系是怎样的？我不断查阅有关资料，进行相关理论的学习，并运用理论对自己的教学实践进行解释，对自己的教学经验进行提炼归纳。渐渐地，我的认识变得清晰起来。

**1. 什么是知识？知识是怎样获得的？**

按照辩证唯物主义的认识论，知识是人脑对客观世界的属性及其联系的能动反映。知识不是客观存在的被人发现的东西，而是人在实践中对新事物、新现象、新信息、新问题所做出的暂时性的解释和假设而已，具有一定的主观性、相对性、暂时性和适应性。

由此可知，学生对于知识的获得，不是简单地依靠教师的传授，而是依靠自己的主动建构，即在自己已有知识经验的基础上，对新事物、新现象、新信息、新问题进行探索和实践，积极建构起自己的意义理解。知识的意义是无法通过直接传递而实现的。如果说教师在传递的话，教师充其量也只是传递了符号信息，至于这些符号信息在学生头脑中是什么意思，最终还是由学生决定、建构的。既然如此，教学就不能无视学生原有的知识经验，强硬地从外部对学生实施知识的"灌输"，而是应当把学生原有的知识经验作为新知识的生长点，引导学生从原有的知识经验中生长出新的知识经验。"只有在思维过程中获得的知识，而不是偶然得到的知识，才具有逻辑的使用价值。"（杜威）数学知识的学习，需要教师传授，更需要学生摸索、体悟和理解。因为只有在运用知识解决问题的过程中，学生所获得的知识才是真正的知识。

**2. 什么是思维？思维是怎样发展的？**

客观事物直接作用于人的感觉器官，产生感觉和知觉。它们以感性形象反映事物的个别属性或个别事物，使人把握各种现象和事物的外部联系，这是所谓感知。而思维则运用分析、综合、抽象、概括等各种智力操作对感觉信息进行加工。思维，是人脑对客观事物的一种概括的、间接的反映，是客观事物的本质和规律的反映。

学生的思维过程是一个怎样的过程呢？当学生面对情境中的问题时，一般情况下，过去的知识经验不一定能解决问题，只有通过知识经验的重组，从事件的相互作用中产生一个清楚的图示，学生才能找到解决问题的方法和答案。通过实践中许多次的试误，在多次的尝试中，主体发现某些思维方法比另一些思维方法更为快捷有效。经过经验的重复印证，主体开始反思，并试图建构能够解释此种思维方式的有效性的理论，再用得到的这种理论指导以后的思维实践。因此，与知识不能传递一样，思维不是可以直接由教师传递给学生并由学生完全直接接受的那种东西。相反，它更多的是指学生自己在经验中摸索、体悟和积累，学生有意识或无意识地将这种摸索和体悟所得进行内化，从而逐渐学会应该怎样思维。思维的教必须强调学生自己自觉主动地对思维实践的经常性参与。一个人的思维能力只有在学习和掌握知识、解决问题的实践过程中，随着主体知识经验的丰富才能得到完善和发展。当学生进入使用知识的状态时，学生将在获得知识的同时发展相关的思维能力。

### 3. 什么是情感？情感是怎样产生的？

情感是人对客观事物是否满足自己的需要而产生的态度体验。(《心理学大辞典》)从这个定义可知：情感是一种主观体验、主观态度或主观反映，属于主观意识范畴。辩证唯物主义认为，任何主观意识都是人对客观存在的反映，情感是一种特殊的主观意识，必定对应着某种特殊的客观存在。这种特殊的客观存在就是事物的价值特性，即"符合人的需要"。"态度"和"体验"均是人对事物的价值特性的认识方式或反映方式。情感的哲学本质就是人类主体对于客观事物的价值关系的一种主观反映。学生的情感当然也是对客观事物是否满足自己的需要而产生的态度和体验。

作为学生，他们有着哪些需要呢？美国心理学家马斯洛认为，人的一切行为都是由需要引起的，而需要又是分层次的，由低到高有七种基本需要，即生理的需要、安全的需要、归属与爱的需要、尊重的需要、求知与理解的需要、美的需要和自我实现的需要。对于处于少年、青年初期的学生，尊重的需要、求知与理解的需要表现得更为强烈。人本主义主张尊重人的智慧，追求理性生活的价值，信赖智慧的无穷力量。它认为人是有智慧、理性的，思考探究等智慧活动是人的基本需求。在人性深处，潜藏着一种最基本、最持久，也是最高层次的需要，这就是：通过自己的活动实现自己的存在价值。由此不难知道，在学生的心灵深处，有一种内在的需要，他们都希望自己是一个实践者、探索者、成功者。因此，教师应创造条件，搭建平台，提供机会，让学生充分利用已有知识经验，用自己的思维方式进行艰难、曲折的探索实践活动，并获得自主学习的成功和自身价值的实现，以此来发展学生的积极情感。

由此可知，知识，只有运用在解决问题的过程中，才是真正的知识；思维，只有在学习和掌握知识、解决问题的实践过程中，才会随着主体知识经验的丰富而得到完善和发展；情感，只有进行艰难、曲折的探索实践活动，并获得自主学习的成功和自身价值的实现，才会情真意切地产生。知识、思维、情感不仅仅是相辅相成的，更是天然地融合在发现问题、解决问题的过程中的。因此，让数学生成教学真正地为学生的终身发展服务，关键在于让学生经历生成问题和解决问题的过程。

鉴于以上认识，我的"数学生成教学"的教学思路也变得清晰起来：智慧与人格在互动中生成，互动的关键是独立与合作，而独立与合作存在于发现、解决问题的过程中。学生充分利用自己原有的知识和经验，亲身经历发现、解决问题的探索实践活动，在师生、生生的互动中不仅获得数学知识技能，而且不断地生成智慧和人格。

我将自己实施"数学生成教学"的实际操作，用本章开头的模型进行简要的表述。首先，教师要读透教材，透过教材所呈现的显性知识看到知识的本质，看到隐藏其背后的数学思想方法等。其次，教师要读懂学生，不仅读懂学生已有的知识经验，更要读懂学生面对问题时可能遇到的困难及产生的种种想法，在此基础上找出学生的思维空间。每次，教师要选择合适的题材，创设有趣的、具有思维挑战和数学思考价值的问题情境。最后，教师要让学生积极主动地参与到探究发现解决问题的学习活动中，在自主的、探究的、合作的学习活动过程中，实现知识、思维和情感的全面、和谐、可持续的发展。

数学生成教学还有待在教学实践中深化，我将在今后的教学实践中继续探索研究，不断完善，为小学数学教学改革贡献毕生精力。

# 生成教学的理论基础与特点

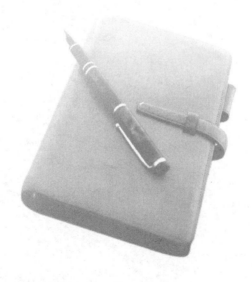

# 一、构建和谐师生关系

学校的一切教育教学活动，总是在教师和学生结成一定的师生关系中进行的。师生关系是学校教育教学活动的基础，就如范梅南所说：教学的一个黄金原则，就是教师和学生的关系。没有一个良好的师生关系，真正的教与学是不可能实现的。数学生成教学不仅要让学生学习数学知识，而且要使其不断生成智慧和人格，而智慧和人格就是在师生、生生互动中生成的，良好师生关系就是实现有效互动的基础。只有建立在尊重、平等、理解三原则基础上的师生关系，才能让学生感到自尊、自信、自由，学生才能在学习领域大胆求索、创新立异，乐群合作、共享共存。

尊重是对学生的一种基本态度，是考虑一切教育教学问题的出发点和归宿。不尊重学生就会失去做教师的最基本的资格。尊重学生就是把学生尊为一个人，一个有生命的人，一个具有自我价值的人。在宇宙万物中，人是具有最高价值的。学生年龄虽小，但也是一个生命，是有潜能、有价值的人。这些学生将来未必都是英雄、明星，但每个学生都有做人的资格和权利。尊重学生就是要尊重学生的现实状况和发展方向，尊重学生的自主选择和不同意见，教师即使不同意学生的意见和观点，也要给其表达意见的权利；尊重学生不是赞同学生的一切想法和做法，但教师应该认识到这个学生虽然有一些独特的想法和做法，但其仍然是一个值得尊重的人；教师不可能喜欢学生的一切，但教师仍然应该认识到，不论哪一个学生都是一个有价值的人。因此，尊重学生是无条件的，不管这个学生的条件怎么样，教师对学生都应该整体接纳，不但接纳他的长处，也接纳他的短处；不但接纳他的优点，也接纳他的缺点。教师的本职就是在尊重学生的过程中教育学生，同时使学生学会自尊和尊重别人。

平等是指教师和学生虽然所处地位不同，但两者做人的资格、做人的尊严、生命的价值都是平等的。教师在知识和能力上通常高于学生，但这并不能成为师生人格不平等的理由。就像多尔所说：教师和学生都是学习共同体中的平等一员，教师是"平等中的首席"，而学生也体会到"平等的权威"。教师应该摒弃人格歧视、等级压制、思想强制、话语霸权，放弃一切企图控制学生学习和活动的想法和做法，为学生创设一种自由宽松的环境，使每个学生都能平等参与到教育教学过程中，使整个教学过程成为有意义的师生平等交流的过程，从而进一步促进学生主动性、自主性的生成。

但是学生之间是有差异的，他们有不同需要、不同兴趣和不同资源，平等对待每一个学生不能被理解为用同样方式对待每个学生或是对所有学生平均用力。《中华人民共和国义务教育法》第 29 条规定："教师在教育教学中应当平等对待学生，关注学生的个性差异，因材施教，促进学生的充分发展。"这就是说，平等对待学生和关注学生差异是互为条件的。教师不能忽视任何一个学生。不论他有什么缺陷，教师都必须通过发现学生的优势与潜能，使他获得充分发展。教师要在平等对待每一个学生的基础上，对不同学生采取适宜的教育教学方式，即差别教育，使他们能在人格尊严平等的基础上得到有差异的优化发展。

理解在当代被看作人存在的基本方式和特征。人与人之间最需要的是理解，师生之间更需要理解。没有沟通和理解，教师和学生都不能很好地完成教与学的任务。对学生的理解与了解是有区别的。了解通常是指教师对学生外在的、浅层的认识，用外在的标准衡量学生。理解则是指教师要以尊重学生的心态，去关心学生的所思所想，进入学生的内心世界，并用学生内心的参照标准去知觉他们感知的外在世界，用其内在的思路来思考面对的问题，倾听他们的意见，接纳他们的感受，包容他们的缺点，分享他们的喜悦。理解是一种心与心的接近和敞开，是内心和精神的一种平等和融合。教师在理解中接纳每一个学生，在理解的基础上尊重学生的差异。学生在被教师理解中学会理解自己、理解他人并学会包容。理解使师生之间互相接纳并达成共识，在教学过程中合作、交流，并共享知识、经验和智慧。

# 二、注重寻找思维空间

数学是一门逻辑极强、结构十分严谨的学科。逻辑思维的规则把数学各部分内容联结成一个有机的整体，各知识点之间也都有逻辑思维联系，形成数学的知识结

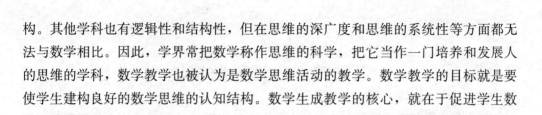

构。其他学科也有逻辑性和结构性，但在思维的深广度和思维的系统性等方面都无法与数学相比。因此，学界常把数学称作思维的科学，把它当作一门培养和发展人的思维的学科，数学教学也被认为是数学思维活动的教学。数学教学的目标就是要使学生建构良好的数学思维的认知结构。数学生成教学的核心，就在于促进学生数学思维的发展。

学生是自主建构自己的认知结构的。教师无法直接参与学生建构自身认知结构的思维活动，但教师可以帮助学生寻找思维空间，引导学生进行更深一层、进一步的思考。所谓思维空间，实际上就是数学知识点之间的思维联系。学生还没有发现这个联系或尚未建立起这种联系，而教师则需要通过多种方式、多种途径帮助学生建立这种联系。因此，现实的思维空间绝不是任意的数学知识点之间的思维联系，而是新学习的数学内容与学生原有认知结构之间的思维联系。这个思维联系既在学生现实的数学思维最近发展区内，又与学生新学习的数学内容自然衔接；既基于学生原有的数学认知结构，又是原有数学认知结构的逐步完善和自然发展。

寻找思维空间，教师必须认真研读教材，不仅仅要读懂具体的数学知识内容，更要读懂在具体知识内容背后的数学思维方法，这样就能使思维具有一定的深度和广度。"只有将数学思维方法的分析渗透于具体数学知识内容的教学之中，我们才能使学生真正看到数学思维的力量，并使之成为可以理解的、可以学到手的和能够加以推广应用的。""只有通过深入地揭示隐藏在具体数学知识内容背后的思维方法，我们才能真正做到将数学课'讲活''讲懂''讲深'。"（郑毓信）同时，教师必须研读学生，不仅仅要读懂学生已有的知识经验，更要读懂学生面对新问题时可能的思维方法，这样就能找到思维的生长点，让学生从自己的实际出发展开思维。所谓学生可能的思维方法，不仅指学生解决问题过程中正确的思维方法，而且还包括那些错误的思维方法。学生在对正确与错误的辨析中才能真正把握正确的思维方法，促进思维的发展。教师不仅要读懂个别学生可能的思维方法，还要读懂全班学生可能的思维方法，这样才能通过生生思维的交流碰撞出智慧的火花。只有通过这种方式研读教材和研读学生，教师才能找到学生数学思维的最近发展区，才能找到属于学生的思维空间。

# 三、精心创设问题情境

什么是数学问题情境？情境，是一个人在进行某种行动时所处的社会环境。从认知的角度看，情境可被视为一种信息载体，或者说，情境可被视为人的认知活动的信息来源。数学情境，是含有相关数学知识和数学思想方法的情境，同时也是数学知识产生的背景。它不仅能激发数学问题的提出，也能为数学问题的提出和解决提供相应的信息和依据。为什么要创设问题情境？情境认知理论认为，知识存在于个体和群体的行动之中。随着个体参与到新的情境中并在新情境中进行协商，知识产生了。知识和能力的发展，就像语言的发展，发生于真实情境中以及不断进行的利用知识的活动中。情境认知理论不是把知识作为心理内部的表征，而是把知识视为个体与社会或物理情境之间联系的属性以及互动的产物。学习是意义制定的过程，而不是知识的传递。学习既是个体性的建构意义的心理过程，也是社会性的、工具中介的知识合作建构过程。有意义的学习是有意图的、复杂的，是处于它所发生的情境脉络之中的。只有将学习融合在它所进行的社会的和物理的境脉中，有意义的学习才会发生。学习与认知基本上是情境性的。内容、背景、实践共同体和参与，这四个要素的有机整合构成了课堂中情境学习的基础。可以说，情境学习就是在真实的情境中、在实践共同体中、在行动中、在合作中、在互动中、在反思中，协商和建构知识的意义和学习者身份的过程。情境认知理论强调：学习的设计要以学习者为主体，内容与活动的安排要与人类社会的具体实践相联通，最好在真实的情景中，通过类似人类真实实践的方式来组织教学，同时把知识获得与学习者的发展、身份建构等统合在一起。由此可知，学生是学习的主体，学习活动是学生以自身已有的知识和经验为基础主动建构的过程。既然如此，教学必然需要一种情境。这种情境是基于学生的知识和经验的，是沟通学生已有经验和所学数学内容的桥梁。教学过程是教师和学生共同进行的一种富有挑战性的"再创造"，是师生之间、生生之间交往互动与共同发展的过程。既然如此，教学必然需要一种情境，使教学具有复杂性、创造性和生成性。我们经常说，问题是数学的心脏，数学问题是数学的灵魂。对于数学学科来说，数学问题是数学发展的动力，数学学科的发展就是一个不断提出问题、不断分析问题、不断解决问题的过程；而对于数学教学来说，问题也是学生学习数学的动力，是学生思维的助推力、启动学生思维的钥匙。数学问题情境为学生从事数学活动提供了环境、创造了条件。对它所提供的信息，学生通过联想、想象和反思，发现数量关系与空间形式的内在联系，进而发现提出问题、研究问题、解决问题的策略和方法。同时，学生产生一种积极的情感体验，其表现为对新知识的渴求，对客观事物的探索欲望，对数学的热爱。因此，教师要寻找学生的思维空间，并善于在与新知识有联系的生活世界里，在学生的最近发展区内，创设这种数学问题情境，引发学生数学认知中的矛盾，以激起学生对新知识的探求和对新知识的主动建构欲望。这就是现代认知心理学中的一条重要原理："思维产生于问题情境，并以解决问题情境为目的。"数学生成教学，就是基于数学问题情境的教学，让学生在问题情境中发现提出问题，分析解决问题，在独立探索的基础上进行生生、师生之间的互动，从中不断地生成智慧和人格。

# 四、激发学生自主探究

探究就是探索研究。美国科学教学研究会将"探究"列为学习科学的核心方法。学习科学的中心环节就是探究。但探究有不同方法，一般学科的探究偏重于调查取证，试验性学科的探究偏重于动手操作验证。数学探究则是指对要学习的数学概念、原理、法则或要解决的数学问题进行主动思考探索，强调的是一种主动参与的学习方式，是以独立思考深入钻研数学问题为主要内容的思维探究活动。在教学过程中，教师不要总是将整理好的详细证明材料提供给学生，要让学生仔细地考察、粗略地发现、简单地证明，亲身经历超越局部的问题解决过程。因此，数学探究就是一种积极的学习过程，是一个使自己入门的学习方法；就是使学生思考怎么做、做什么，而不是让学生接受教师的现成结论。

这里再次强调"自主"探究是基于学生已有知识的主动建构，是在学生原有数学认知结构基础上形成和发展的。教师要指导学生自主探究，最重要的就是要弄清楚学生"已经知道些什么"。学生总是带着先前的数学知识技能和观点进入新的数学问题探究情境，这些已有知识极大地影响他们对新知识的解释和理解。探究就是在学生已知与未知之间的最近发展区起作用。自主探究的关键是激发学生独立思考。学生只有通过自己的思维建立起自己对数学的理解，才能真正学好数学；学生只有掌握了探究的方法，养成了探究的习惯，才能真正成为学习的主人。

由于数学认识客体的复杂性、学生认识主体的局限性和认识过程的曲折性，在自主探究过程中出现大大小小的错误是不可避免的。良好思维的标志不是不犯错误，而是能从错误中学习，不再犯同样的错误。因此，在自主探究过程中学生所出现的错误，都可以成为有价值的教学资源。教师可以将其用作诊断学生学习困难的依据，学生可以据此反思并学习如何对待自己的错误。另外，正如爱因斯坦所说："发现一条走不通的路，就是对科学的一大贡献。"

在学习过程中，学生要调动自己的耳朵去听、自己的眼睛去看、自己的大脑去想，旁人是无法代替的。不调动起自己的耳朵，就会充耳不闻；不调动起自己的眼睛，就会熟视无睹；不调动起自己的大脑，就会胡思乱想。学生只有调动起这些状态，才可以说是参与到学习过程中了。教师的知识并不像是灌得满满的一桶水。学生不是装知识的容器，知识也不能像流水一样由教师灌给学生。知识是在与学生的接触过程中，由学生自主建构的。

学生年龄虽小，但在自己的生活中，也能获得一些经验，既有认知经验，也有情感经验，还积累了一定的符号化知识。虽然这些知识、经验并不完善，也不丰富，在成人看来总是存在这样或那样的问题，但这些知识、经验才是真正属于学生自己的、唯一可待发展和提升的知识经验。当新知识呈现在学生面前时，学生总是要基于自己原有的知识经验和现有的认知能力，对新知识加以选择整合、同化顺应：学生总是按自己的实际水平对新知识加以选择，丢弃一些自认为是与他无关的东西，汲取一些自认为是他需要的东西，然后整合到他原有的认知结构中；或是对新知识略做调整，同化到自己的认知结构中，或是对自己的认知结构略做调整以顺应新知识。新知识和学生原有认知结构的这种不断的相互作用才是学生获得新知识的实际意义，使学生原有认知结构得以丰富提升。因此，学习不是师生之间知识的简单搬运或注入，而是学生的心理建构过程，是将外部的新知识转化成自身认知结构中的新知识的过程。而这一系列过程也只能由学生自己来完成。

# 五、引导学生合作交流

合作交流不只是一种教学方式，更是生成教学所追求的一种精神。因为人是社会的人，人在本质上就是合作交流的生灵，智慧和人格不能在孤立状态或个人主义思想下获得，而是产生于合作交流的环境中。维果斯基就是基于社会文化观点提出一切文化的东西都是社会的，人的高级心理机制就是以社会为模本的复制品，是内化了的社会关系。智慧和人格不能从人的内部自发产生，而是在一定的社会条件下，主要是在人们的协作和交往中逐渐生成的。智慧和人格最初是在人的外部活动过程中形成，作为心理之间的机制，然后才转化到人的内部，作为心理内部的机制。所以，合作交流等集体活动对儿童的智慧和人格的发展具有特别重要的意义，是儿童智慧和人格发展极其重要的源泉。另外，智慧和人格的发展还取决于言语的使用，而言语的使用，又是在同他人交流合作和共同活动过程中进行的。总之，儿童就是通过各种有意义的活动，在活动中与同伴、与成人交流合作，才使得内部的心理机制得以形成。

生成教学过程中所遵循的合作交流，是一种师生、生生之间的精神敞开和彼此回应。合作教学不是一种"拉平"，而是要调动各方最大潜力生成一种新的东西。合作交流是一种积极的相互依赖。师生、生生都朝着共同的目标，不断协调自己的行为，相互帮助，相互促进，共同努力，共享学习资源，共享探究成果。每个参与者都拥有提出自己见解的权利和倾听别人见解的义务，因此每个参与者都要学会暂时搁置自己的观点与判断，给对方同样的机会来反驳。合作交流能激活参与者已有的知识储备，并为个体知识的建构提供支持；合作交流能使参与者意识到自己的思维过程，在交流过程中对自己思想内容的表述，有助于自身知识的重组。交流过程中相同的、相近的、相异的观点能激发参与者的思维潜能，促进他们的推理和判断、质疑和反诘、发现和再发现，从而提高思维能力。教师和学生都带着自己的认识，进入对方的内心世界，从而相互启发、相互感染、相互配合，共同完成教与学的意义建构。学生把自己的知识掌握程度的信息传递给教师，教师据此进行有针对性的教学；生生之间也进行知识的互通有无，并进行情感沟通，形成认知、情感、态度的互相影响。从数学问题的角度来说，每一个数学问题都有严格的、可表达的解题方法，有些数学问题还有多种不同解法，很多问题对学生都具有挑战性，这就会激起学生交流讨论的欲望。在交流过程中，学生既要听别人的意见，又要表达自己的意见；既要评判别人的意见，又要让别人评判自己的意见；既要暴露别人，也要暴露自己；既要怀疑别人，也要怀疑自己。学生还需要认真倾听别人的解释，仔细思考别人的观点，诚恳地对自己进行反思；需要说服对方，理清自己的思路，严密自己的思考。先学会的学生可以给其他学生解释学习内容，而他们自己在这一过程中也获得了"认知的精加工"，促进了对知识的记忆与理解。由于先学会的学生用的是他们的惯常语言，并按照学生能接受的方式进行解释，因此其他学生也就容易理解这些知识，这样生生都获得了提高。

开展合作交流不必设置过多的条条框框，但是要求每一个参与者务必遵守一条黄金规则，或叫伦理底线，就是"己所不欲，勿施于人"，意思是"你不想别人对你做的事情，你也不要对别人做"。换一种说法就是："想让别人怎样对你，你就怎样对待别人。"在教学过程中，如果师生都能学习并遵守这条黄金规则，合作交流就一定能逐步开展。

# 生成教学的方法与策略

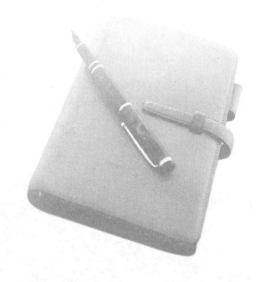

# 一、如何构建和谐师生关系

数学生成教学，不仅要让学生获得数学知识，而且要让学生不断生成智慧和人格。智慧和人格是在师生、生生的互动中生成的，而良好的师生关系是实现有效互动的基础。我认为，只有建立平等、和谐、宽容、民主的师生关系，才能使学生形成一种自由的、独立的、主动的探索心态，达到人与人之间的心灵沟通。学生才能感受到爱与尊重、乐观和自信；才会随机产生新问题、新矛盾；才敢发表自己的见解，提出自己的观点；才能争辩质疑，标新立异；才能生动活泼，大胆探索，使师生之间达成相互碰撞、接纳、融合的同构共生状态。建立良好的师生关系，已经成为广大教师的共识，但有了共识未必一定就有良好的师生关系，因为这种良好的师生关系是在教学活动过程中建立起来的。而我们的课堂教学是复杂多变的，不断地有意料之外的事情发生，这就需要教师能够站在学生的角度设身处地地为学生着想，具有处理课堂现场问题的教学智慧。

倾听学生的声音

### (一)你与学生商量了吗?

"老师,你很不负责任的!"一名四年级的小个子女孩,课间,撅着小嘴巴、很生气地对我说。

那是在一节数学思维拓展课上,我出示了这样一道题:"小刚、小强、小华和小真共有 60 本课外书。小刚的书的 5 倍,小强的书减去 1 本,小华的书加上 4 本,与小真的书的一半都相等,四人各有课外书多少本?"在经过一番独立思考之后,该女孩积极举手回答,并在黑板上写出这样一组式子:$a+b+c+d=60$,$5a=d÷2$,$b-1=d÷2$,$c+4=d÷2$。尽管没有写上设句,但我明白她这样表示的意思:用字母 $a$、$b$、$c$、$d$ 分别表示小刚、小强、小华、小真的书的本数,再根据题目中的条件列出了上面这样的四个等式。显然,这是一个四元一次方程组,要解答这个方程组,对四年级学生而言确实是很困难的。就连该女孩自己也只是说出了这组等式,却不知如何解答。于是,我说:"你列出的这些方程是正确的,不过太复杂了。"我边说边随手将该生的板书擦掉了,把目光投向了其他学生。别的学生用倒推的思想方法解决了问题,我给予了表扬。这时,我发现,那位小个子女孩已经没有了刚才积极举手上台板演的那份主动、自信,满脸不高兴地低着头,摆弄着手中的铅笔。我知道,她在跟我闹情绪。

课后,我来到她身边,想安慰安慰她。让我没想到的是,她竟然先对我说:"老师,你为什么就这样擦掉,不给我讲应该怎样做? 你很不负责任!"小女孩的话让我非常震惊,我赶忙解释:"因为你列出的四个等式,其实是一个四元一次方程组,即使老师讲了求解的方法,肯定有许多学生是听不懂的,这样就浪费了时间,你能理解吗?""那也不能就这样擦了,应该跟我商量一下。"小女孩还是有点不满意地回答。直到我帮助她求出这个方程的解之后,她的脸才开始"多云转晴"。

小女孩的心情总算好了起来,但她那"应该跟我商量一下"的声音,一直回响在我耳旁,让我的心情久久不能平静。平时,我总说,师生关系首先是人与人之间的关系,它应该是平等的,是互相尊重的。而我在潜意识里却认为,学生毕竟是小孩,小孩就应该听大人的。平心而论,在处理具体教学问题时,我们常常是以教师为中心的。对于学生的回答,教师最关注的是什么? 最希望的又是什么? 说实话,很多情况下,教师最关注的是"学生的回答是否正确",最希望的是"学生的回答正好是教师所需要的"。对于偏离了教师预设的，教师巴不得让学生立即停止，因为教师担心：学生的"节外生枝"会影响教师的讲解，会浪费宝贵的教学时间，会因此而完不成教学任务。然而，我们没有站在学生的角度，想想他们的处境、他们的感受、他们的需要。学生虽然有了自己的想法，但是，他们可能还不能确定自己的想法是否正确，他们也不知道教师需要他们怎样思考和回答。不过，有一点是非常肯定的，那就是学生希望自己的回答是正确的，能得到同学和教师的表扬，小学生更是如此。

这样一想，我便觉得自己随手擦去小女孩的板书这一行为真的很有问题。于是，我设想着这样的回应："你能列出这些方程很不简单，而要求出方程的解，需要用到中学里的数学知识，下课后，老师与你个别探讨怎么求解，好吗?"这样与她商量，估计小女孩是会满意的。

"节外生枝"在开放的课堂上是不可避免的，教师要关注学生的回答正确与否，更要关注学生的心理感受和情绪体验。教师要对学生的回答做出积极的回应，而不能采用简单地随手一擦的方法，因为这随手一擦，擦掉的不仅仅是一个算式，而且是一种对学生的尊重，会造成师生关系的紧张，会影响学生学习的主动性和自信心。与回答问题的正确与否相比，保护学生的积极性、增强学生的自信心更为重要。尊重学生，就应该从与学生多商量做起。

### (二)学生为什么要谢我?

"谢谢潘老师!"一位五年级的男生走下讲台坐到座位上后，轻声而又认真地对我说。

那天上午的第一节课，我走进五年级一班的教室，在前排靠窗口的位置坐下听课。执教的是一位青年教师，我们经常一同进教室，像是双师制教学，相互合作，探讨有关的教学问题。课开始了，教师揭示课题"列方程解应用题"后，出示："同学们乘车去春游。四年级有 134 个学生，五年级有 118 个学生。现从四年级中调多少人到五年级，才能使两个年级的学生人数相等?"教师让学生列出方程。大多数学生在写好设句(解：从四年级中调 $x$ 人到五年级，才能使两个年级的学生人数相等)后列出方程"$134-x=118+x$"或"$134-2x=118$"。教师结合回答板书，并让学生说出各方程的等量关系，鼓励学生：还有不同的方程吗? 学生们没有反应。过了一会儿，突然，我身边的一个男同学积极举手说还有方程，并自告奋勇地板书：$(134+118)÷2=134-x$。此时，同学们的目光都集中在这个方程上。该生也自信满满地站在一旁等着教师评价。教师看了一会儿才看明白该方程的等量关系，对该生说："你列出的这个方程是对的，但是太复杂了。"此时，我发表了自己的看法："尽管这个方程没有前面的两个方程简单，但是，我们知道列方程解应用题的关键是寻找等量关系，你找到的这一等量关系连我都没有想到，与众不同，有新意，真行！"该青年教师也赞成我的想法。没想到，该生下来后，轻声又认真地对我说："谢谢潘老师！"

我感受到，那是发自学生内心的感谢。可是，学生为什么要感谢我呢？站在该生角度思考，对于老师那"还有不同的方程吗"的提问，其他学生都没有回应，而他却找到了另外的等量关系，他当然要欣喜地做汇报展示，以赢得老师和学生的赞许。若教师当时这样提问："还有比这两个方程更简单的吗？"我想，该生是不会自告奋勇了。因此，从表面上看是我表扬了他那与众不同的想法，而深入地分析，不难发现该生需要的是被认可。其实人都有一种被认可的心理需要，成人尚且如此，更何况小学生！原本想得到数学老师的表扬，没想到得到的是"太复杂"的评价，就在他自讨没趣、感觉很尴尬时，我的"与众不同、有新意、真行"让他一下子又振奋了起来，于是，就有了真心的这一声"谢谢"。

话得说回来，数学教师的"你列出的这个方程是对的，但是太复杂了"这话也很实在。对于学生提出的各种不同的解题方法，我们经常会引导学生进行比较，然后做出最佳选择。其实，"最佳"是一个相对的概念，有所谓"最佳"，就必然存在"不佳"，这就与每个学生都需要"被认可"之间产生了矛盾。而要处理好这一矛盾，教师应该具有这样的意识：首先必须满足学生"被认可"的心理需要，其次进行策略优化。实际上，这两者在课堂教学中是能够得到统一的。比如，课中那位学生所列的方程，其等量关系是其他学生所没有想到的（可能也包括教师），这种与众不同的想法不就是一种求异求新思维的体现吗？比起所谓简单与麻烦，其更具价值，理应给予充分地肯定，让学生获得充分的认可。再说，即便所列方程的解答过程是比较麻烦的，但是，正是有了学生这"麻烦的方程"做比较，才让我们体会到关注策略优化的重要性。"优化"是具体策略方法层面上的，而"认可"则更多的是学习心理层面上的，两者不应该是对立的，而应该是统一的。不难想象，一个经常被认可的学生，会越来越自信。而这份自信，不仅能让学生积极地投入学习活动中去，而且能让学生积极地走向生活。尊重学生，应该给学生更多的认可。

### (三)你说，那咋办?

二年级的一节数学课内容是"两位数加一位数"的进位加法。课上，教师出示"85＋7"后，让学生列竖式计算。接着，请答案是"92"的同学板演，与此同时，教师加快了在同学间来回巡视的速度，找到目标后，马上请答案是"82"的同学板演。此时的教师已由寻找目标时的紧张变得胸有成竹了。在两位同学板演后，教师引导大家进行观察、比较，并提问：你们认为谁的计算是正确的？谁的计算是错误的？错在哪里？对于找错，学生特别感兴趣，积极地举手回答。学生的积极踊跃，让教师感到满足，进行总结性地强调：个位上"5"加"7"满十，就要向十位上进"1"。我们要向某某同学学习，认真仔细。教师马上又对计算错的学生提出要求：以后不能再粗心大意了，个位相加满十，不要忘记向十位进"1"。两个学生，一个抬着头高兴地走向座位，另一个低着头很不好意思地走了下去。

教研活动开始了。

教师们积极地发表自己的意见，多数人对用正、反对比的方法来突出"满十进一"这一教学重点予以肯定，有的教师还夸奖执教老师目光敏锐，找到了做错的那位学生。执教老师也颇有几分得意地说：其实，我也蛮担心不能找到出错的学生。

此时，我发表了自己的想法：我宁愿教师找不到那位做错的学生。若要问我为什么，理由很简单：你只去问问那位做错的学生，因为我看他刚才是垂头丧气走下来的。我接着说：利用正、反例子进行比较，找出出错的原因，强调"满十进一"的教学重点，这无可厚非。关键是我们不能忽视出错学生的心理感受。教师们用迷茫的眼神看着我，执教老师更是不解地问我："你说，那咋办?"

稍做思考后，我说：不妨这样做，教师可以来个"假如"，直接出示计算错误的竖式，也能进行正、反对比，突出教学重点。这样做，至少可以避免使做错的学生处于众人批评的尴尬境地。执教老师觉得很有道理，但也有教师提出了自己的想法：来自学生的差错，更能引起学生的关注，因为它是真实发生的。更有教师提出自己的困惑：在开放的、自主探究的课堂上，学生出现差错是在所难免的，而在交流表达时学生总自以为是正确的，所以自告奋勇、积极地表达。如果学生已将错误的东西进行板演，此时，教师该怎么办？到底要不要进行分析、评价？其实，这是教师们最真实的想法，或者说是遇到的挑战：怎样在课堂上既让学生充分展示自己的真实想法，不论正确与否，通过比较辨析获得正确的认识，又能保护学生的心理，使他们得到相应的满足，产生积极的情感体验？

经验告诉我，最有效的方法是：让学生对原先错误的想法进行自我否定。上面的问题也可以这样处理：让该生将错误的式子写在黑板上，想必此时会有学生举手想提意见。这时，教师可以提醒该生："有同学可能对你的计算有意见，看看是否有错。"让该生自己进行检验，给学生纠正错误的机会。我想，学生在教师的启发引导下是能发现错误并改正的。错误是自己发现的，是自己纠正的，我是行的！这无疑让学生体验到了成功，增强了自信。

当然，教师还可以从错误中寻找正确的元素。比如，上面加法中的"数位对齐，个位加起"的计算法则，学生掌握了。教师对学生的错误不要随意地、简单地全盘否定，要从中发现正确的因子给予肯定，并帮助学生实现对错误的自我纠正，获得成功。

即便学生的想法是错的，其中找不到一点正确的成分，教师仍要知道"有想法"本身是没有错。学生的学习，就其本质而言，就是一个尝试、出错、找错、纠错的主动建构知识的过程。从这样的角度出发，教师更要感谢那些出错的学生，感谢他们为班级的合作学习做出的贡献。正是因为有了他们出的错，才有了学生思维的激烈碰撞，才有了学生对问题的深刻认识，也才有了教师对教育的敏感、机智和智慧。尊重学生，应该尊重学生的错误，给予学生真正的爱护。

### （四）到底应该听谁的？

三年级数学教研组的教师，围绕课堂教学中的一个细节，展开了热烈的讨论：到底应该听谁的？

该课内容是"分数的初步认识"。课的引入颇有意思和挑战性："把1个月饼平均分给小明和小红，每人分到几个？请用手指个数表示每人分到的月饼个数。""预备——出！"随着教师的指令，小部分学生举起手来，有的把一个手指弯曲成半个，有的用另一只手捏住半个手指，其理由是一个手指表示一个月饼，现在每个人分到半个月饼，所以只能用半个手指表示。学生机智的回答，引得同学和听课教师发出赞扬的笑声。教师接着说：你们能用一个学过的数来表示"半个"吗？这下，还真把学生给难住了，怎样的数能表示"半个"呢？学生们思考着。一种新的数——分数的学习欲望被激发出来了。同学们借助图形（见图1、图2），通过观察比较，自己概括出：把一个月饼平均分成两份，每份是这个月饼的$\frac{1}{2}$，直观而形象地获得"$\frac{1}{2}$"的分数意义。

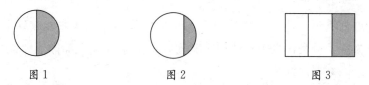

图1　　　　　　　　　图2　　　　　　　　　图3

接着，教师出示图3，让学生判断图中阴影部分能不能用分数"$\frac{1}{2}$"表示。对于图1、图2，学生做出了正确的判断。当教师出示图3后，有个学生马上积极举手，回答："图中的阴影部分应该是$\frac{1}{3}$。"教师马上追问："为什么？"该生回答："因为把长方形平均分成了3份，所以，其中的一份就能用$\frac{1}{3}$表示。""那你怎么知道是平均分成三份的呢？"教师继续追问。"我用眼睛看出来的。"该生实事求是地回答。这下，教师不再追问，而是反问："你的眼力真有这么好？这图是我画的，三份是不是一样大，难道我不清楚吗？"该生终于无言以对，慢慢地坐了下去。教师处理掉了这"节外生枝"，终于松了口气，按照预设的路径进行启发引导："图3中的阴影部分能不能用$\frac{1}{2}$表示？为什么？""那你认为可以用哪个分数来表示呢？""怎样才能验证这三份是一样大的呢？"并进行课件演示（平移其中的涂色长方形，与其他两个重合），从而得出阴影部分用"$\frac{1}{3}$"表示的正确结论。绕了个圈子，还是回到学生早就说过的"$\frac{1}{3}$"，我真不知那位学生此时会怎么想。但我发现，对于之后教师的提问，他没有再举手。

对于课中的这一教学细节，听课教师纷纷发表自己的意见，认为刚才回答阴影部分应该用"$\frac{1}{3}$"表示的学生是非常聪明的，而教师用"这图是我画的，三份是不是一样大，难道我不清楚吗？"的反问句来"掐"该生，会挫伤孩子的自尊。我开玩笑地说，如果我是那位学生，我可能会这样回答："既然是你画的，你当然知道三份是不是一样大，干吗还要问我？"如果老师听到学生这样回答，心里会有怎样的感受？执教老师很不好意思地说："我也觉得反问学生很不妥，但那也是被学生逼出来的，因为我想让学生先判断能不能用'$\frac{1}{2}$'表示，再启发学生思考可以用怎样的分数表示，并结合回答进行课件演示，让学生清楚地看到是平均分的，这样才能较好地渗透平移、重叠等数学方法，可是，没想到他……其实，班上学生并不都像他那样聪明。碰到这种情况，该怎么办才好？"

执教老师的坦言，引起其他教师的共鸣：课堂开放了，学生自主了，有学生跑到教师"预案"的前面了，这是常有的事情。面对部分学生的"超前"，教师该怎么办？是把他们拉回来，还是跟着他们走？拉回来，可能会挫伤学优生的积极性；跟着跑，学困生可能跟不上。教师们非常困惑：到底应该听谁的呢？

我们常说，教学要以学生为中心，但是，当有学生跑到教案的前面时，我们往往又要把他们拉回来，好像不怎么以学生为中心，而是以教案为中心了，更确切地说，是以教师为中心。这让我想起一次家长座谈会上的情景：一位家长说，"生成的课堂"让学生先开动脑筋，调动起学生的积极性，但我建议教师要多关心那些学习比较困难的学生。此时，另一位家长马上表示不同意：现在有不少学生课外已经学了很多知识，所以教师在课中应多关心他们，否则，对他们来说是浪费时间。可见，家长谁都不愿意自己的孩子得不到教师的重视和帮助。到底应该听谁的？当然应该听学生的，而不是听教案的。听学生的，就不应该把超前的学生拉回来，也不应该不顾学困生而一味地往前赶。我们不妨这样处理：当该生认为应该用"$\frac{1}{3}$"表示时，教师马上回应："$\frac{1}{3}$"，还是一个新的分数，它表示什么意思？你能说给大家听听吗？想必学生会很高兴地说出自己的想法。教师可以接着问：如果真像你说的把长方形平均分成三份的话，那我也同意每份用"$\frac{1}{3}$"表示，可是，怎样来检验这三份是否相等呢？我们用肉眼观察，可能会有偏差，难以让人信服，你同意吗？之后教师再用课件演示进行验证。这样处理，既对学优生给予了肯定和激励，又照顾到了其他学生。教师们听后频频点头。

　　其实，我惯用的方法是"兵教兵"，即让学生教学生。上文课中的问题，也可以这样处理：当有学生回答阴影部分用"$\frac{1}{3}$"表示时，教师提问：某某学生认为图 3 中的阴影部分不能用"$\frac{1}{2}$"表示，而要用"$\frac{1}{3}$"表示，你们同意吗？你们觉得他是怎样想的？想必有部分学生也有类似的想法。这时，可以让学生在小组内交流，再让小组代表进行汇报。估计学生不仅同意用"$\frac{1}{3}$"表示，还能说出理由——"把长方形平均分成了三份"。此时，教师可以再问：如果真是平均分成三份，那么，每份就用"$\frac{1}{3}$"表示，可是，这三份是不是一样大呢，怎样来验证呢？启发学生深入思考，再用平移、重叠的方法验证。这样，师与生、生与生之间展开积极的合作交流，学优生在帮助他人的过程中使自己的思维得到进一步发展，学困生也有了思考、提问、学习等机会，在合作交流活动中共享成功的喜悦。

### （五）教学不应是"以为"

　　教学"平行四边形面积"时，教师发给学生一张纸（纸上印有一个平行四边形），让学生量出边长，尝试计算该平行四边形的面积，并思考平行四边形面积的计算公式。结果出现了两个比较典型的答案：相邻两边相乘（7×5）得 35 平方厘米，底与高相乘（7×4）得 28 平方厘米。我以为，得出"相邻两边相乘"结论的这些学生，一定是受长方形面积公式（长乘宽）的负迁移。凭借经验，我让学生在四人小组内进行讨论，再让得出"底乘高"结论的学生展示其想法，并进行直观演示（将平行四边形割补平移成长方形），想以此让学生对先前错误的想法进行自我否定。

　　然而，学生并非我所"以为"的那样。"我们也是把平行四边形转化成长方形，而且，只要将平行四边形拉一拉就成了长方形，再计算出它的面积，怎么不可以呢？"后面小组的几个学生不服气地对我说。这出乎我的意料，确是一个属于学生自己的、值得探究的问题。我灵机一动，干脆向全班学生说："他们的想法也是挺有道理的！可是，同一个平行四边形的面积大小怎么会是不同的呢？"大家纷纷要求他们说道理。其中一个学生紧张又高兴地走上讲台，拿着平行四边形木框架边演示边说理由。开始，他还真的把人给弄"蒙"了，教室里很安静。渐渐地，有学生发现：在拉转的过程中，不仅形状变了，而且面积大小也变了。更有学生发现面积变化是"高"所造成的，并得出平行四边形面积大小由它的底和高决定的结论。接着，教师进一步引导学生观察和想象，得出结论：当将平行四边形框架拉成长方形时，面积最大，这时平行四边形的高就是长方形的宽，学生很自然地明白了一般平行四边形面积的计算方法与特殊平行四边形（长方形）面积的计算方法之间的内在联系。最后，教师又引导学生对之前出现的两种思想进行比较，做出评价，学生对"面对新问题，如何进行问题转化"有了深切的体会。

　　课中的精彩生成，也让我有了更多地反思：如果教师当时只凭自己的"以为"进行教学，学生的"拉成长方形"的想法会得到展示吗？没有了这种想法的展示，会有学生之间激烈的思维碰撞吗？没有了学生之间激烈的思维碰撞，学生对公式的理解、对化归思想的体会会有这样深刻吗？没有这种经过曲折过程而获得的成功，学生会有学习的自信和力量吗？……所幸，我当时没有按照"以为"进行教学。

　　确实，教学过程不应是机械兑现教案的过程，应该是教师与学生、学生与学生之间的多向互动的过程；教师不能只要求学生认真听教师讲，而应该认真倾听学生的表达、读懂学生的心声。因为倾听学生的想法，不仅能及时地捕捉各种教学信息，使之成为宝贵的教学资源，更是尊重学生的需要。学生在一个被关注、被理解、被尊重的课堂上，学习的主动性能得到充分发挥，身心能得到健康发展。尊重学生的教学，教师不应该"以为"，而应该倾听，听出学生的心声。

### （六）不抱希望的"证明"

　　教学圆锥的体积时，我先在电脑屏幕上呈现长方形、直角三角形，让学生思考以 AB 边为轴旋转一周会得到什么形体。在学生展开充分想象的基础上，教师用电脑做旋转演示以进行验证（见下图）。接着，学生观察，找出圆锥的特征。

　　之后，我让学生探究圆锥体积的计算方法。经过一番独立思考和小组讨论，学生纷纷发言。

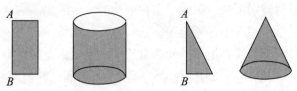

甲：刚才老师把长方形旋转成圆柱，把三角形旋转成圆锥，刚才看到三角形面积是长方形的一半，所以，我们觉得旋转得到的圆锥体积应该是圆柱体积的一半。

乙：我们也认为圆锥体积应该是圆柱体积的一半，不过，我们是这样想的，就像以前用两个同样的三角形倒拼成一个平行四边形那样，只要再拿一个同样的圆锥，倒拼过来正好得到一个圆柱，所以，圆锥体积是圆柱体积的一半。

丙：两个相同的圆锥倒拼在一起，中间会凹进去，我觉得圆锥体积比圆柱体积的 $\frac{1}{2}$ 要小。

丁：圆锥体积是圆柱体积的 $\frac{1}{3}$。

我也参与其中：凭直觉，圆锥体积比圆柱体积的 $\frac{1}{2}$ 小，但比圆柱体积的 $\frac{1}{3}$ 要大些，我估计是圆柱体积的 $\frac{2}{5}$。

这时，有的学生大胆地估计是 $\frac{1}{4}$。怎样检验我们的猜想是否正确呢？终于，一个学生建议用等底等高的圆柱、圆锥容器及水等进行实验。第一次、第二次，随着第三次教师将圆锥容器中的水慢慢地全部倒入圆柱容器时，学生们情不自禁地喊了起来："准！圆锥体积是等底等高圆柱体积的 $\frac{1}{3}$。"

此时，一个有学生举手提问："老师，我不明白，直角三角形的面积明明是长方形的 $\frac{1}{2}$，旋转以后，圆锥的体积怎么不是圆柱体积的 $\frac{1}{2}$？"我说："你的问题提得很好，不过，要回答这个问题，必须等你长大了，上了大学，念了高等数学，就能从理论上进行证明了。"之前的一次课后，一个学生问过我这个问题，我当时就是这样回答的，但自己总觉得不是很满意，可又想不出好的回答方式。为此，我请教了市里的数学专家，他们说只能这样回答，跟小学生是无法讲微积分的。有了上一次的经验，这次我回答得特别爽快。这时，坐在前排的一个学生嘀咕着："哼，这不是废话吗？"旁边的几个学生都忍不住地笑了。这一笑，引起更多学生的好奇，想知道是怎么回事，我干脆放大了声音把该生的话重复了一遍，班上学生都笑了。就在这时，有位学生举手说："我能证明。"因为教室里坐满了听课的老师，为了不打击该生的积极性，我虽然对他的"我能证明"不抱希望，但还是同意他起来回答。谁知，他竟然"得寸进尺"，要求上讲台来证明。我只好满足他的请求。他很不容易地从拥挤的座席间走了上来，在黑板上画了两个圆柱(见左下图)，说："图中小长方形的面积是大

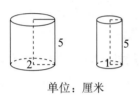

单位：厘米

长方形面积的$\frac{1}{2}$。旋转以后，大圆柱的体积是$3.14 \times 2^2 \times 5$，小圆柱的体积是$3.14 \times 1^2 \times 5$，小圆柱的体积是大圆柱体积的$\frac{1}{4}$。所以，面积是$\frac{1}{2}$但旋转后的体积不是$\frac{1}{2}$。"他的证明，可以说，让教室内所有的人感到震惊。真是聪明绝顶！当时，我暗自庆幸自己给了这名学生表达的机会。试想：如果不给他表达的机会，能有这样通俗易懂的证明解开同学们心中的疑问吗？如果不给他表达的机会，该生会有一种因创造性思维带来的成功体验吗？如果不给他表达的机会，教师也不会从学生身上得到启发！

这一不抱希望的"证明"，给我的教学以希望。它不仅让我深信学生有着巨大的智力潜能，而且引起了我对数学教学的深思：平时的教学中，往往是教师自己津津乐道，很少顾及学生的所思、所想和所需，因而，讲得很多并不等于学生听了很多，或者是接受了很多，更或者是理解了很多。有时，效果恰恰相反。教师应该给学生充分表达的机会。对于学生的表达，其实，教师不应有太高的要求(特别是要求学生的回答是教师所希望的)，而应让学生把自己内心的想法真实、清晰地展现出来。富有创意的"证明"，能让人得到启发，而错误的想法，也会引起人们对问题的质疑和深思。更重要的是，每个人都有自己的智力潜能，每个人也都有表达、展示自我的需要。教师应尊重学生，尽可能地满足学生表达、展示自我的需要。

### (七)魔力"方格"

教学梯形面积时，我做过这样的设计：先让学生再现三角形面积计算公式的推

导过程(用两个同样的三角形倒拼成一个平行四边形,平行四边形的面积是底乘高,三角形的面积是平行四边形面积的一半,即:底×高÷2),再出示一个梯形(如下图),让学生尝试计算梯形的面积,思考梯形面积的计算方法。我还为每个学生准备

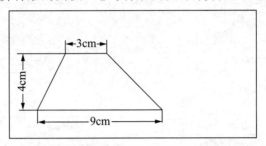

了两个同样大小的梯形纸片,以便学生通过操作推导出梯形面积的计算公式。理想不等于现实,现实与理想之间存在的距离是教师未曾想到的。问题提出后,班上只有五六个学生的操作如教师所愿,大多数学生愁眉苦脸,束手无策,傻傻地等待。显然,大多数学生此时的心情不会是愉快的。

怎样让所有的学生参与探究活动并从中产生积极的情绪体验?我对先前的设计做了改进。

上课开始,我就发给每个学生一个梯形(见下图),并告诉学生纸上小方格的面

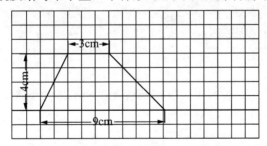

积是1平方厘米,让学生算出纸上梯形的面积,思考梯形面积的计算方法。结果,学生从各自的实际出发,有的通过数方格的办法算出了面积,有的把梯形分拆成学过的平行四边形和三角形或是两个三角形算出了面积(见图1、图2),有的用割补的方法将梯形转化成长方形或平行四边形或三角形算出了面积(见图3、图4、图5),也有的用两个同样的梯形倒拼成一个平行四边形算出了面积(见图6),特别是一个同学富有创意地把梯形两腰延长相交成一个三角形,再用大三角形面积减去小三角

形面积算出了梯形面积(见图 7)。学生充分展示了想法，并从不同的思想方法的交流中受到启发。

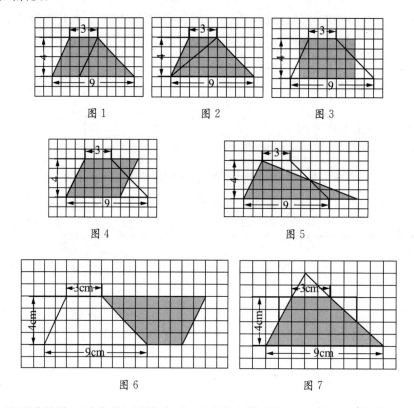

前后两种教学，最大的区别仅仅在于后者在梯形纸片上印上了小方格，但教学效果截然不同。小方格的力量真神奇，我把这里的小方格称为"魔力方格"。

我们都知道，以教师统一讲解为主的教学，无视学生之间的差异，会限制学生的思维，影响学生智力潜能的开发，阻碍学生个性的发展，因此，这种教学方式正在被新课程倡导的自主的、探究的、合作的学习方式所代替。但是，在实践中我们也发现，在自主探究课上，学优生积极主动，学困生则消极被动。教师的因材施教，往往停留在提问上，有难度的问题让学优生回答，简单的问题让学困生回答，从而导致学优生的回答学困生听不懂，学困生的回答学优生又不感兴趣。我们的教学要为每个学生的终身发展服务，这是教师们所面临的挑战。

"魔力方格"，"魔力"何在？它能让每个学生从自己的思维实际出发，对新知识进行独立地探索并能形成自己的想法，而在同伴的交流中又不断地得到启发，体验到成功，实现充分的发展。它真正做到了"让不同起点的学生用各自的方法和路径去解决共同的问题，在互相合作交流中得到相应的满足和充分的发展"。它带给我的启示是：教学必须尊重学生的个性差异，而"低起点，大空间"的问题让学生"人人能参与，个个有发展"。

### （八）当学生"走神"时……

学生上课"走神"是正常的，但教师一般是不允许的。因为学生"走神"了，没听到教师讲的知识，教师课后就要为他补习，教师当然是不满意的。因此，对于"走神"的学生，教师经常进行批评制止。

然而，一次教育部课程教材研究中心刘坚教授的报告，引起了我对学生课上"走神"的认真思考。刘坚教授在报告中说："当课堂上某个学生心不在焉的时候，当你的班上某个学生没有交作业的时候，当某个学生考试成绩一落千丈的时候，如果你没有任何的调研，你就没有权利，也没有资格去对他做任何的批评。因为可能昨天，把他一手拉扯大的爷爷或者奶奶离开人世了，面对这样一个对他来说是天大的事情，可能一个礼拜、一个月，他都一蹶不振，他很难在你的数学课堂上振作起精神来，学你的数学。"

他又说："当然，我是把他放到一个极端情况下来思考的。但是，大家不要忘了，你面对的是50个学生，突发的事情非常多，班上有3个或5个学生有些特殊情况，也是比较正常的。所以，我们有什么理由要求一个8岁、9岁的孩子在数学课上只能思考数学问题，不能走神，不能做别的事情呢？"

很多的时候，尽管我们说要尊重学生，要以学生发展为本，但是，碰到类似"走神"的问题，我们往往又从教师的角度思考问题，而没能站在学生的角度去替他们想想。学生在课中怎么会"走神"呢？除了可能有的家庭等各种课堂外因素外，课堂教学本身也存在着导致学生"走神"的因素。试想一下，什么情况下学生最容易"走神"？我们发现，当教师面向全体学生进行讲授时，两类学生最容易"走神"：一类是学优生，他们往往已经懂了；另一类是学困生，他们听不懂。让一个学优生装作不懂地摆出一副认真听讲的架势有多难受！而让一个听不懂的学生坚持认真地听下去又有多痛苦！然而，面对学生的"走神"，我们常用的方法是向"走神"的学生突然提问，试想，面对这突如其来的"提问"，他们能立刻正确回答吗？除了有"站起来答不上"的尴尬，还能有什么？

当学生课上"走神"时，教师没有理由和权利去肆意地指责学生，课上"走神"也是学生的权利，我们应该允许学生"走神"。同时，我们还应该及时地反思自己的教学。比如，教师的讲解是否生动有趣？是否贴近学生的思维实际？是否能启发思考？学习活动的组织是否使学生都能参与其中？学生是否有充分表达的机会？……教师应及时发现教学上的问题，进行有效的调控，而不是简单地批评指责或是搞突击提问。那样，学生才会有一种安全感，能感受到教师对他的理解及宽容，从而能亲其师而信其道。教师的善解人意、宽容大度等人格魅力，会影响学生身心的健康发展，这是数学教育的本质追求。

# 二、如何寻找思维空间

这里说的思维空间是对于学生而言的，是指学生探究新知识过程中所进行的思维活动的空间。因此，思维空间与学生原有的知识经验和认知能力有关。同时，它又与教材中的隐性知识有着密切的关联。怎样寻找思维空间？教师应先研读教材，读透教材，透过现象看到本质（透过教材中的显性知识看出其中的隐性知识），再研读学生，更要读懂学生已有的知识和经验，读懂学生认知的心理逻辑（学生面对新问题可能有的各种困惑、想法及探索等）。读透了教材，意味着知道了要到达的目的地；读懂了学生，意味着知道了起点和可能的路径，从一定程度上讲，也就找到了学生的思维空间。当然，这个思维空间是学生的，抑或可以说，是班级学生的。因此，教师在寻找思维空间时，特别是在确定教学目标时，一定要从班级学生的认知水平出发，找到班级学生的最近发展区。

## （一）着眼数学核心概念

所谓"对数学基本概念的理解"，是指了解为什么要学习这一概念，这一概念的现实原型是什么，这一概念特有的数学内涵、数学符号是什么，以这一概念为核心

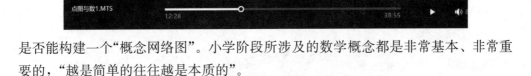

是否能构建一个"概念网络图"。小学阶段所涉及的数学概念都是非常基本、非常重要的，"越是简单的往往越是本质的"。

**案例：《元、角、分——用小数表示》**

依照教材，出示苹果、香梨、猕猴桃、芒果等水果的价格，我想，学生是能说出"4.53 元就是 4 元 5 角 3 分，8.90 元就是 8 元 9 角，17.00 元就是 17 元"的，学生也应该知道"8.90 元有时也写成 8.9 元，17.00 元也写成 17 元"，学生还能说出"12.06 元不能写成 12.6 元"的理由，因为学生有着相关购物的生活经验。如果我们只是让学生借助生活经验，直观地认识"像这些水果标价中的数 4.53、8.90、12.06……都叫小数。小数中的'.'叫小数点"，我认为学生能读出水果标价并说出各表示几元几角几分，或者用元作单位将几元几角几分用小数来表示，对于学生而言，这些是不需要做出思维上的努力便能轻易回答的，也就是说，学生的思维空间是很小的。而造成思维空间很小的原因，主要是教师只要求学生对小数有感性的认识，而学生在生活中对元、角、分已经进行了充分的感知。

怎样拓展学生的思维空间？我觉得学生对小数的认识不能停留在直观的形式层面上，而应该对小数意义有自己的感悟，也就是对小数十进制位值思想有自己的体会。出于这样的思考，我们进行了下面的探索实践。

　　我先出示"电扇 98 元、运动鞋 198 元、水杯 5 元"等商品的价格，提问：你看到的超市里商品的价格都是整元的吗？这时，学生纷纷举例说出诸如"苹果 4.53 元、香梨 8.90 元、猕猴桃 17.00 元、芒果 12.06 元"等价格，并说出其表示几元几角几分。教师接着问：为什么商品的价格会用小数表示呢？这一提问促使学生自己发现"当商品的价格不是整元的时候，就要用小数来表示"，并体会到数学知识的产生源于生活实际的需要。

　　再出示：将价格是 1 元的一块巧克力分成 10 小块。提问：其中 1 小块的价格是多少元？为什么？对于"其中 1 小块是多少元"，学生是不难做出正确回答的，而"为什么"的说理，则有一定的思维要求。学生可能会这样思考：因为一块大巧克力里正好有 10 小块，一块大巧克力是 1 元，1 元等于 10 角，所以，1 块小巧克力是 1 角。而对于"1 角为什么等于 0.1 元"学生会进一步思考：因为如果"1 角等于 0.1 元"，那么则有 2 角等于 0.2 元，3 角等于 0.3 元……9 角等于 0.9 元，10 角等于 10 个 0.1 元，正好是 1 元。

**1元**

　　借助生活经验和图形，学生不仅对"1 角＝0.1 元"有了自己的理解，而且对 10 个 0.1 就是 1 的十进制思想有了自己的体会。

　　之后出示：1 版五角星粘纸的价格 1 元。提问：1 颗五角星粘纸的价格是多少元？为什么？

　　学生可能的思维：

　　①由生活经验得知，元、角、分用小数表示时，小数点前面的数表示元，小数

点后面第一位上的数表示角，小数点后面第二位上的数表示分。1 颗粘纸是 1 分，1 分等于 0.01 元。

②因为 1 条(10 颗五角星)是 1 角，1 角＝0.1 元，所以 1 颗五角星是 1 分，1 分钱不满 0.1 元，应该是 0.01 元，这样，10 个 0.01 元正好等于 1 角，也就是 10 分等于 1 角。

教师再问：①4 条余 6 颗五角星粘纸的价格是多少元？为什么？②9 角 9 分是多少元？如果再加 1 分是多少元？让学生展开思维：因为 4 条余 6 颗五角星粘纸的价格是 4 角 6 分，又因为 4 角是 0.4 元，6 分是 0.06 元，合起来就是 0.46 元。而 9 角 9 分是 0.99 元，再加 1 分(再加 0.01 元)，正好等于 1.00 元，也就是 1 元。

最后，教师出示：每版五角星粘纸的价格是 1 元。下面粘纸的价格是多少元？

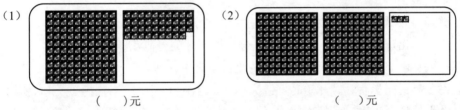

(1) (　　)元　　　　(2) (　　)元

经过这样一番关于"元、角、分——用小数表示"的问题的思考，学生的思维空间较之以前得到了大大的拓展，学生对小数的认识不再只是直观的、表层的，而是感悟到小数的十进制意义。

## (二)着眼数学思想方法

### 案例：《可能性的大小》

右图所示为上教版数学五年级第二学期教材中《可能性的大小》。我曾对部分四年级的学生进行这样的学情调研：教师将 10 个红色球放入袋子里，问学生：任意摸出 1 个球，摸出红色球的可能性是多少？学生回答 100%。又问：摸出蓝色球的可能性是多少？学生回答"是不可能的"。这时，教师把 3 个红色

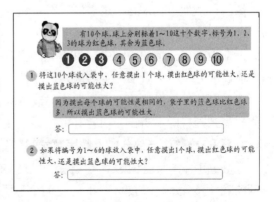

球、7个蓝色球放入袋子里，问学生：任意摸出1个球，摸到红色球的可能性大，还是摸到蓝色球的可能性大？学生回答"摸到蓝色球的可能性大"，理由是袋子里的蓝色球多。教师接着把3个红色球、3个蓝色球放入袋子里，问学生：任意摸出1个球，摸到哪种球的可能性大？学生回答"摸到红色球与摸到蓝色球的可能性是相等的"。想必五年级学生对于教材中的两个问题，更是不难回答，因为学生有生活经验。那么，学生思维的空间在哪里呢？

其实，教学《可能性的大小》，目的并不在于让学生正确回答教材上的两个问题，也不在于让学生通过摸球实践去简单地对结论进行验证，而是培养学生的数学随机思想。怎样的数学活动，才能让学生对数学随机思想有自己的体验？我们进行了如下探索实践。

教师将教材中的例题改为："布袋里有6个球，分别标有1、2、3、4、5、6六个号码。摸出球的号码大于3，甲得1分；摸出球的号码小于3，乙得1分；摸出3号球，甲、乙都不得分。两人一组，轮流从口袋中摸球，每次摸出1个球。摸20次后，得分高的同学获胜。"开始时，绝大多数学生对于当甲或当乙感到无所谓，但少部分学生执意要当甲，教师提问："他们为什么要争着当甲呢？"这时，学生发现了其中的秘密，都想当甲了。无奈，教师让学生用"石头、剪子、布"的方法来决定谁当甲。之后，学生两人一组兴趣盎然地进行着摸球比赛。结果是甲胜的有14组，乙胜的有3组，还有3组打成平手。

教师利用实验结果马上抛出问题：明明是甲赢的可能性大，为什么有3组是乙获胜、有3组是平局呢？学生很自信地回答：甲赢的可能性大不等于甲一定会赢，乙赢的可能性小也未必一定会输；有3组是乙赢了，说明乙的运气好；如果把全班各组合起来看，我发现还是甲赢了……从学生的回答中我们发现，数学随机思想已经渐渐地渗入学生的头脑中：每摸一次得到几号球是不确定和不可预见的，甲赢的可能性大并不意味着甲一定会赢，反之，乙赢的可能性小也并不意味着乙一定会输，再小的可能性也意味着有可能发生。经过大量的试验学生会发现一定的规律性。学生感受到随机的本质：一切皆有可能。

**案例：《整体与部分》(上教版数学三年级第二学期，见图1)**

"一句话、三组图。这，就是教材？"有教师说，"5分钟就能教完的内容，却要花上35分钟，教材留出的空间实在是太大了！"如果只是让学生说出类似教

材上这些图中的整体和部分,那么,对于三年级的学生来说,这确实再简单不过了。然而,这样的教学除了使学生机械地说出整体与部分外,其思维能力会有怎样的发展呢?曾经有专家做了这样的调研:让学生说出其从图中看到的分数(见图2)。结果,绝大多数学生只看到1/4,也有少数学生看到3/4,但是,几乎没有学生能够看到1/3。为什么呢?其实原因很简单:学生的思维是机械的,是静止的。他们只知道把整个圆看成一个整体,涂色的是整体的一部分,空白的也是整体的一部分,而不知道也可以把空白的看成一个整体,涂色的相当于整体的一部分。怎样让学生能够认识到整体与部分的相互依存关系以及整体和部分是相对的这种辩证关系呢?我们进行了下面的教学实践,拓展了学生的思维空间。

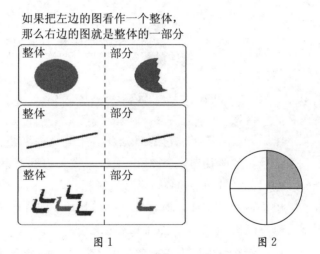

图1                  图2

1. 让学生动手操作,涂色表示出圆的一部分。结果,对于班上出现的五种表示方法(见下图),有近一半的学生认为,图 a 和图 b 中的涂色部分是圆的一部分,理

图 a          图 b          图 c          图 d          图 e

由是把圆平均分了。通过不同想法的碰撞,学生对原先错误的想法进行了修正:不管怎么涂色,只要没有涂满,涂色部分都是这个整体的一部分。学生体会到整体是

由部分组成的。对图 e，学生都做出了正确的判断。

2. 出示：$\underset{A\quad\ B\qquad\ C\qquad\qquad D}{\rule{6cm}{0.4pt}}$。让学生说出图中的整体和部分。开始时，学生都是把线段 AD 看成整体，把线段 AB、线段 BC、线段 CD 看成整体的一部分。接着，有的学生发现：把线段 AD 看成整体，线段 AC 也是整体的一部分。由此，学生思维的空间被打开了：线段 AC 是由线段 AB 和线段 BC 组成的，我们也可以把线段 AC 看成整体，线段 AB、线段 BC 都是它的一部分；把线段 BD 看成整体，线段 CD 就是部分……学生从中体会到：整体与部分是可以变化的，是相对而言的。

3. 出示：。让学生判断它是整体还是部分。有的学生认为半圆是部分，是圆的一部分，并在黑板上进行图示：；也有学生认为半圆是一个整体，并

进行图示：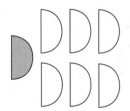；还有学生认为半圆既是部分又是整体，说它是整体，因为可以把半圆分成几份，说它是部分，整体就是一个圆。针对"说它是部分，整体就是一个圆"的说法，教师追问：整体一定是一个圆吗？经过一番想象，学生终于得出，左图中的 7 个半圆也可以是整体，此时半圆就是部分。学生突破了原有的"整体就是一个图形"的认识，思维得到拓展。

就在学生认为正确答案应该是"半圆既是部分又是整体"时，教师提问："你们的想象力很丰富！可是，事实上我给出的就是这个图形，你们该怎样判断？"要让学生用语言做出正确的判断，确实挺难的。在经历痛苦的思考后，学生终于体会到：整体和部分是相互依存的。

从上面的案例中我们发现：学生思维的空间来自对数学知识本质的思考。而要让学生对数学知识有本质上的思考，关键在于教师能够透过形式化的显性知识，看到其背后的知识本质。

### (三)着眼数学探究策略

#### 案例：《表面积的变化》

《表面积的变化》是上教版数学五年级第二学期的教学内容（见右图）。曾经一个教师是这样上这一课的：先出示教材例1，学生很快答出"将两个正方体拼成一个长方体，体积不变，表面积减少了原来2个正方形面的面积，减少了2平方厘米"。教师接着出示例2，并出示表格让学生独立地填写。学生先填写由两个正方体拼成的长方体"减少几个面的面积、原来正方体表面积之和、拼成的长方体的表面积"，再依次填写由3个、4个、5个正方体拼成的长方体"减少几个面的面积、原来正方体的表面积之和、拼成的长方体的表面积"。之后，学生进行

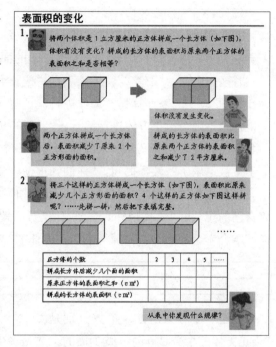

汇报、校对，教师再提问："从表中你发现什么规律？"学生进行观察，均发现规律。对于例1，学生轻而易举地回答；对于例2，学生则把大量的时间花在了表格中几个空格的计算填写上，以至于寻找规律时很仓促，概述规律时更是零零碎碎很不清晰。课上学生只是机械地按照公式计算，缺乏积极的思维，更没有激烈的思维碰撞。原因何在？

怎样激发学生探究知识规律的欲望？怎样让学生思考如何寻找相关数量之间的内在联系？怎样让学生以退为进，从具体数据信息中发现规律并用字母表示推向一般？怎样让学生利用规律去解决问题？带着这些问题，我们进行了课堂教学的实践。

教师出示下图，提问：这是由24个棱长1厘米的小正方体拼成的长方体。这个长方体的表面积是多少？

学生中出现了下列几种计算方法：

(1)$24×1×2+24×1×2+1×1×2=98$(平方分米)。

(2)$(24×1+24×1+1×1)×2=98$(平方分米)。

(3)$24×1×4+1×1×2=98$(平方分米)。

就在学生认为没有别的方法时，教师出示"$1×1×(6×24-23×2)$"。对此，许多学生表示疑惑："$1×1$"表示一个正方形的面积，"$6×24$"表示原来的24个正方体一共有多少个面，"$23×2$"就应该表示拼成长方体后减少的面，可是，一共减少的面为什么用"$23×2$"来计算呢？怎样进行验证呢？学生积极地思考着。这时，有学生走上讲台，拿两个小正方体进行演示："2个正方体拼在一起，就有1个交接处，减少了两个面。"接着，他又要从教师那里再拿1个正方体木块，教师故意躲着不给，班上学生被逗乐了。教师提问："你们知道他为什么想再拿1块吗？他这样一块块地拿下去，到底想做什么？""他是想进行验证""他是想找出规律"……学生七嘴八舌地发表自己的想法。"要找规律，其实不容易！"教师说，"要找哪些数量之间的变化规律？"结合学生的回答，教师板书：正方体的个数、减少面的个数，并出示下表：

| 正方体的个数 | | | | | |
|---|---|---|---|---|---|
| 减少面的个数 | | | | | |

在逐一填写当正方体个数分别是2、3、4、5时减少面的个数后，教师提问："当正方体的个数是$n$时，减少面的个数是多少？"得出答案已是水到渠成，学生很快说出"$(n-1)×2$"。

| 正方体的个数 | 2 | 3 | 4 | 5 | … | $n$ |
|---|---|---|---|---|---|---|
| 减少面的个数 | 2 | 4 | 6 | 8 | … | $(n-1)×2$ |

之后，教师出示下表，提问：当正方体的个数为$n$时，原来正方体的表面积之和是多少？拼成的长方体的表面积是多少？学生独立思考，有的先填入一个个具体的数据后再用字母表示，也有的直接填入"$6n$"与"$4n+2$"。

| 正方体的个数 | 2 | 3 | 4 | 5 | … | $n$ |
|---|---|---|---|---|---|---|
| 减少面的个数 | 2 | 4 | 6 | 8 | … | $(n-1)×2$ |
| 原来正方体的表面积之和 | | | | | | |
| 拼成的长方体的表面积 | | | | | | |

最后，教师提问：当 $n=24$ 时，拼成的长方体的表面积是多少？当 $n=180$ 呢？学生运用发现的规律，很快给出正确的答案。

课堂不再机械和沉闷，在问题的驱动下，学生积极思考，通过对具体例子的分析，探究知识规律，用含有字母的式子进行表达，并运用规律解决具体复杂问题。学生对"以退为进""进行数据收集、整理，观察、比较、分析，揭示知识规律"的探究策略有着自己的体验，学生感受到通过探究发现规律所带来的快乐以及运用规律很快解决较复杂问题的数学知识的价值。

由上面两个案例，我们发现：学生思维的空间来自教师对隐藏于数学显性知识背后的数学思想方法的发掘。教师只有发掘这些数学思想方法，并把对数学思想方法的学习作为教学的重点，那么，学生也就有了一定的思维空间。数学思想方法，不能由教师直接告诉学生，而是必须由学生在探究知识的过程中去体验、去领悟。

## （四）着眼数学思维方式

### 案例：《乘法初步认识》

教师们的困惑：根据教材上的情境图，先让学生列出加法算式进行计算，然后教师告诉学生，同数连加，可以用乘法表示，再让学生认识乘法算式及各部分的名称等，这样教学太简单了。有的教师说：据我对学生的了解，在学习乘法之前，有相当一部分学生已经会列乘法算式了，有些学生还能背出一些乘法口诀。也有教师认为，能背出乘法口诀并不意味着学生真正地理解了乘法的意义。更有教师提出，让学生理解乘法的意义是非常容易的，学生的思维空间是很小的。学生的思维空间在哪？怎样让学生积极参与获取新知识的活动，从而使思维得到充分的发展？我们把教学目标定位在学生在亲身经历解决生活实际

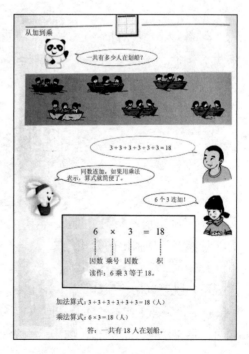

问题的过程中，理解并体会"同数连加，可以用乘法表示，式子就简便了"，其比较、抽象、概括、判断等思维能力得到锻炼，探究、发现、创新意识得到增强，个性得到充分发展。主要教学环节如下。

　　1. 教师出示汽车图，问：6 辆小汽车里一共有几个小朋友？你会列式计算吗？学生充分利用自己的知识经验展开思维，尝试列式。结合加法计算，教师故意少加一个 2，引起学生注意，以突出几个几相加；针对学生列出的"6×2"和"2×6"，教师让该生说说自己的想法，既满足部分学生展示自我的心理需要，又引发学生对乘法算式所表示的意义的思考。结合"2＋2＋2＋2＋2＋2＝12"加法算式，教师提问：有几个几在相加？6 个 2 连加可以用乘法来计算，算式是"6×2＝12"。

　　2. 教师出示转杯图，问：5 个转杯里一共有几个人？其实就是求几个几是多少？对于求 5 个 4 是多少，有些学生列式为"4＋4＋4＋4＋4"，更多的学生则列式为"5×4"。

　　3. 教师出示划船图，问：一共有几个人在划船？你会列式计算吗？你能用几种方法计算？学生列出的算式是"3＋3＋3＋3＋2"。针对学生所列的算式，教师提问：同样是连加，为什么不能用乘法来计算？学生马上说出了理由。教师追问：怎样的情况下，既可以用连加计算，又可以用乘法计算？学生思考，展开想象：如果只有 4 条船，每条船上有 3 个人，求一共有多少人，则既可以用加法"3＋3＋3＋3"计算，也可以用乘法"4×3"计算。如果后面的船再上来 1 个人，这样每条船上都有 3 个人，求一共有多少人，则既可以用加法"3＋3＋3＋3＋3"计算，也可以用乘法"5×3"计算。此时，教师问学生：现在的情况是有 4 条船，每条船上都有 3 个人，另有一条船上有 2 个人，除了列出"3＋3＋3＋3＋2"这个连加算式外，还有别的列式吗？学生的思维又受到了挑战，经过思考，有学生富有创造性地列出算式"4×3＋2"，甚至有学生更具想象力地假设：假设最后的船上也是 3 个人，这样就有"5×3"个人，而实际少 1 个人，所以，算式是"5×3－1"。

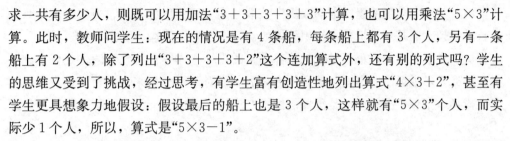

4. 教师提问："6×2"与"2×6"相等吗？它们所表示的意义相同吗？教师让学生借助点子图，举例说明。

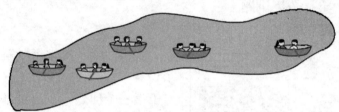

上面的四个问题，一个紧扣一个，层层递进，学生的思维不断地发展：问题 1，学生充分利用自己的经验，展开对问题的思考，尝试列式计算，并进行了充分的表达。而教师故意漏写一个加数"2"及告诉学生"6 个 2 连加可以用乘法算式'6×2'来计算"，使学生对乘法有了初步的认识，但还存在着疑惑：列乘法算式"2×6"可以吗？问题 2，转杯里共有多少人，就是求 5 个 4 是多少。学生与上一题进行类比，得出可以用乘法算式"5×4"表示，教师给予了肯定，学生逐步构建了乘法的意义。问题 3，一共有多少人在划船，提供了一个反例：同数连加可以用乘法计算，而"3＋3＋3＋3＋2"算式不是同数连加，所以不能用乘法算式来表示。通过正、反例子的比较，教师揭示和概括乘法的意义。同时，学生创造性地提出整个算式可以是"4×3＋2"或者"5×3－1"，使所学的乘法意义在新情境中得到运用。问题 4，不仅对开始时的尝试猜测做出回应，而且让学生从所学的乘法意义出发，对问题进行解释，进一步加深对乘法意义的理解。自然，课常上学生表现出很高的思维积极性。

由此可见，学生的思维空间取决于获取数学知识的思维方式。当教师不再只是教数学知识，而是真正把数学知识技能的学习作为一种载体，通过这一载体去锻炼、去促进学生思维发展，也就是说把培养学生的思维方式等作为教学的主要任务和目标，那么，学生思维的空间自然会得到拓展。而对于小学生来说，比较、类比、抽象、概括、猜想直至验证，是重要的思维方式。

### (五)基于教材拓展例题

**案例：《点图与数》**

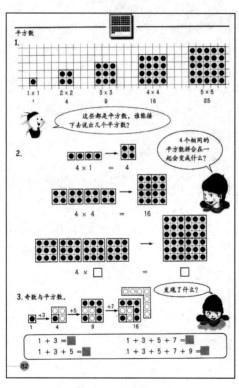

《点图与数》是二年级新教材中的一个内容。该教学内容由三个问题组成。对于第一个问题，在出示教材上的 5 个点数图及相应的算式时，教师告诉学生这些都是平方数，并提问：你能接下去说出几个平方数吗？我想学生能不假思索地说出六六三十六、七七四十九……对于第二个问题，教师按照教材先提问：4 个相同的平方数拼合在一起会变成什么？然后，引导学生动手拼摆，我想学生不难发现会变成一个新的平方数。对于问题 3，教师用添加的方法逐个出示平方数点图，并与加法算式相对应，学生也是不难发现奇数与平方数之间的规律的。显然，教材中的三个问题，都是指向答案的，学生思维的空间相对较小。怎样拓展学生的思维空间？我基于教材例题，对问题重新进行了设计。

1. 教师出示点图"●"告诉学生：这是一张点图，正方形里有一个点，它表示数"1"。要表示数"2"，应该拿几张这样的点图？可以拼成一个什么图形？怎样用点图表示数"3"？表示数"4"呢？（对于数"4"，学生中出现了两种不同的点图及算式。）
结合回答，教师板书：

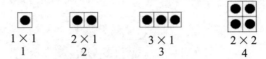

$1×1$　　　$2×1$　　　$3×1$　　　$2×2$
　1　　　　　2　　　　　3　　　　　4

接着，教师问：刚才点图所表示的数当中，有个数非常特殊，你们知道是哪个
数吗？许多学生都认为是 4，因为它的点图可以拼成一个长方形，还可以拼成一个
正方形，有学生甚至给它起个名字叫"正方形数"。教师对学生的回答表示认同：它
确实可以叫正方形数，数学上我们把它叫"平方数"。其实，在 10 以内的数中，还有
其他平方数，你们猜会是几呢？请说出理由。学生独立思考，大胆猜想并交流。有
学生认为是"6"，因为"6"的点图可以有两种，也有两个乘法式子（$6×1$ 和 $3×2$)，但
很快遭到其他学生质疑：它的点图不是正方形的，它的乘法算式中的两个因数不是
相同的。有学生认为是"8"，因为"8"的点图可以是一个正方形，同学们纷纷让其用

正方形的点图表示。该生非常自信地在黑板上进行了拼摆演示：。这个正方

形点图还真让一些学生"懵"了。很快又有学生质疑：平方数"4"的正方形点图的每行
每列的数是相等的，你的这个正方形点图是空心的。"9"才是平方数。这时，教师再
问：1 到 10 这十个数中，哪几个是平方数？经过一番讨论，学生发现"1"具备平方
数的特征（点图是个正方形，可以写成两个相同的因数相乘）。平方数的概念就在这
样的思维活动中被学生主动地建构起来了。

2. 教师提问：至少几个相同的平方数能拼成一个新的平方数呢？学生感到困
惑。教师启发：能否举些例子，用平方数点图进行拼摆，看看能否发现些什么规律？
为了便于发现，我们可以从哪个平方数开始呢？学生建议从平方数 1 开始，并积极
地思考着，动手验证着。学生发现 4 个 1、4 个 4、4 个 9 都能拼成一个新的平方数。
这时，教师出示一个正方形，代表一个平方数，让学生思考至少用几个相同的平方
数能拼成一个新的平方数。学生借助图形，展开丰富的想象（该正方形能代表任意一
个平方数），从中进行抽象、概括，得出"至少 4 个相同的平方数能拼成一个新的平
方数"。

3. 教师提问：一个平方数，至少加几能变成一个新的平方数？对于这个问题，你想怎样来探究其中的规律呢？学生有了前面探究的经验，从平方数 1 开始，进行拼摆实践活动。在结合下图让学生思考"至少再加几能得到一个新的平方数"

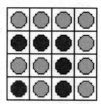

时，有学生认为再加 4 个，理由是在正方形的上边加 2 个，在右边也加 2 个。教师让其在黑板上操作演示，该生发现还少 1 个，应该加上 5 个。学生继续探究……在学生发现加 1、加 3、加 5、加 7 等，得到的数是一个新的平方数之后，教师引导学生进一步观察，寻找平方数与奇数之间的关系。渐渐地，学生积极举手交流。有的学生认为，奇数的和是一个平方数；也有学生认为，连续奇数的和是一个平方数。对此，学生互相质疑、举例证明，归纳得出：从 1 开始的连续奇数的和是一个平方数。

整个教学，围绕"平方数是怎样的数""至少几个相同的平方数能拼成一个新的平方数""一个平方数，至少加几能变成一个新的平方数，平方数与奇数之间有怎样的关系"展开，将问题指向对概念本质特征的探究、对发现知识规律的策略和方法的探究。三个核心问题，给了学生足够的思维空间：在探究平方数概念的教学中，教师只是提供一些素材，对于概念的本质属性，由学生自己提出假设，教师给出肯定或否定，学生在对一个个点图表示的数不断地进行比较、辨析的过程中，逐步揭示平方数的本质特征（能摆成正方形点图的数，两个同样的整数相乘的积），从而建构平方数的概念。学生对通过这种方式获得的知识印象深刻，记忆牢固，更重要的是学生的比较、抽象、概括等思维能力以及探究精神得到较好的锻炼和培养。

在探究平方数之间以及平方数与奇数之间的关系时，学生不断经历这样的过程：对具体实例的观察比较→归纳猜测→举例验证→揭示规律。学生从中积累了宝贵的数学活动的经验，体验到解题策略方法的重要性。教学不仅达成了知识目标，而且培养了学生自主探究、发现知识的能力。

## (六)创造性地使用教材

### 案例:《百以内数的大小比较》

那是一次一年级的数学教研活动,上课内容是《百以内数的大小比较》。教学过程基本上是按照教材例题的编写程序进行的:教师出示例1,比较63与38的大小,并介绍了两种比较大小的方法。之后,教师出示第2题,让学生利用数射线比较一组数的大小。在此基础上,教师引导学生归纳出比较的方法。从课堂上学生的反应来看,有相当部分的学生马上说出63比38大,教师的方法介绍以及归纳等脱离了学生思维的实际,学生难免会"走神"。

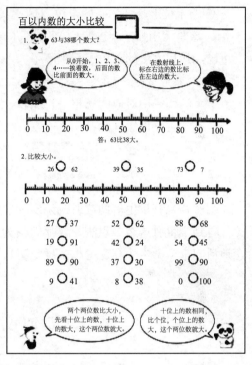

课后研讨中,我说,课前班上绝大多数学生已经能够比较百以内数的大小了。教研组的教师表示有同感。既然如此,为什么还要把他们都当作不懂来进行教学呢?教师们表示,教学内容本来就是这么简单,不这样教,还能怎样教呢?我说,教材是人编写的,教学必须从学生的思维实际出发。于是,我们富有创造性地使用教材,进行了教学实践。

课一开始,教师提问:比较两个数的大小,你行吗?请在圆圈内填上符号。

63 ● 38　　26 ● 62　　39 ● 35

27 ● 37　　52 ● 71　　34 ● 29

结果,全班38名学生基本答对。

接着,教师结合"34 ● 29"提问:为什么填">"?

这一富有挑战性的问题,激发了学生的独立思考,学生中出现了多种不同的想法：

29 比 30 小 1，而 34 比 30 大 4，34 当然大于 29。这是由分析、推理得出的结论，学生进行的是演绎推理中的关系推理，尽管学生并不知道这些概念的名称。

29 的十位上是 2，34 的十位上是 3，十位上的数小，这个数就小，所以，29 小于 34。这是运用数学十进制位值思想进行思考得出的结论，在进行方法归纳之前，学生已经运用方法的思想进行判断了。

把 29 看成 29 个点排成一排，把 34 也排成一排，一个一个对齐，就可知道 34 大。学生运用一一对应的思想进行比较。

还有学生画出点杠图：

当然，也有学生借助数射线说出了理由。

看到学生有这么多想法，教师们颇为感慨：数学课堂上，只有让学生的思维真正地活起来，学生才会变得越来越聪明！

# 三、如何创设问题情境

问题，是一个人在有目的地追求而尚未找到适当手段时所感到的心理困境。数学问题，是指以数学为内容，或者虽不以数学为内容，但必须运用数学概念、理论或方法才能解决的问题。数学问题的提出，是主体通过对数学情境基本构成要素的观察、分析，深入发掘隐藏于其中的数学关系，大胆质疑，大胆猜想，并确定新的未知构成要素。数学问题情境是一种以激发学生问题意识为价值取向的刺激性的数据材料和背景信息，是从事数学活动的环境。数学问题情境应当满足两个条件：一个是与学生的生活经验有关，适合做数学课程与学生经验之间的接口；另一个是能成为学生应用数学和创新、发现的载体。数学问题情境的创设是一个涉及素材的选取、内容的组织和呈现，以培养学生的创新意识和提高学生的数学思维能力为主要目的的过程。那么，怎样创设问题情境呢？

## (一)创设具有数学思考价值的情境

### 案例：《圆的周长》

教学《圆的周长》时，学生的思维空间在哪里？

教学中教师从教材的主题图引入，让学生思考如何求圆的周长，并尝试用一根绳子或纸条绕圆一周，再来测量这段绳子或纸条的长度；或在圆形硬纸板上做个记号，与直尺的 0 刻度对齐，在直尺上滚动一周，直接测量出圆的周长。接着，教师让学生测量不同大小的圆的周长和直径，计算出周长和直径的比值，学生发现：圆的周长总是直径的三倍多一点……这样设计问题情境进行教学，当然是可以的。但是，怎样让学生利用自己的生活经验，去发现、提出问题，对问题做出自己的假设，再对假设进行验证？显然，学生自主探究的思维空间是非常有限的。为此，我创设了如下的问题情境。

"临江公园里有棵百年大树，你有办法知道这树根部的直径约是多少吗？"问题一提出，学生便饶有兴趣

地进行着自己的思考和想象，并积极交流自己的想法。

**生1**：可以用手去抱，一人抱不住就让两人或三人去抱。

**生2**：就算你抱住了，之后怎么办？一直抱住不放？

**生1**：可以用铁丝围一圈，就能量出它的直径。

**生3**：可以用四根小棒，紧贴着树摆成一个正方形（见右图），
这个正方形的边长就是圆的直径。

**生4**：可以从根部把树锯断，然后量出直径长度。

**生5**：我不同意。百年古树应该被保护，怎么可以锯断呢？

**师**：说得好，绝不允许锯断百年古树。不过，作为一种方法，我倒很想知道怎样量出直径。

**生4**：可以通过树中心画出直径后再量。

**师**：怎样找到树的中心？

**生6**：可以先把一张纸贴在树的截面上，将其剪成一个圆纸片。然后，把圆纸片对折，量出这条折痕的长度也就量出了直径。

**师**：这倒也是一种办法，不过，大树必须被保护好。

**生7**：我想用绳子去量。绳子的长度确定了，圆的直径也就知道了。

**师**：你是说，圆的周长与直径是有密切联系的。周长长，直径也长；周长短，直径也短。周长的长度确定了，直径的长度也就确定了。是这个意思吗？大家同意吗？

众生点头同意。

**师**：周长与直径之间到底有着怎样的关系呢？

学生独立地思考着。

**生1**：刚才用四根棒去量直径时，我发现，圆的周长比它的直径的4倍要小。

**师**：你是想找出周长与直径之间的倍数关系。确实，圆的周长小于直径的4倍。那它可能是直径的几倍呢？

**生2**：（在先前的图中画了一条直径，见右图）我知道周长肯定比直径的2倍要大，因为周长的一半大于直径，所以，周长就大于直径的2倍。

**生 3**：我们可以用几个大小不等的圆，分别量出圆的周长，再用量出的周长除以该圆的直径。

该生的想法得到其他学生的认同。大家纷纷用瓶盖、硬币、圆纸片、线、尺等工具和材料进行测量、计算，发现圆的周长约是直径的 3 倍。

**师**：谁能证明圆的周长大于直径的 3 倍？

教师引导学生观察右图，学生发现圆内的正六边形由 6 个正三角形组成，六边形的周长正好等于直径的 3 倍，而圆的周长显然是大于六边形的周长的。所以，圆的周长大于直径的 3 倍。教师顺水推舟，介绍祖先用圆内接正多边形的周长去无限逼近圆周并以此求取圆周率的方法。

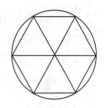

有些时候，在创设数学问题情境时，我们非常关注数学与实际生活的联系，也非常关注学习兴趣的激发，这些当然是无可非议的。但是，我们缺少了对情境是否更具数学思考价值的关注。因此，虽然有时课堂上很热闹，但学生始终在外围打转，没有对核心问题的思考。上文的教学案例中，教师可以让学生思考怎样测量花坛的周长。我想，学生有自己的生活经验，是能够想出办法来的。比如，用皮带卷尺贴近花坛进行测量。测得花坛的周长之后，学生还会进行哪些有关数学的思考？如果我是学生，既然已经量出花坛的周长，即解决了实际问题，就大功告成了，不会去想别的什么了。而用尺测量周长，这中间有何有关数学的思考？数学思考，重在从情境中发现已知与已知、已知与未知的数学元素，寻找或揭示出它们之间的内在联系。相对于主题图中"骑一圈大约有多少米"的问题，我宁可问"你有办法知道花坛的直径是多少米吗"。就像问学生"大树根部的直径约有多长"一样，促使学生进行有关数学的思考：(1)不能直接测量直径，但可以测量圆的周长，因为圆的周长与直径之间有着内在的联系。(2)怎样找到圆的周长与直径之间的关系？凭直觉我们发现，圆的周长比直径的 2 倍大而比直径的 4 倍小，到底是直径的几倍呢？(3)我们可以从具体例子中找出规律，但是，测量得到的数据是有误差的，怎样才能让人信服呢？(4)用"割圆术"能证明圆的周长大于直径的 3 倍。因为思维空间大，学生不仅得到了圆周率，而且锻炼了探究知识规律的数学思考能力。

### (二)创设能诱发错误想法的情境

**案例：《谁围的面积最大》**

《谁围的面积最大》是上教版数学三年级第二学期的教学内容。

学生的思维空间在于：利用已有的知识经验，进行自主的探究实践活动，揭示"周长相等的长方形，长与宽越接近，面积就越大；长与宽相等时，面积最大"的知识规律。然而，创设怎样的数学问题情境，才能让学生积极主动地投入自主探究的实践活动，并从中有所发现和创造呢？

按照教材，教师让学生先"试一试：用20根火柴围成各种长方形、正方形"，再进行观察比较，"看谁围出的图形面积最大"。我想，学生应该会兴趣盎然地进行操作拼摆活动，从中发现知识。但是，学生不会有积极的思维活动，更不会有激烈的思维碰撞。因为激烈的思维碰撞来自不同的想法，特别是学生中的一些错误想法。为此，我创设了以下问题情境。

**情境1：**用20厘米的铁丝围成不同的长方形，看谁围出的面积最大。我考虑到如果用20根火柴去围长方形，不仅要占用很大的桌面，花费很多的时间，而且将所得结论推向一般时有一定的局限性(比如用18根火柴去围，这时面积最大的就不是正方形)。而用20厘米的铁丝围成不同的长方形，具有一定的可操作性(学生可将要围的长方形画在方格纸上)，而且即使是18厘米的铁丝也还是能够围成正方形的，使得到的结论具有普遍性。但是，问题在于学生在整个的探究过程中没有生成问题：他们都知道尽管周长都是20厘米，但是长方形的面积大小是不相等的(除非长方形的长与宽都分别相等)；他们也容易发现围成正方形时面积最大。没有不同想法的碰撞，课堂上学生也就没有学习的激情，一切都是那么的平淡无奇。

**情境2：**出示两个长方形(如右图)，让学生分别说出两个长方形的周长和面积，并提问：哪个长方形的周长长？哪个长方形的面积大？我希望学生能由"周长长的长方形的面积也大"联想到"周长相等

的长方形面积应该是相等的"，这样就出现了错误的想法，就能激发兴趣，引起争议，进行深入地探究了。然而，课堂上学生并不接受教师的"指令"，而是自行其是。

**情境3**：用 20 厘米和 24 厘米的两根电线分别围成一个长方形，哪根电线围成的长方形的面积大？教学实践证明，这是一个很好的数学问题情境。因为当这问题情境出现时，绝大多数学生会告诉你"用 24 厘米的铁丝围出的长方形的面积大"。在学生的潜意识里，或者是学生的生活经验里，存在着"周长长的长方形面积就大"的想法。（其实，成人也有此想法。我就是在与一位非数学学科教师的闲聊中获得了灵感，才创设该问题情境的。）对此，教师引导学生进行验证。举例验证中，相当部分的学生可能是受潜意识里这种想法的影响，举出正例后积极举手发表意见：认为"周长长的长方形面积就大"这话是对的，这样又引起新的思维碰撞，终于得出"周长长的长方形面积不一定大"的结论。由此对"周长相等的长方形面积是否相等"及"周长相等的长方形，长与宽的变化引起面积大小变化是否有规律"等问题进行探讨，学生思维不断地发展，也得到了自主探究的成功体验。

我经常通过问题情境的设计，来诱发学生的错误想法。比如，针对"被 3 整除的数的特征"，我设计了这样的问题情境：按要求用 3、4、5 三个数字组成三位数：(1)能被 2 整除的三位数；(2)能被 5 整除的三位数。提问：能被 2 整除的数有什么特征？能被 5 整除的数有什么特征？紧接着问：能不能组成被 3 整除的三位数？能被 3 整除的数有什么特征呢？学生利用先前的知识经验，从个位上进行思考，当发现"543""453"都能被 3 整除时，他们就以为被 3 整除的数的特征也在个位数上。于是，我们就有了深入探究的必要。又如，关于"圆锥体积"的计算，我特意进行了这样的引入：将长方形绕一边旋转一周得到圆柱，将直角三角形（与长方形等底等高）绕直角边旋转一周得到圆锥。学生很容易由三角形面积是长方形的 1/2 进行类比，得出圆锥体积是等底等高圆柱体积的 1/2 的结论。

之所以要创设能诱发学生错误想法的问题情境，是因为：学习不是学生简单地"输入、储存"课本和教师提供的信息，而是学生主动地将原有经验和新信息进行对比、分析、批判、选择和重建知识结构的过程。而学生的知识结构和思维方式是通过日常生活的各种渠道逐步形成的，往往与科学的概念和思维方式大相径庭。所以，经学生自主修正、重组后的知识和思维方式往往是新知识与旧知识、科学的思维方式与原有的思维方式混杂在一起的。其实，学生的学习就是在不断出错、纠错中进行的。学生只有真正明白自己的错误所在，纠正了错误，才能把要学习的知识和能力内化为个人的发展。因此，错误是一种重要的学习资源。毋庸置疑，教学的重要目的之一，就是使学生理解和掌握正确的结论。但是，如果不经过质疑、判断、比较、选择，以及相应的分析、综合、概括等认识活动，即如果没有多样化的思维过程和认知方式，没有多种观点的碰撞、争论和比较，学生就难以获得结论，也难以真正理解和巩固知识。更重要的是，如果没有以多样化、丰富性为前提的教学过程，学生就不会有创新精神和创新思维。

### (三)创设与知识背景相关的情境

**案例：《三角形内角和》**

人教版数学四年级教材(见右图)。

我曾创设这样的问题情境：课一开始，教师借助电脑课件，出示了这样的情境："啪——"的一声，学校花架上的一块三角形玻璃被突然飞来的小球击碎了(见下图)，许多同学围了过来。小勇看着地上的碎玻

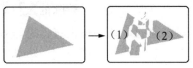

璃着急地说："是我不小心打碎的，我想赶紧去配一块，可是，玻璃已被打碎，尺寸大小都不知道，该怎么办？真急人！"同学小聪盯着其中的一块碎玻璃，高兴地说："我有办法了，只要拿一块碎玻璃，就可以配上与原先完全相同的玻璃。"同学们，你认为应该拿哪一块呢？为什么？结合回答，屏幕显示：延长(角边角的那块)两条边，得到与原先相同的三角形。教师问：为什么两个角确定了，这三角形的另一个角也就确定了？三角形的三个内角的度数和是不是固定不变的？三角形的内角和是多少度呢？就让我们一起来探究吧！

　　当时设计该情境，主要是为了体现数学与生活联系的新课程理念。然而，这是一个虚拟的生活情境，而且虚拟得比较牵强：一方面，球击碎花架上的三角形玻璃且利用其中的一个碎块(上图中的(1))去重新配一整块玻璃，实际生活中是不太可能发生的；另一方面，对于"为什么用(1)号碎块能配出整块玻璃"，教师的解释是三角形的两个内角的度数是确定的，所以，也就能确定另一个内角的度数，因为三角形三个内角度数的和是不变的。实际上，用(1)号碎块能配出整块玻璃所运用的是关于三角形全等的数学知识。相似三角形的三个内角分别对应相等，但其面积大小却可以千差万别。因此，对于学习三角形内角和而言，这一情境显得"大材小用"。对于自己煞费苦心、绞尽脑汁创设的这个生活情境，我当时颇有几分得意：课中，课件演示的情境吸引了学生的眼球，激发了学生浓厚的兴趣，课堂气氛也很活跃。可当我那得意的心情归于平静之后，我开始反思自己的教学，总觉得创设的情境有点牵强，且情境的作用仅在引入课题。我困惑着：数学与生活联系的新课程理念，难道就是这样体现的？令我豁然开朗的是北京的一次教学论坛。作为论坛坛主，我上了数学生成性教学专题研讨课——《平行四边形的面积》。我是这样创设问题情境的："同学们，我们已经学习了如何计算长方形、正方形的面积，生活中我们还经常需要计算平行四边形的面积。今天这节课，我们一起来学习平行四边形面积的计算方式。"接着，我让学生尝试计算印在纸上的平行四边形的面积，思考平行四边形面积的计算方法。在课后的论坛中，嘉宾孙晓天教授问我："潘老师，你刚才说生活中我们还经常需要计算平行四边形的面积，请问为什么我们要经常去计算平行四边形的面积呢？"孙教授接着说："我们通常用面积单位去度量长方形的面积，从中推导出面积公式。平行四边形面积不能直接用面积单位去度量，因此，我们要先把平行四边形转化成长方形，从中推导出平行四边形的面积公式。而这种面对新问题，进行问题转化，利用旧知解决新问题的转化思想，才是学生生活中经常要用到的。"孙教授的这席话，让我茅塞顿开，知道了什么才是真正的数学与生活的联系，也促使我思考怎样去创设数学问题情境。

　　带着新的思想，在教学《三角形内角和》时，我创设了这样的问题情境：先出示一个锐角，连接线段的两端得锐角三角形；再旋转锐角的两边成一个直角，连接线段的两端得直角三角形；接着旋转直角的两边成一个钝角，连接线段的两端得钝角三角形（见下图）。教师提问："三个三角形中，哪个三角形三个内角度数的和最大？"

对此，有的学生认为钝角三角形的内角和最大，理由是在锐角、直角和钝角中，钝角最大。也有学生质疑：要比较的是三角形三个内角度数的和而不是只比较其中的一个角，三角形中，一个角变大，另外的两个角会变小，所以，三个三角形内角度数的和可能是相等的。还有学生说，我知道三角形内角和是 180 度。教师问：如果你没看过书，也没听别人说过，你能想到三角形内角和是 180 度吗？三角形内角度数的和可能是相等的，这一猜想有一定的道理。可是，你又凭什么说相等的度数就是 180 度呢？学生被问住了。"如果把钝角三角形的钝角不断地变大，会是怎样的呢？"教师的提问使学生受到了启发，学生展开想象：如果钝角接近 180 度，另外的两个锐角会接近 0 度，所以三角形内角和可能是 180 度。猜想毕竟是猜想，猜想得出的结论还有待验证，学生积极地投入实践验证的学习活动。

　　没有了击碎玻璃的情境，学生却被三角形中的锐角、直角、钝角所吸引，而且对三角形内角和有着自己的猜想，并产生思维的碰撞。而对于怎样进行合理猜想，学生从中又有深切的体会。因此，我认为，数学问题情境的创设，要能够充分调动学生原有的生活经验或数学知识，更要抓住其中的本质问题，能激发学生对数学意义的思考，从而让学生有机会经历"发现问题——提出假设——进行验证——解释运用"这一重要的数学活动过程。因此，情境不必联系生活，只要能与学生原有知识背景相联系，同时又会产生新的认知冲突，就是好的情境。

### （四）创设人人能参与其中的情境

#### 案例：《鸡兔同笼》

　　有位教师是这样创设问题情境的：《孙子算经》是我国古代一部非常重要的数学名著，里面描述了很多数学名题。其中有一个非常有趣的问题（课件出示）：今有鸡兔同笼，上有 35 头，下有 94 足。鸡、兔各几只？出示题目后，教师问：你们能列式计算吗？相当部分学生有些迟疑，教师就进行启发引导：上有 35 头，说明鸡和兔共有 35 只，现在假设 35 只都是兔，那么，一共有多少脚呢？比实际多了几只脚？

为什么？一只兔比一只鸡多 2 只脚，把多少只鸡看成了兔，一共就多出 46 只脚了呢？把 23 只鸡看成了兔，说明笼子里有几只鸡？有几只兔？教师用一个个小问题引导学生展开思维，尽管学生学得比较累，但还是能理解接受的。而当教师提问：假设 35 只都是鸡，你会列式计算吗？这时，部分学生仍很困惑……

一道很有趣的题目，被教师分析得索然无味。怎样让全体学生兴致勃勃地参与解题的实践活动？我创设了这样的问题情境：开始，教师随手在黑板上板书：今有鸡兔同笼，上有 8 头，下有 22 足，鸡、兔各几何？略带文言文色彩的题目，引起了学生的兴趣。在学生读题并明白题意后，教师说：这可是我国古代《孙子算经》中非常有名的"鸡兔同笼"问题，谁能知道鸡有几只、兔有几只呢？教师鼓励学生：只要能找到答案，什么方法都行！学生饶有兴趣地独立地思考着，之后交流想法。

第一位同学是这样想的：如果是 1 只鸡、7 只兔，那么，腿的总数是 30 条，与条件不符；如果是 2 只鸡、6 只兔，那么，腿的总数是 28 条，与条件不符；如果是 3 只鸡、5 只兔，我从前面的设想中发现一个规律，每增加 1 只鸡、减少 1 只兔，腿的总数就减少 2 条，所以，应该是 26 条；如果是 4 只鸡、4 只兔，那么，腿的总数是 24 条，与条件不符；如果是 5 只鸡、3 只兔，那么，腿的总数是 22 条，与条件相符，所以，鸡有 5 只，兔有 3 只。教师结合回答以表格形式板书（见下表），并提问：还要继续找下去吗？学生发现如果继续找下去，腿的总数会越来越少，所以，只有一个正确答案。

| 鸡的数量 | 兔的数量 | 腿的总数 |
| --- | --- | --- |
| 1 | 7 | 30 |
| 2 | 6 | 28 |
| 3 | 5 | 26 |
| 4 | 4 | 24 |
| 5 | 3 | 22 |

第二位同学回答：我用的是画图的方式（见下图）：先画 8 个圆圈，代表 8 个头，再画 22 个三角形，代表 22 条腿。接着，先把 4 只脚连一个头，再把 2 只脚连一个头，这样连下去，到最后还剩 2 个头 4 只脚时，我就把 4 只脚分给 2 个头，正好分完。得到：鸡有 5 只，兔有 3 只。

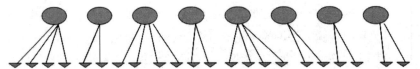

第三位同学回答：我也是这样画图的（见下图，该生边画图边做出说明）：我先画 8 只鸡……没等说完，教师插话说：鸡就是鸡，兔就是兔，怎么把兔变成了鸡呢？该生忙解释说：我是假设 8 只都是鸡，那就共有 16 条腿，还少 6 条腿，我就把 3 只鸡改成兔。这样就得到兔有 3 只，鸡有 5 只。

第四位同学说：也可以全都假设成兔，这样共有 32 条腿，多出 10 条腿，再把 5 只兔改成鸡，得出鸡有 5 只，兔有 3 只。

第五位同学说：我认为用图画的方法太费时了。我们可以直接列算式解答。我们列的算式是：$(4 \times 8 - 22) \div (4 - 2)$。假设 8 只都是兔，就有 32 条腿，比实际多 10 条腿，由于把一只鸡假设成兔多 2 条腿，用 10 除以 2 就算出有 5 只鸡，再用 8 减 5 得到兔有 3 只。

第六位同学说：我假设 8 只都是鸡，就有 16 条腿，比实际少 6 条腿，由于一只兔假设成鸡少了 2 条腿，所以，用 6 除以 2 得到兔有 3 只，算式是：$(22 - 8 \times 2) \div (4 - 2)$，再算鸡的数量。

该教师听了我的课，敬佩又不解地问我：学生与你配合得怎么这么好？学生确实配合得很好：通过枚举"凑"出答案，动手画图"画"出答案，通过列出算式"算"出答案，而且，在画图中渗透假设的思想，再列式计算已是水到渠成，由具体到抽象一切都非常的地顺畅。列表——图解——算式，这样的顺序当然是我了解学生各种想法后有意安排的，而问题的关键在于：学生们为什么会有如此多的方法？原因是教师所创设的问题情境发生了变化，主要体现在：（1）数据由"35头，94足"变成了"8头，22足"，便于学生用"枚举""画图"等方法寻找答案；（2）教师没有要求学生列式计算，使学生能从自己的思维实际出发去思考问题。教师所创设的问题情境中的问题空间较大，能够让不同思维水平的学生都参与其中，进行探索尝试，形成自己的想法。然后，学生通过生生、师生互动，实现在各自基础上的发展。

## （五）创设能不断引发问题的情境

### 案例：《水池挖在哪里》

这是基于教材的拓展内容。我创设了这样一个问题情境。

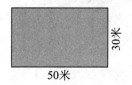

50米

出示：一块长方形菜地（见左图），在菜地里挖一个边长 10
米的正方形水池，将剩下的菜地平均分成两份，分别种西红柿
和黄瓜。种黄瓜的面积是多少平方米？学生列算式"（50×30－
10×10）÷2"或"50×30÷2－10×10÷2"，计算出种黄瓜的面
积是 700 平方米。

之后，教师提问：如果让你用一条直线将长方形平均分成两份，同时要把正方
形也平均分成两份，能做到吗？那样，水池应挖在哪里呢？

学生用正方形纸片代表水池，尝试摆放水池所在的位置。凭直觉，有的学生把
水池挖在了长方形的中间，并进行了演示（见图 1）。起先，大家都表示同意。慢慢
地，有的学生发现水池不一定要挖在长方形的中间，并指着图说：只要把正方形进
行上、下移动或左、右移动，任何一处都是可以的。大概是受到启发，有的学生想
出了新的方法，认为还可以把水池挖在长方形的对角线上（见图 2）。此时，教师出
示图 3，提问：能把水池挖在这儿吗？学生都认为不可以，理由是能把长方形进行
二等分的只有四条线，即横中线、竖中线和两条对角线。教师反问道：真是这样的
吗？经过一番独立思考和探究，学生终于发现：过长方形中心的任何一条直线都能
将长方形分成相等的两份，即长方形是中心对称图形。随着对长方形认识的加深，
学生重新思考"能把水池挖在这儿吗"这一问题：能把长方形二等分的直线有无数条，
其中的哪条直线又能把正方形二等分呢？终于，学生发现：正方形是特殊的长方形，
过正方形中心的任何一条直线都能把正方形二等分。连接长方形中心和正方形中心
的直线，都能把长方形和正方形的面积同时进行二等分（见图 4），而且，我们可以
把水池挖在菜地的任何一个地方。

整堂课围绕着"水池挖在哪里"展开：只能挖在长方形的正中间吗？只能挖在沿
长方形的横中线、竖中线、对角线平移的任意位置上吗？能将长方形二等分的直线
只有 4 条吗？无数条能将长方形二等分的直线中，哪条又能将正方形二等分呢？能
将正方形二等分的直线有多少条？既能将长方形二等分又能将正方形二等分的直线

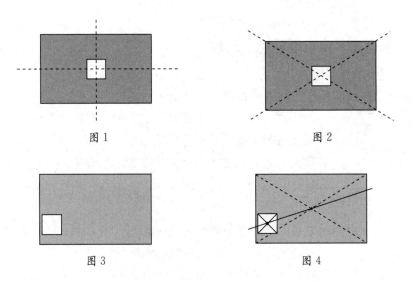

图 1                    图 2

图 3                    图 4

必须满足什么条件？……随着一个个问题的提出，学生的思维不断地发展，越来越指向数学知识的本质，直至揭示知识本质并运用知识解决实际问题。学生感受到知识的力量，体验到思维的乐趣、成功的喜悦。

当然，我们也可以这样创设问题情境：教师提出问题，用一条直线把长方形面积平均分成两份，这样的直线有多少条？为什么？教师让学生操作、假设、验证，发现长方形是中心对称图形，过中心点的直线都能把长方形面积二等分。接着再问：能把正方形面积二等分的直线有多少条？学生发现正方形是特殊的长方形，它同样是中心对称图形，过中心点的直线都能把正方形面积二等分。之后，教师出示图5，让学生思考怎样画一条直线能同时把长方形和正方形的面积二等分。最后出示"在长方形菜地里挖一个正方形水池，沿一条直线将菜地和水池平均分成两份，水池挖在什么地方"的问题，想必，已经具备长方形是中心对称图形知识的学生，是不难做出"可以把水池挖在菜地的任何地方"的正确回答的。

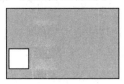

图 5

两种教学有什么区别？

从教学形式上看，教学的顺序正好相反：前者，教师呈现一个生活实际问题，在解决这个问题的过程中，学生不断地发现新的数学知识，最终运用新发现的知识解决了实际问题；后者，教师呈现一个个小问题，学生进行相关数学知识的学习，在理解这些知识的基础上，再运用知识去解决生活实际问题。

从教学形态上看，后者比较充分地体现了教师教的主动性，前者更加充分地体现出学生学的主动性。

从教学思想上看，前者较多地关注学生对数学知识技能的理解和掌握，后者更注重学生主动获取知识的能力培养。特别地，对于创设数学问题情境的价值取向，前者有着正确的认识：创设数学问题情境，不仅是为了唤起学生的学习兴趣和需要，使学生产生学习的动力，而且是为了增强学生的问题意识。

从增强学生问题意识的角度出发，我自然欣赏前者，因为它给学生足够的问题空间，让全体学生参与，而且在教学过程中不断有学生对想法或答案进行质疑，不断有新的问题提出，从而使学生思维不断地发展。而我经常使用的策略，就是将最终的结论转变为要进行探索的大问题，选择合适的材料和方式，来创设数学问题情境，以求在探索大问题的过程中不断地引发新问题。

## (六)创设构建结构化知识的情境

### 案例：《有余数的除法》

教学《有余数的除法》时，教师创设了分草莓的情境，贴近学生的生活实际，能唤起学生的学习兴趣。教材内容是，先出示"现在有 14 颗草莓，平均分给 4 人，你们会分吗"的问题，让学生一次、二次、三次地分，从中发现不够分的情况，为学习有余数的除法做准备。从教师教的角度来看，这种情境是合适的。但是，从学生学的角度分析，问题是显而易见的，"现有 14 颗草莓，平均分给 4 人，你们会分吗"的问题，对于学生而言，不能算是真正的问题，因为学生已经有把物体进行平均分的活动经验，甚至有学生建议把余下的 2 颗草莓平均分成 4 份，这样正好分完。为此，我们的教师设计了这样的问题情境：有 12 颗草莓，每只猴子分 2 颗，可以分给几只猴子？在学生列出除法算式并算出商后，教师将题目改为：有 13 颗草莓，每只猴子分 2 颗，可以分给几只猴子？这下，学生困惑了。此时，教师故意发问：刚才分 12

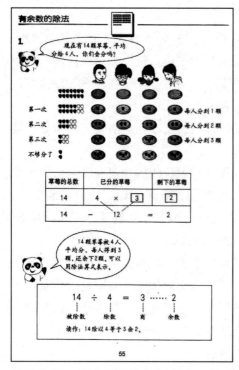

颗草莓的时候，大家很快地列式并说出商是几，现在怎么连算式都不会列了呢？学生纷纷告诉老师：现在有 13 颗草莓，不能正好分完。教师佯装不信，学生则更起劲了，在草莓图上两颗一圈、两颗一圈地操作着，最后还余下 1 颗，用事实证明确实不能正好分完。这余下的"1"在除法算式中怎样表示，成了学生迫切想弄明白的问题。"13÷2＝6……1"，学生在学会商的表示方法的同时，在头脑中对除法有着完整的认识，即"没有余数的除法"和"有余数的除法"，扩展了原有的认知结构。

余数必须比除数小，这是学习多位数除法的知识基础。通常，教师出示一组有余数的除法算式后提问：请学生仔细观察，余数与除数之间有什么"小秘密"？"小秘密"带有神秘色彩，能唤起学生的好奇心，却又太神秘了：为什么要将余数与除数进行比较而不是与被除数或商进行比较？比较它们的什么呢？说实在的，学生不太可能会自觉地概括出余数比除数小。即使有些学生发现了，也只是停留在表面现象上，没有真正理解为什么余数比除数小。认知结构是个体在感知和理解客观现实的基础上，在头脑里形成的一种心理结构，它由个体过去积累的知识和经验组成。要让学生发现余数比除数小的规律，关键在于丰富学生相关的经验。正是出于这样的考虑，教师出示"17 颗草莓平均分给 4 人的情境图"及"算式 17÷4＝3（颗）……5（颗）"，让学生进行判断。判断唤起了学生的经验。借助于前面操作活动中获得的直接经验，学生敏锐地发现余数 5 是错的，因为余下的 5 颗还可以继续分，并自觉地将算式改为"17÷4＝4（颗）……1（颗）"，此时，学生已经体会到余数应该比除数小。教师追问：如果有 18 颗草莓，19 颗、20 颗、21 颗呢？顺着出示"18÷4＝4……2，19÷4＝4……3，20÷4＝4……4，21÷4＝4……5"，让学生判断并纠正错误。学生对余数要比除数小有了更深刻的体验。此时，教师引导学生观察这组算式，提问：余数与除数之间有什么小秘密？这样学生不仅知其然而且知其所以然。

情境作为数学知识的载体，是为教学服务的。情境应该是学生熟悉的素材，带着学生走向抽象的数学。情境要与学生的生活实际相联系，情境更要能够调动学生的生活经验，为抽象的数学思维提供支撑，从而促进学生结构化知识的建构。

# 四、如何激发学生自主探究

我认为在当今这个知识增长与淘汰都很迅速的时代，培养学生的学习兴趣和探究精神无疑是数学教学的主题之一。数学的探究性学习，在我的潜意识中，不只是一种学习的方式，而且是一种教学的观念、一种教学的思想。这些年来，我坚持"凡是学生能自己发现的知识，教师决不替代；凡是学生能独立解决的问题，教师决不暗示"的教学理念，进行学生独立思考、自主探究的课堂教学实践。我发现在自主探究的课堂上，学生会表现出极大的兴趣和积极性，学生学习的主动性、能动性和独创性能得到较充分的发挥，学生会对知识有更深刻的理解并能获得成功后的积极情感体验，教师自己也常常会有意外的收获，对学生会有更加充分的了解，课堂教学的实战能力也会得到锻炼。如何使学生的自主探究更有实效？我有以下几方面体会和思考。

## (一)营造独立思考、自由探究的环境

在某地的一次数学讲学中，我上了《平行四边形面积》一课。课一结束，该市数学教研室主任走上台来，说："你的课太精彩了！开始时，还真让我们挺担心的！"

是什么让他们挺担心的呢？原来，课一开始，我就发给每个学生一张印有平行四边形的纸，让学生尝试计算纸上平行四边形的面积，并思考平行四边形的面积计算方法。提出问题后，学生独立思考，自由探索，整整花去了近 8 分钟的时间。当时的情景是，台上学生有的量着平行四边形相邻两边的长度，计算着平行四边形的面积，有的先画出高再测量长度算出面积，有的进行图形的割补等，大家紧张地用

学生用笔搭平行四边形进行演示求证

自己的思维方式进行着探究；台下的近千名听课老师因看不到学生们探究的具体情况，所以相互议论着，发出一片嘈杂的声音。换位思考，这种情形确实挺让人担心的：没有任何的复习铺垫，也没有什么启发引导，甚至连平行四边形的高都没有标出来，就让学生独立测量长度计算平行四边形的面积，学生能行吗？一节课总共才40分钟，竟然要花近8分钟的时间让学生自己去探索，万一学生探索不出什么东西，不是白白浪费这宝贵的课堂时间吗？况且，这还是一节观摩课，上砸了可怎么向与会的教师交代……

然而，我对这些并不担心，因为观摩课不应该是表演课，更因为我相信学生不是一张白纸，他们有知识基础和生活经验，他们有探究新知识的欲望，教师应该给学生足够的时间进行独立思考、自由探索，以形成属于学生自己的想法。只有学生形成了自己的想法，才会有学生间思想的交流和思维的碰撞。我记得在独立思考、自由探究后的思维展示中，两种想法产生了碰撞：第一种是将平行四边形沿高剪开拼成一个长方形，用长(7厘米)乘宽(4厘米)得面积28平方厘米，推导出平行四边形面积计算公式是"底乘高"；第二种是把平行四边形拉转成长方形，用长(7厘米)乘宽(5厘米)得面积35平方厘米，推导出平行四边形面积计算公式是"底乘邻边"。而且，持第二种想法的学生还非常自信地质问：为什么他们把平行四边形转化成长方形后计算出的面积是正确的，而我们把平行四边形转化成长方形后计算出的面积是错的呢？激烈的思维碰撞产生智慧的火花，学生不仅对先前的想法进行了自我否定，而且对数学化归思想有了切身的体悟。课中这精彩的生成，应该归功于那开始时学生 8 分钟的独立探究。

在与一线教师的交流中我发现，一个较为普遍的问题是：教师创设问题情境的重要目的是激发学生学习的兴趣，兴趣一旦被激发，情境也就马上"告退"。接下来便是教师进行新知识的传授。即使有时也会有学生的独立思考和自主探究，但教师舍不得给出足够的时间让学生进行真正意义上的独立思考和自主探究，他们生怕学生"节外生枝"，生怕学困生不会思考，生怕完不成教学任务，生怕来不及做作业……他们迫切希望学生能按照教师的意愿和路径行事，他们很想听到学生探究得出的正确答案，他们希望看到教师提问后马上有许多学生积极举手的热闹场面。为了能较好地掌控课堂教学，他们会时不时地提些问题或要求，进行所谓的启发和引导。其实，这种时不时的启发和引导只会妨碍学生对问题的思考。即便是教师与个别学生间的对话，也会干扰其他学生的独立思考。我觉得，数学课上更应该是"无声胜有声"！为此，教师在创设问题情境激发学生学习兴趣后，应该创设一个安静的课堂环境，让学生静静地展开思维，并给予其足够的时间以进行真正意义上的自主探究。对于少数学困生，教师也仅仅是悄悄地走近他们适时地稍加点拨，而不能代替其思维。教师要耐得住性子，要学会等待，要相信：足够等待之后，便是学生的精彩生成。

### （二）变构筑"坡度"为提供"支架"

对于"坡度"和"支架"，教师们一定不陌生。但是，什么是教学中的"坡度"和"支架"呢？教学中，为什么要变"坡度"为"支架"呢？

**案例：《除数是整十数的笔算除法》**

教学一：

一、复习导入，促进迁移

1. 在下面的括号里最大能填几？

$30×($　　$)<61$　　　　　　　　$20×($　　$)<84$

$40×($　　$)<270$　　　　　　　$60×($　　$)<378$

2. 学校买回了 92 本《现代汉语词典》，每个班分 3 本，一共可以分给几个班？

(1)学生列竖式进行计算。

(2)教师提问(结合竖式板书)：除数是一位数的除法是按照怎样的顺序进行笔算的？

二、探究计算方法

教师出示：学校新买了 92 本连环画，如果每个班级分 30 本，一共可以分给几个班级？

1. 提问：

(1)怎样列式计算呢？

(2)92÷30 大约等于几呢？怎样估算的？

2. 尝试用竖式计算 92÷30，思考：

(1)商是几？余数是几？

(2)商写在什么位置？为什么？

3. 交流展示，归纳计算方法。

教学二：

课一开始，教师出示世博会吉祥物"海宝"玩具。每个售价 30 元，现有 82 元钱，能够买几个？在学生列出算式"82÷30"后，教师提问：你能不能列竖式进行计算呢？

学生都非常自信地说："能!"各自认真地列除法竖式算了起来。结果，出现了以下几种情况：

| 第一种： | 第二种： | 第三种： |
|---|---|---|
| $\begin{array}{r} 2 \\ 30\overline{)82} \\ \underline{6\phantom{0}} \\ 22 \end{array}$ | $\begin{array}{r} 2 \\ 30\overline{)82} \\ \underline{60} \\ 22 \end{array}$ | $\begin{array}{r} 27 \\ 30\overline{)82} \\ \underline{6\phantom{0}} \\ 22 \\ \underline{21} \\ 1 \end{array}$ |

**师**：(指着板书)三种不同的竖式计算，有可能都是正确的吗？

学生几乎异口同声地回答："不可能!"

**师**：你知道其中哪个答案肯定是错的吗？为什么？

学生马上指出答案"27"肯定是错的，因为买一个"海宝"玩具要 30 元，82 元钱最多能买 2 个。

师：这样看来，在第一、第二两个除式中，都是商 2 的，所以，都是正确的。大家觉得如何？

学生前后四人为一组进行讨论，之后，小组代表发言。

生 1：我们认为第二个除式是正确的。如果像第一个除式那样，那就变成了可以买 20 个玩具。

师：（请板书第一个除式的学生）同学，你这样商"2"是想表示可以买 20 个玩具吗？

该生：不是的。我想表示可以买 2 个玩具。

师：是呀，我觉得你是想表示 2 个的，因为我发现你在"2"的后面没有添"0"。

生 2：虽然他没有在"2"的后面添"0"，可是，他把"2"商在了十位上，十位上的"2"就表示 20。

生 3：第一个除式错了。因为除到哪位上就写在哪位，这里已经除到了个位，所以，商应该在个位上面。

对于什么叫"这里已经除到了个位"，有些同学没听明白，教师也装作没听明白。于是，教师请该生指着板书讲解。

生 3：（指着板书）8 除以 30 不够商 1，所以要看 82。82 除以 30 可以商 2，所以，2 就要写在个位上。

这时，一些原先不明白的学生也点头表示理解了。接着，教师结合第三种除式，让学生指出其中的错误，进行纠正。

……

比较上面两种不同的教学设计，读者不难发现我思想中的"坡度"和"支架"。

第一种教学，用设计教师自己的话来说，就是：试商的方法是本节课的教学重点，"括号里最大能填几"的练习，能促使学生又准又快地试商；复习除数是一位数的笔算除法，能激活学生已有的笔算经验，为引出新知、探究新知、掌握新知做必要的学习铺垫。不仅如此，在让学生尝试计算除数是整十数的笔算除法时，教师还先让学生估算 $92 \div 30$ 的商大约等于几，并让学生思考：商写在什么位置？为什么？这样的设计，其实是构筑了一条通向获取新知识的"坡度"。学生沿着这样的"坡度"前行，一定不会偏离目标，也一定不会有什么困难和障碍，会非常安全地、非常顺畅地不需付出特别的努力就能达到目标。这里的目标，就是学生会正确进行除数是整十数的笔算除法。显然，这个目标只是对数学知识技能的理解和掌握。而"只关注知识技能教学的，就是灌输"，因此，从某种角度上说，"坡度"发挥着知识灌输的作用。

显然，第二种教学不是在为学生构筑"坡度"，而是在为学生提供"支架"。所谓"支架"，实质上就是在学生学习的过程中由教师提供一个暂时性的支持，并通过学生的努力，建构出真正属于其自己所理解、领悟、探索到的知识。在第二种教学中，教师创设了购买"海宝"玩具的问题情境后，用"你能不能列竖式进行计算"的提问激发学生尝试计算。面对"除数是整十数的笔算除法"，学生自觉地调动起各自的知识经验，进行着尝试计算。有些学生商正确了，也有些学生心里想着商是2，可是对于到底把2写在哪个位上感到困惑（错写在了十位上），甚至有的学生完全商错了（商是27）。学生在遇到困惑和障碍时，就产生了对教师提供"支架"的需要。如何提供"支架"？课中，教师让学生充分地展示各自的竖式计算，并进行了提问：三种不同的竖式计算，有可能都是正确的吗？"那是不可能的！"学生用估算的方法得出最多只能买2个玩具，对商"27"给予了否定。针对第一个竖式，教师则问道：你这样商"2"是想表示可以买20个玩具吗？在该生做出"我想表示可以买2个玩具"时，教师又表示非常理解地说：是呀，我觉得你是想表示2个的，因为我发现你在"2"的后面没有添"0"。然而，就是这一态度模糊的"理解"，引起同学们的不解（这样在十位上商2到底可不可以），激发学生深入思考，有学生甚至情绪激动地质疑：虽然他没有在"2"的后面写"0"，可是，他把"2"商在了十位上，十位上的"2"就表示20。就这样，通过学生间的想法交流和思维碰撞，学生不仅知道了应把商写在哪个数位上，而且知道了为什么应该商在该数位上，实现了对先前做法的自我否定，获取了新知识。

由此可见，构筑"坡度"和提供"支架"是两个不同的概念。它们的主要区别在于：(1)构筑"坡度"是发生在学生尝试、探究活动之前，而提供"支架"是发生在学生尝试、探究活动的过程中；(2)构筑"坡度"总是从平地开始的，且全班学生都走在同一个"坡度"上，而提供"支架"并非从平地开始的，"支架"应该搭在学生需要的地方，满足不同层次学生的需要；(3)"坡度"是由教师去构筑的，但"支架"不完全是由教师提供的，有时候，学生相互之间也能提供"支架"；(4)"坡度"往往是由"复习相关的旧知识、把要探究解决的问题分解成了若干个简单易答的小问题、进行暗示或预防等"组成的，而"支架"可以是学生自主探究时所需要的材料工具，但更多且更加重要的是提出问题，提出能启发学生进行深入思考的问题。

对于教师来说，构筑"坡度"容易，提供"支架"很难。难就难在"支架"是在学生尝试探究活动的过程中，而且是在学生最需要"支架"的时候提供的，更重要的是教师所提供的"支架"要能启发学生的深度思考，特别是教师要促使学生相互间提供"支架"。这就需要教师能够捕捉学生的临场需要，在适当的时候、适当的地方，给予学生适当的引导，这给教师提出了更高的要求。提供"支架"不同于构筑"坡度"，前者不仅让学生获得了数学知识和技能，而且锻炼了思维能力，培养了团队精神和与人交往的品质，对学生生命的成长有着多方面的积极意义。教师要变构筑"坡度"为提供"支架"。

## (三)引导学生"合理猜想、小心求证"

全国小学数学录像课评比活动中，在观看几节录像课后，有评委老师说，下节课中一定也会有让学生猜想的内容。录像带还没播放多长时间，就被言中了。我们组的评委老师都会心地笑了，颇为感慨地说：真是无课不猜呀！

新课程倡导"自主、探究、合作"的学习方式。对于小学生来说，探究的过程应该是一个"发现问题——提出猜想——实践验证"的过程，课中让学生进行猜想是无可厚非的。但是，有些课中学生的猜想是盲目的，漫无边际的，有时甚至是学生胡思乱猜。其实，教师不应一味地鼓励学生"还有不同的猜想吗"，而应该多问些"你为什么会有这样的猜想，这样猜想的依据是什么"，并鼓励学生对自己的猜想进行验证。

如何引导学生"合理猜想、小心求证"呢？

**案例：《三角形内角和》**

教学《三角形内角和》时，我先出示一个锐角，旋转角的一边得直角，继续旋转该边得钝角，再分别连接两边的端点得锐角三角形、直角三角形和钝角三角形，然后提问：哪个三角形三个内角度数的和最大？这时，班上有学生认为"钝角三角形三个内角度数的和最大"，另有学生说"三个三角形的内角和是相等的，都是180度"。显然，"钝角三角形三个内角度数的和最大"是错的，而"三个三角形的内角和是相等的，都是180度"才是正确的。此时，教师应该怎样处理呢？

教师当然可以对后者给予肯定：三角形内角和都是 180 度是正确的，我们可以进行检验。接着，就让学生测量内角度数计算三角形的内角和，或者让学生撕下三角形的三个角拼成一个平面，进行验证，从而得出结论。但是，"三个三角形的内角和是相等的，都是 180 度"这是学生自己的猜想吗？如若不是，该教学对于培养学生进行合理猜想的能力又有何积极意义？为此，我先让学生说出各自的理由。对于学生的"因为在锐角、直角、钝角中，钝角最大，所以，在锐角三角形、直角三角形和钝角三角形中，我想钝角三角形的内角和最大"的回答，教师进行了肯定："由锐角、直角、钝角中钝角最大，想到了锐角三角形、直角三角形、钝角三角形中钝角三角形的内角和可能最大，这猜想还是有一定依据的。"接着，我转向了另一部分学生："你们又是凭什么说它们的内角和是相等的，且都是 180 度呢？"有学生回答："是妈妈告诉我的。"也有学生说："从书上看到的。"对此，我说："如果没有别人告诉你或是没看过书，你们自己能想到三角形内角和是相等的，而且都等于 180 度吗？"学生沉默。片刻后，我说："你们没有自己的猜想，而钝角三角形内角和最大是他们自己的猜想且有一定的理由！"教师的这一评价，引起了部分学生的愤愤不平：三角形的内角和应该都是 180 度，怎么变成了钝角三角形的内角和最大了呢？而且还说有一定的理由呢？终于，有学生提出了反对意见："他们的猜想是错的。因为在这三个三角形中，是有一个角从锐角变成了直角又变成了钝角，角度变得越来越大，但是，三角形另外的两个角也在变化，而且是变得越来越小。所以，我猜想三个三角形的内角和是 180 度。""大家觉得呢？"我没有对此发表意见，而是让学生对此做出判断。就在许多学生表示赞成的时候，有学生质疑："那也只能说明这三个三角形的内角和可能是相等的，你们凭什么说内角和一定是 180 度呢？"该生的疑问让刚活跃的课堂又沉静了下来。这时，我也参与其中："三角形的一个角在变大，另外两个角在变小，这倒是事实。那也只能说明三角形三个内角度数的和有可能是相等的，大家说对不对？可是，你又凭什么猜这相等的度数是 180 度呢？"学生表示赞同，但是又很困惑。这时，教师指着钝角三角形启发说："如果把钝角不断地变大，则另两个锐角会发生怎样的变化？从中，你又能想到什么？"经过想象，终于有学生做出了合理的猜想："因为当钝角快变成平角时，另外的两个锐角也就快变成 0 度了，所以，我觉得三角形内角和是 180 度。""很有道理！"教师对学生的这一猜想给予充分的肯定，并提问："可是猜想毕竟是猜想，猜想得出的结论必须进行验证，如何进行验证呢？"学生积极地动脑筋想办法，有的建议用测量计算的方法进行检验，也有的提出可以把三角形的三个角撕下来，看看能不能拼成一个平角。接着，学生便各自进行验证。在汇报交流中，学生间又产生了思维的碰撞：通过测量计算，三角形的内角和有178度、180度、181度等多个不同的结果，在让学生进行选择并说明其理由时，有学生认为178度、181度是错误的，因为用手测量会有误差。这下，招来了别的学生的反驳：你怎么知道是180度的？你用手测量难道就没有误差了吗？学生体会到：测量有误差，很难让人信服。这时，有学生提出用把三角形的三个角拼成一个平角的方法进行验证，能让人信服。教师让其在实物投影上进行操作演示，结果，学生发现在拼合时也有缝隙，该验证方式同样难以让人信服。

验证，并不等于证明。根据小学生的知识基础和认知水平，我们不可能利用平行公理等知识对三角形内角和是180度做出证明。但是，我们也不应该把有误差的答案当作正确的结论，因为比结论更加重要的是实事求是的科学态度。面对课中出现的"难以让人信服"的情况，我告诉学生：因为在测量、拼摆中会出现误差，所以三角形内角和是180度的结论确实难以让人信服。不过，老师可以提前告诉你们，三角形内角和确实是180度，在中学会学习如何证明。出乎意料的是，还没下课，班上已经有学生做出自己的证明：长方形的四个内角和是360度，用对角线把长方形分成两个直角三角形，所以，直角三角形的内角和是180度。任意一个锐角三角形或钝角三角形都可以在内部画一条高，把锐角三角形或钝角三角形分成两个直角三角形，这两个直角三角形的内角和是360度，再减去其中的两个直角，所以，原来的锐角三角形或钝角三角形的内角和也是180度。因此，三角形的内角和应该是180度。尽管是少数学生的证明，但是班上其他学生都非常认真地听着，并不时地默默点头。我借机告诉学生：这就是证明，从已有的知识出发，进行分析和推理，得出三角形内角和是180度。非常了不起！

我想，学生经历这样的数学活动过程，对于怎样进行猜想、怎样对猜想进行验证或证明，以及数学是一门非常严谨的学科、数学思维是非常严密的，等等，都会有自己深切的体会。

**案例：《平行四边形面积》**

教学《平行四边形面积》时，在教师发放平行四边形图纸后，学生独立思考，尝试计算，寻找平行四边形面积的计算方法。结果，出现两种比较集中的意见：第一种意见认为平行四边形的面积等于底乘高，算得面积是 28 平方厘米；第二种意见认为平行四边形的面积等于相邻两边相乘，算得面积是 35 平方厘米。对此，教师没有对结论的对与错做出判断，而是让学生充分展示自己的思维过程。持第一种意见的学生将平行四边形沿高剪开平移成长方形，虽然图形的形状发生了变化，但是面积大小没变，所以，平行四边形的面积等于长方形的面积，也就等于底乘高。实际上，思维过程的展示，就是对平行四边形面积公式的一种证明：通过问题转化，利用长方形面积计算方法这一已有知识，推导出平行四边形面积的计算公式。持第二种意见的学生中，还有两种不同的想法：一种认为长方形面积是相邻两边相乘得到的，所以，平行四边形的面积也可以由相邻两边相乘得到；另一种认为利用平行四边形容易变形的特性，可以将平行四边形拉成一个长方形，长方形的长是平行四边形的底，长方形的宽是平行四边形底边的邻边，长方形面积是由长乘宽得到的，所以平行四边形面积的计算公式是相邻两边相乘。尽管第二种意见的两种想法都是错误的，但是，这两种猜想都属于合情推理。作为教师，一方面要鼓励学生大胆地进行猜想，另一方面又要让学生学习如何对所做的猜想进行验证或证明。于是，我装糊涂地说："认为'28 平方厘米'和'35 平方厘米'的学生都说出了自己的想法，我觉得都非常有道理，所以，两种方法都是正确的。""不可能！就纸上的这个平行四边形，它的面积怎么一会儿是 28 平方厘米，一会儿又变成了 35 平方厘米呢？"有学生激动地质疑着。其他学生也表示支持："是呀，一个平行四边形的面积只有一个正确答案，怎么可能两个答案都是正确的呢！"我则继续装糊涂："我原来也是想两个答案不可能都是正确的。可是，他们刚才所说的想法都很有道理，所以，我觉得也许这两个答案都是正确的。"这时，有学生坚持自己的观点："两个答案都对是不可能的，而面积 28 平方厘米肯定是对的，所以，面积 35 平方厘米则肯定是错的。"教师引导全体学生仔细领会这段话所表示的意思。其实，该生虽然还没能揭示出答案 35 平方厘米的想法到底错在哪里，但是，他从另一个角度出发，已经证明该平行四边形面积为 35 平方厘米的结论是错的。那么，平行四边形面积计算为什么不能是相邻两边相乘呢？教师进一步激发学生思考。终于，学生借助平行四边形框架，边演示边说出理由：如果平行四边形面积等于相邻两边相乘是正确的话，那么，这些平行四边形（见下图）的面积都是 35 平方厘米。而事实上，这些平行四边形的面积是不相等的，所以，平行四

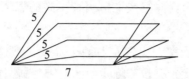

边形的面积不等于相邻两边相乘。对此，教师再次让学生细细地体会其证明的方法：先假设平行四边形面积等于相邻两边相乘是正确的，从这个假设出发进行举例验证，发现所举例子与假设矛盾，于是得出平行四边形面积不等于相邻两边相乘的结论。

　　整个教学活动中，教师不仅鼓励学生大胆地猜想，而且不断地让学生说出其猜想的理由，让学生学会合理地猜想。对于学生猜想的结论是否正确，教师没有急于表态，而是激发学生去进行验证或证明。对于第一种意见，教师让学生体会到从已有的知识出发，进行分析推理，推导出平行四边形面积的计算公式，这就是一种数学证明。对于第二种意见，教师先是装糊涂地觉得也很有道理，以激发学生做出这样的推理：同一个平行四边形的面积怎么会是两个答案呢？既然 28 平方厘米是正确的，那么，35 平方厘米肯定是错的。教师再启发学生进一步证明，使学生知其然又知其所以然。通过这样的活动，显然，学生不仅获得了平行四边形面积的计算公式，而且学习了如何进行合理猜想以及如何对猜想进行验证或证明。

　　**案例：《乘法分配律》**

　　课一开始，教师先出示："一件上衣 5 元，一条裙子 4 元，买三套这样的儿童服装应付多少钱？"学生独立思考，用多种方法列式计算。结果，出现了两种方法：一种是先算出一套服装的价钱，再求出三套的价钱；另一种是先分别算出三件上衣和三条裙子的价钱，再算出三套服装的总价钱。结合回答，教师板书：$(5+4)\times3$；$5\times3+4\times3$。

　　教师接着出示：小强摆木块，每行摆 6 个绿木块，8 个红木块，共摆了 4 行（见下图），小强一共摆了多少个木块？你能用几种方法解答？

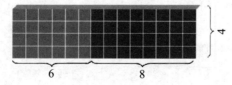

学生再次各自列式计算，并很快说出两种不同的思考方法和算式，结合回答教师板书：$(6+8)\times4$；$6\times4+8\times4$。

之后，教师引导学生观察、比较左右两个算式：从这些算式中你能发现什么？学生们注视着黑板上的算式，寻找着算式中的秘密。渐渐地，学生有了自己的发现，在教师的引导下归纳得出：两个加数的和乘一个数，可以用两个加数分别去乘这个数，得到的结果不变。

显然，这是学生通过对具体算式例子的比较，做出的归纳猜想。为此，教师又故意地刺激学生："从'$(5+4)\times3=5\times3+4\times3$；$(6+8)\times4=6\times4+8\times4$'这两组式子中，我们还真的发现'两个加数的和乘一个数，可以用两个加数分别去乘这个数，得到的结果不变'。不过，这会不会是一种巧合呢？你们能举些例子进行验证吗？"这一刺激让学生产生了这样的想法：从两个例子中得出的这个结论还不能确定它是否正确，需要对结论再进行验证。学生各自认真地在本子上写着算式，进行着计算。很快学生们举起了手，积极地汇报自己的验证结果。

**生1**：$(8+3)\times4=8\times4+3\times4$。

**生2**：$(5+1)\times3=5\times3+1\times3$。

**生3**：$(1+9)\times5=1\times5+9\times5$。

**生4**：我觉得不一定对的。我也举了例子，$(1+1)\times7\neq1+1\times7$。

该生的回答，引起了轩然大波。许多学生问道：左边算式的答数是几？右边算式的答数是几？这两个算式你说相等吗？通过这个小小的计算失误，同学们更加坚定自己的发现是正确的。

按理说，学生已经举出许多例子进行验证，教师这时完全可以引导学生由特殊推向一般：这样的例子是举不完的，我们可以用字母来表示，从而揭示"乘法分配律"。可是，我并没有到此为止，而是设计了这样的问题：同学们所举的这些例子，确实都证实刚才的结论是正确的。你们想不想继续举例验证呢？为什么？这下，学生又陷入困惑中。有学生说："这样的例子有许许多多个，能举得完吗？"也有学生说："虽然举了许多例子，可万一还是碰巧，怎么办？"该生的这一想法，还引来了一些学生的赞同："是呀，万一还是碰巧呢？""会有这种万一吗？你能说出理由吗？"教师的问题把学生的思维又引向了深入。经过深入思考，学生终于发现不可能出现"万一"的情况，并以"$(8+3)\times4=8\times4+3\times4$"为例进行说理：左边算式括号里算得

11，表示有 11 个 4，右边算式的"8×4"表示有 8 个 4、"3×4"表示有 3 个 4，加起来共有 11 个 4。等号两边的算式形式不同，但它们的意思是相同的，都表示 11 个 4，所以是相等的。其他的式子，道理是一样的。

在整个探究发现乘法分配律的过程中，教师没有采用简单的一问一答的方式，把知识规律展示给学生，而是适时地给出一组问题："从上面的算式中，你能发现什么？""这两组式子中，我们还真的发现'两个加数的和乘一个数，可以用两个加数分别去乘这个数，得到的结果不变'。不过，这会不会是一种巧合呢？你们能举些例子进行验证吗？""你们想不想继续举例验证呢？为什么？"这一系列问题让学生积极地动手实践、自主探索及与同伴进行交流，亲历观察、归纳、猜测、验证、推理等探究发现的全过程，学生不仅发现了乘法分配律的知识，而且学习了科学探究的方法，数学思维能力也得到了发展。

从上文所举的案例中不难发现，学生的学习总是在自己已有的知识经验基础上进行的，学生已有的知识经验是学习新知识的生长点。面对新问题，学生往往会调动自己已有的知识结构，对新问题做出自己的思考，提出自己的猜想(类比猜想、归纳猜想，或是凭直觉猜想)。对此，教师首先要鼓励学生大胆地猜想，其次要引导学生进行合情推理，最后要让学生学会对猜想进行验证或证明，从而培养学生发现提出问题的能力和分析解决问题的能力，促进学生思维的发展。

### (四)由两个课例引起的思考

#### 案例1：《三角形内角和》

对于《三角形内角和》这一内容，我曾进行过这样的教学尝试：教师创设了"拿哪块碎玻璃就可配上与原先完全相同的玻璃"的问题情境(见下图)，结合学生的回答，

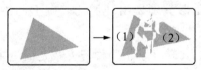

教师用电脑进行演示：延长(1)号碎玻璃两条边，得到的三角形与原三角形完全重合。学生由此提出了问题：为什么三角形中两个角确定了，另一个角的大小也就被确定了？三角形三个角度数的和是不是不变的？并用测量角的度数计算内角和、把三个角拼成平角等方法进行验证。在用这些方法进行验证的过程中学生又发现了新

问题：不论是量角还是拼角，都会有误差，三角形内角和是 180 度的结论难以令人信服。于是，教师进行了这样的启发引导：用实验的方法对猜想进行验证，是进行科学探究常用的一种方法。可是，由于操作会产生误差，所以得出的结论就难以让人信服。同学们能不能用已有的知识来证明自己的猜想是正确的呢？而三角形有无数个，怎么可能一个个地证明？可不可以先将三角形分类，再一类一类地进行证明呢？受到启发的学生马上建议将三角形分成锐角三角形、直角三角形和钝角三角形这三类，分类进行证明。教师进一步启发学生：哪类三角形的内角和比较容易运用旧知识进行证明呢？学生积极地开动脑筋。

**生 1：** 我觉得直角三角形的内角和比较容易证明，因为已经知道有一个角是90 度。

**生 2：** 我能证明直角三角形的内角和是 180 度。因为两个同样的直角三角形能拼成一个长方形，长方形的四个角都是直角，它的内角和是 360 度，所以，一个直角三角形内角和就是用 360 度除以 2，等于 180 度。

该生还用两把同样的直角三角尺进行了演示，同学们纷纷投去赞许的目光。

**师：** 对于××同学的证明，你们觉得怎样？

学生体会到，这种证明得出的结论让人信服，而且利用旧知去证明的方法是很好的。

**师：** 你们能运用直角三角形内角和的知识，去证明其他两类三角形的内角和等于 180 度吗？

经过一番探索实践，学生终于对其他两类三角形的内角和进行了证明：从三角形的某一顶点画一条垂线，将一个三角形分成两个直角三角形，两个直角三角形的内角和是 360 度，减去两个直角，所剩的度数就是锐角三角形（钝角三角形）的内角和。在对三类三角形分别做出证明的基础上归纳得出：三角形内角和是180 度。

为此，我写了一篇题为《转变学生的学习方式是促进主体发展的关键》的文章，发表于《小学数学教师》(2002 年第 4 期)，北师大国家基础教育课程标准实验教材总编委会的内部刊物全文转载。然而，也有教师提出了异议：用"长方形的内角和是360 度"来推断"三角形的内角和是 180 度"，犯有"循环论证"的大忌。后来，我看到又有学者在《小学教学》(2009 年 7、8 月合刊)上撰文，认为这种证明是合乎逻辑的，

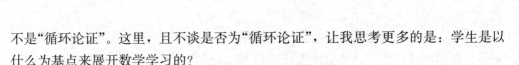

不是"循环论证"。这里，且不谈是否为"循环论证"，让我思考更多的是：学生是以什么为基点来展开数学学习的？

对于"三角形内角和"知识的探究，学生已有的知识经验有哪些呢？我想，学生已经会用量角器量角，认识了长方形、三角形等图形，学习了三角形的分类等知识，因此，在探究三角形内角和是多少度时，学生自然会调动自己已有的知识经验进行测量计算、比较、归纳、猜想和进一步的实践验证等探究活动，而面对探究结果难以令人信服的问题，学生又会试图运用学过的知识进行证明（这里，学生自然地运用长方形内角和是 360 度及长方形的特征去证明三角形内角和是 180 度），这就是学生的数学学习。小学生认识数学的起点并不是符号所组成的逻辑公理，而是自己已有的知识经验。

理论的数学是依靠公理体系来支撑的，是不依赖于人的经验的，是存在于数学家头脑世界之中的，它可能有各种各样的问题，但这些问题是存在于完整的体系之中的，而数学家发现数学知识时，恐怕也未必是这样的。现实数学是依靠"局部组织"来支撑的，它往往是依赖于人的经验的，是存在于我们的现实之中的，它可能也有各种各样的疑问，但它们常常是存在于并不完整的体系之中的。小学生的数学学习，我想应该是依靠"局部组织"来支撑的。对于三角形内角和的学习，他们根本不可能运用平行公理（两直线平行，同位角相等，内错角相等）来进行证明，因为他们根本没有这些知识基础。而学生却能依靠"局部组织"来进行证明：长方形的四个角都是直角，长方形的内角和是 360 度是已知的知识，而一个长方形沿对角线可以分成两个完全相同的直角三角形，反之，两个完全相同的直角三角形可以拼成一个长方形，对于学生而言这是一个不争的事实，于是就能得出任意一个直角三角形的内角和是 180 度；而任意一个锐角三角形或钝角三角形又可以沿着内高分成两个直角三角形，这两个直角三角形的内角和是 360 度，减去增加的两个直角就得出锐角三角形和钝角三角形的内角和也是 180 度。这每一步的推理都有其知识基础和事实依据，这就是学生的证明。对此，我觉得要鼓励学生。因为在这个过程中，学生不仅对三角形内角和更加确信，而且体会到数学思维的严密，也会更加自信。如果一味地强调严密的知识体系，那么，有很多的知识内容将很难教学。比如，对于"圆的认识"的教学，我们通常是先让学生尝试着用圆规画圆，但是，严格地说，这里也存在着一个教学上的逻辑问题，即学生还不知道圆的定义又怎能去画圆呢？当数学知识的系统严密性与学生认知发展的阶段性之间存在矛盾时，我们到底应该怎样面对和处理？其实，作为学科的数学是有别于作为科学的数学的。华东师范大学的张奠宙教授提出：能否用不甚严格的方法，即非形式化的方法讲数学？他说："非形式化的数学处理，着重在介绍数学观念、基本想法和实用方法，不讲究严格的逻辑处理，只要符合认识规律，能为学生理解即可。"我认为，教学必须以人为本，尊重学生的年龄特点，依靠学生的生活常识，让学生以已有的知识经验为学习的基点，展开富有创造性的数学思维活动，用自己的语言来描述、领悟有关的数学思想、数学方法，进行非形式化的教学处理。我也相信，随着数学知识的不断增加和学生年龄的增长，一些问题会在后续的数学学习中得到妥善解决。

**案例：质数、合数的概念需要探究吗**

教学质数与合数的概念时，我改变了以往的教法，进行了如下的教学尝试。

创设问题情境：用若干个小正方形拼成一个长方形，当小正方形的个数为多少时，只能拼成一个长方形？

学生独立思考：各人用自己的思维方式进行探究，有的借助小正方形进行拼摆，有的用笔在纸上画，也有的发挥空间想象，写着长方形的长和宽……

师生交流讨论：在个体独立思考的基础上进行小组内部的合作讨论，然后在组际进行交流。

**生**：我们发现当小正方形的个数为 2、3、5、7、11、13 时，只能拼成一个长方形。

**师**：是吗？请说说拼成的长方形的长和宽。

**生**：长方形的长和宽分别是 1 和 2、1 和 3、1 和 5、1 和 7、1 和 11、1 和 13。

**师**：是不是只有当正方形的个数为 2、3、5、7、11 这几种情况时，才只能拼成一个长方形？

**生**：还有当正方形个数为 13、17、19、23 等时，也只能拼成一个长方形。

**师**：像 2、3、5、7、11 等这样的数，叫作质数。这些数有什么特点？什么叫质数？

**生 1**：只能拼成一个长方形的正方形个数，叫作质数。

**生 2**：我发现，这些数有一个共同的特点，它们的约数只有两个。所以，我认为只有两个约数的数，叫作质数。

**师：**我们一起来检验一下，这些数是否都有这一特点。

学生逐一举例判断，进行验证。

**师：**像4、6、8、9、10等这样的数，叫作合数。什么叫合数？

**生1：**我发现，这些数的约数个数不止两个。所以，我认为至少有三个约数的数，叫作合数。

**生2：**我认为，合数与质数的主要区别是合数的约数除了1和它本身外，还有别的约数。

揭示概念本质，结合学生的回答，教师板书：

$$\text{一个数除了1和它本身两个数外}\begin{cases}\text{没有别的约数，这个数叫作质数}\\\text{还有别的约数，这个数叫作合数}\end{cases}$$

显然，教师是让学生用探究的方式学习质数与合数的概念的。对于这样的教学，有专家老师提出了不同的意见：质数、合数的概念需要探究吗？专家对让学生通过操作探究新的自然数分类标准（用几个小正方形拼成一个长方形，当小正方形的个数是多少时，只能拼成一个长方形）提出疑问：为什么要按约数个数分类？一切都是为了研究的需要：为了算术基本定理→分解质因数的需要。所以他们认为：可以直接给出质数与合数的定义。

质数、合数的概念需要探究吗？这一问题引起了我的许多思考。我的回答是：需要探究！

一是从学生课堂的学习状态来看，有其必要性。因为我也曾进行这样的教学：教师出示"2、3、4、5、6、7、8、9、10、11、12"这些数，让学生说出它们的约数；接着，将这些数按照约数的个数是不是只有两个进行分类，并告诉学生：约数个数只有1和它本身两个的这些数，像2、3、5、7、11等叫作质数，约数个数除了1和它本身两个外还有别的约数的这些数，像4、6、8、9、10、12等叫作合数。学生确实能够很快地理解质数、合数的概念，但是，学生的学习处于被动接受的状态，学生没有学习的热情，更谈不上积极地思维。而在让学生探究"用若干个小正方形拼成一个长方形，当小正方形的个数为多少时，只能拼成一个长方形"等的活动中，学生的好奇心被激发出来，充满了探究的欲望，积极主动地展开思维。

二是从理解掌握概念本身来看，有其必要性。在上面的探究学习中，学生不是在探究质数、合数的概念名称，而是在探究质数、合数概念的本质属性。因为真正地理解数学概念不在于能把概念背得滚瓜烂熟，而在于对概念本质属性的把握。课中，教师让学生通过操作探究"当小正方形的个数为多少时，只能拼成一个长方形"，从表面上看是在探究自然数分类的新标准（若是为探究分类的标准，则大可不必：因为那是为了研究的需要，即为了算术基本定理→分解质因数的需要），其实质是在探究质数、合数概念的本质属性，因为教师将质数固有的特性巧妙地隐含于学生所要探究的问题中。

三是从培养学生的思维能力来看，有其必要性。课中我看到，学生思维的积极主动性得到充分的体现：小正方形的个数是哪些数时只能拼成一个长方形？小正方形的个数是奇数吗？不是，因为9也是奇数。为什么像2、3、5、7等这样的数只能拼成一个长方形？这样的数叫质数，那什么叫质数呢？什么叫合数呢？质数与合数的区别在哪里呢？1是不是质数呀？……好多时候，学生的数学概念就是这样建构的。而在这个过程中，学生不仅建构起数学概念，更重要的是培养了观察、比较、抽象、概括、判断、推理等思维能力。当然，并不是每个数学概念都有探究的必要，比如，多位数的读写等。但是，我觉得涉及要理解的数学概念，比如，循环小数的认识等，教师不应出示概念后进行解释，并对关键词进行咬文嚼字以让学生理解，而应该让学生对概念内涵进行一番探究。

郑毓信教授说，由于概念的学习主要是一个文化继承而非独立创新的过程，因此，我们应很好地去处理"文化继承"与"学生主动的意义建构"的关系。对于"文化继承"的强调显然不应被理解成概念学习只能是一个被动的接受过程，恰恰相反，我们应当努力帮助学生较好地去理解相关的抽象概念，而这事实上也就是一个意义建构（更为准确地说，应是社会建构）的过程。由"静态的"数学定义过渡到"动态的"生成过程，对于学生掌握相关的数学概念也是十分有益的。

小学数学教材中的许多内容，都可以让学生进行探究学习。比如，计算法则的学习，运算定律和性质的学习，统计与概率的学习，问题解决的学习，数学概念的学习，尤其是起始概念，它是展开进一步学习活动的基础，如"乘法的初步认识""用字母表示数""长方形、正方形的认识"……在以基本概念、基本原理为主线的小学数学教学体系中，这样的课数量不多却占据着非常重要的位置，它往往位于每个教学单元之首，后继知识总是以此为基础发展、延伸而构成新的内容。起始型概念课所呈现的内容虽然比较抽象，但基本属于陈述性知识，学生认识它并不困难。正因为如此，教师们在教学实践中往往不再深挖教材，满足于举出几个实例引出概念，设计几道习题巩固概念的简单化教学，表面看起来学生已经理解了意义，也能进行一些简单的运用，而实质上这种就"知识"讲"知识"的做法是无法使学生深刻理解概念的。事实上，由于是第一次接触，在此过程中留下的概念的清晰度、准确度以及积极或消极的情绪体验，都将深深地刻入初学者的头脑中，决定着学习者以怎样的状态进行后继知识的学习。

其实，在我的思想中，探究就是指学生对数学探索的过程，也是对问题的积极猜测和主动尝试的过程。学生只有在经历一种数学的探索过程之后，才有可能获得对数学知识的真正理解，才有思维能力的真正提高。

# 五、如何引导学生合作交流

意义因对话而获得，意义因对话而丰富。没有对话，就没有学习。同样，没有数学对话，就没有数学学习。学习只有在对话中才能发生。学生不是被动的知识接受者，而是知识的主动建构者，学生是在对话中实现数学意义的主动建构的。数学思维是个体在与社会的交往过程中发展起来的，讨论、辩论、反驳等活动是数学的基本活动。教师不应是知识的传授者，更不应是知识的权威，而应该鼓励学生通过讨论、交流、补充、修正等方式把握对数学知识的理解，让学生在合作交流、平等对话的氛围中倾听、质疑、说服、推广直至豁然开朗，使学生的主体性、能动性、独立性不断生成、张扬、发展和提升。学生从中感受到数学发现的乐趣，增强学好数学的信心，在合作交流的过程中提高合作交流的能力。

《课程标准》明确提出："数学教学是数学活动的教学，是师生之间、学生之间交往互动与共同发展的过程。"在数学教学中，通过对话交流，师生双方敞开心扉、彼此接纳，不同的思想碰出了火花，富有活力和创见的想法不断得到激发，倾听、尊重、对话交流，把握时效，重视别人的经验，强调参与，尊重他人并把他人视为生活和学习的主体。那么，教师该如何引导学生进行有效的合作交流呢？

指导学生进行小组合作学习

### (一)平等地对话，真实地表达

我认为，有效的互动，应该是思想的交流、思维的碰撞和情感的沟通，而互动有效的关键，则在于平等地对话与真实地表达。

下面是《平行四边形面积》教学中，学生各自尝试计算纸上平行四边形的面积，独立思考平行四边形面积的计算方法后，师生、生生之间所进行的互动。

**师**：纸上平行四边形的面积是多少？请说出你算出的答案。

**生1**：35 平方厘米。

**生2**：28 平方厘米。

**生3**：32 平方厘米。

**生4**：24 平方厘米。

**生5**：我认为是 14 平方厘米。

对于学生的回答，教师没有进行任何带有倾向性的评价，只是问学生"还有不同的答案吗"。结合学生的回答，教师将这五个答案一一进行了板书。之后，教师在黑板上随手画了一个平行四边形，让学生展示答案背后的思维过程。

师：（指着"24"）这 24 平方厘米是怎样算出来的？

生 1：他算成了长方形的周长了。

师：答案 24 是怎么得出来的？

生 1：7 加 5 等于 12，12 乘 2 等于 24。

师：（指着图形）7 厘米是哪条边的长度？5 呢？

同学们的目光集中在黑板上，并不时地用手比画着，告诉教师：7 厘米是平行四边形底边的长度，5 厘米是它旁边的那条边的长度。结合回答，教师标出了图中的数据（见下图）。

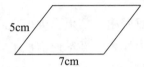

师：7 厘米加 5 厘米是平行四边形这两条边的长度（指着图中的边），再乘 2，这算出的是平行四边形的什么？

众生：周长。

师：可是，我们要计算的是平行四边形的面积，而 24 厘米是平行四边形的周长，我们先把它擦去。

师：（指着"32"）这 32 是怎么算出来的？

生 3：我把平行四边形分成了三个图形，中间是一个正方形，两边是两个三角形。旁边的两个三角形正好能拼成一个正方形。

教师结合回答，将平行四边形进行了分割（见下图）。

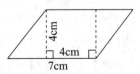

生 3：中间正方形的面积是 16 平方厘米。

师：直角三角形的一条直角边是 4 厘米，另一条直角边是几厘米呢？

学生回答"是 3 厘米"。

师：把这两个直角三角形拼在一起，得到一个什么图形？

**生3**：应该是一个长方形，这个长方形的长是 3 厘米，宽是 4 厘米，面积是 12 平方厘米。所以，平行四边形的面积是 16 加 12 等于 28 平方厘米。

**师**：32 平方厘米肯定是错了，我们把它也擦去。

**师**：（指着"14"）14 平方厘米是怎样算出来的？

**生5**：用底乘高再除以 2，就等于 14。

教师结合回答，板书：$7 \times 4 \div 2 = 14$（平方厘米）。

**师**：答案是 14 平方厘米的学生请举手。

班上只有该生一人举手。

**师**：很好！敢于发表自己的意见，非常勇敢！就这一点，应该表扬！14 平方厘米是否正确？我们先留着吧。

从上面的教学片段我们不难看出，师生、生生之间的对话是平等的，学生的表达是充分又真实的。教学中，怎样才能真正地实现平等地对话、真实地表达呢？我的体会如下。

首先，在理念上教师应该知道：知识是人脑对客观世界属性及其联系的能动反映；学习不是知识由外到内的转移和传递，而是学生建构自己的知识的过程。建构是指学生通过新、旧知识经验之间的反复、双向的相互作用，来形成和调整自己的认知结构；教学应当把学生原有的知识经验作为新知识的生长点，引导学生从中生长新的知识经验。既然如此，教师就应该放手让学生对问题进行独立的思考、主动的探索，以形成自己的想法，而且应该鼓励学生大胆真实地表达。这样才能引起学生间思维的碰撞，教师才能从学生知识的生长点上引导和组织对问题的讨论，也才会有学生的知识建构和思维发展。可事实上，在教师的潜意识中，教学就是由教师把知识传授给学生。课中经常会看到这样的情景：教师在指名学生回答问题时，对于不是自己想要的答案，教师会一个接一个地说"你再想想，坐下"，而一旦学生回答正确，教师就会说"你真棒！请再说一遍"。其实，那是在利用个别优秀学生的回答进行知识的传授而已。因此，也难怪会有答对了就"你真棒"，答错了就"你再想想"的对话出现。然而，这样的对话是不平等的：凭什么答对就"棒"，答"错"就"不棒"？这样的评价对学生可能产生这样的导向：回答问题时要揣摩教师的心理，想想教师需要怎样的答案，以投其所好。教师要尊重每一个学生作为学习共同体中的一个成员发表自己真实想法的权利，以开放的心态接纳学生独立思考后的各种想法，对于学生的真实表达(不一定是正确的)给予合乎情理的肯定。这样,学生才会乐意表达、真实地表达。

　　其次,在方法策略上教师要促进学生的平等对话和真实表达。上面的教学中,班上学生的不同想法之所以能得到充分又真实的表达,与教师所采用的教学策略不无关系。试想,如果教师一开始就让一个想法正确的学生(巡视中发现的)进行其思维过程的展示,其他学生还会积极地将自己的错误想法在大家面前进行展示吗?所以,一开始只要学生报出答案,我就一个个地进行板书(既体现对学生思维活动成果的尊重,又便于后面的分析讨论),对答案正确与否教师不做任何的评判甚至暗示。我想,只有这样,学生才会无所顾忌地进行真实表达。在学生展示其答案背后的思想方法时,教师在次序的安排上,采取了"差错优先"的策略,即让有差错的学生先进行汇报,否则,想法错误的学生在听了正确的想法后,就有可能不愿再汇报了,因为人人都有一种求成的心理,更何况是小学生。这样的教学处理能让学生充分真实地表达自己的想法,但如果对学生的真实表达处理不当,则会让学生产生被骗的感觉,不敢轻易地发表意见,以免出错挨批评。为此,对待学生的差错,教师必须有正确的处理方法。我经常的做法是:启发学生发现问题,自我否定,重获成功。例如,有学生算出平行四边形面积是 24 平方厘米,教师让学生说出列算式的过程,其间学生发现 24 厘米应是平行四边形的周长。又如,有学生算出面积是 32 平方厘米,对此,教师让其充分展示想法,不时地进行肯定,并让学生自己发现三角形的底应该是 3 厘米,从而进行了纠正。差错的价值在于使学生加深对知识的理解,在于学生发现问题能力及创造性思维能力的发展,在于学生合作交流能力的培养。如上所述,"24 平方厘米"的出现,使学生对周长与面积的概念区分得更加清楚,而且,有学生还发现将平行四边形转变成长方形时,周长不变而面积发生了变化。又如,我们可以将平行四边形的面积分割成三部分进行计算,通过与其他方法的比较,学生对问题解决策略的优化有了自己的体验。再如,面积 35 平方厘米的想法介绍,使学生从中发现转化中的关键是面积守恒,对底与高决定平行四边形面积的大小有了深刻的理解。因此,展示错误想法对课堂教学来说同样是一种贡献,有时更加可贵,因为它更加需要勇气。教师在处理差错问题时,要让学生体会到我也是集体中的重要一员,是一个有贡献的人。事实上,学生的差错恰恰反映了其当时对于问题的思考状态。差错往往给予我们经验和阅历，这两者正是生成智慧的重要条件。在数学教学中，意见发生分歧的时候，往往是学生收获最大的时候。教师要接纳学生的差错，善于把差错变成生成智慧的宝贵资源。

### （二）同伴发言时，没有旁观者

我曾经问班上的学生：课上老师让你起来回答问题，你是回答给谁听的？有学生说是回答给自己听的，也有学生说是回答给老师听的，还有学生说是回答给同学听的。可见，学生对于发言目的的认识不是很清晰。课堂中我们也会经常看到：在教师提出问题后，学生会积极地举手回答，尤其是低年级学生，一边举手一边发出"嗯、嗯"的响声，以引起教师的关注。而当教师决定让某某学生回答时，其他积极举手的学生就会发出"唉"的叹息声，并且不会认真地听同学发言。

怎样做到同伴发言时，没有旁观者？教学三年级数学《重叠问题》时，我改变了以往教学中的那种"教师问学生答"的做法，而是要求学生在回答问题后，对其他同学进行提问："你听明白了吗？有不同意见吗？"下面是课中生生互动的一个片段。

教师出示"育才小学三(2)班参加跳绳、踢毽的学生名单(见下图)"，让学生回答三(2)班共有多少学生参加了这两项比赛。结果，有的学生说有 12 人，也有学生说有 11 人，还有学生说有 10 人。不同的回答让学生产生了"怎样用圈表示才能让人清楚看出：跳绳的、踢毽的、既跳绳又踢毽的各有哪些人"的探究欲望。在经过一番独立思考后，学生之间进行了如下的对话。

生 1：我画了两个圈(图略)，在重复参赛的学生名字的下面画上小圆点，这样别人能清楚地看出重复参赛的学生。你们同意吗？

生 2：我认为看不太清楚，因为找小圆点也很是费劲的。

**生3：**（出示图 1）我用三个圈来表示，你们能看清楚吗？

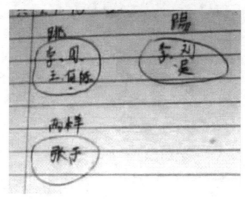

图 1

**生4：**张伟、于丽都参加了两项比赛，可是，为什么在跳绳和踢毽的圈里没有他们呢？

**生3：**我写的"两样"，代表两项比赛都参加了，就归在一个圆圈里。

**生5：**如果"两样"不连着跳绳和踢毽的圈，我就不知道张伟、于丽他们在干什么。我是这样画的（出示图 2），中间的是既跳绳又踢毽的学生。大家还有别的意见吗？

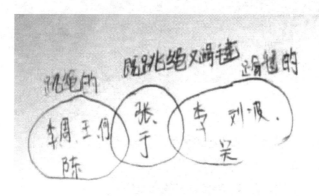

图 2

**生6：**我总有这样一种感觉，李、周、王、何、陈，他们好像也既跳绳又踢毽。

**生5：**应该把这里的擦了，就没什么问题了（见图 3）。

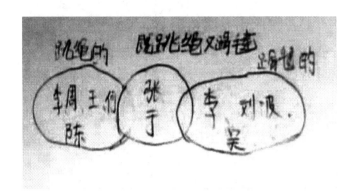

图 3

有些学生又提出了问题:"为什么另一边的不擦?"该生则解释说:"我只是给你示范一下,是要擦去的。"

**生 7**:我觉得你还是不要擦掉吧,直接把两个圆并在一起,把重复参赛的写在中间(见图 4)。你们有意见吗?

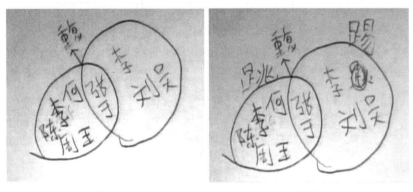

图 4                图 5

**生 8**:虽然能看清楚两样比赛都参加的学生,但是,我不知道哪个圈里是跳绳的,哪个圈里是踢毽的。

**生 7**:(马上标上了"跳""踢"两字,见图 5)还有意见吗?

**生 9**:有!"陈李何"里面有没有顿号呢?

**师**:(幽默地)他是问你"陈李何"是谁,用顿号分开让人看得更清楚。

出现这精彩的生生互动的一个重要原因是学生回答后的"你听明白了吗""有

不同意见吗"的提问。这样的提问要求，对于回答问题的学生来说，他要努力让别的学生听明白自己在说些什么，更重要的是还要倾听他人的不同意见，并与他人进行进一步的对话；对于其他的学生来说，同伴发言时自己绝不能是一个旁观者，因为自己还有回答"听明白了吗""有不同意见吗"问题的任务，因此不仅要认真地听，听明白同学所表达的意思，而且要与自己的想法进行比较，形成新的问题。"听明白了吗""有不同意见吗"，确实能促使学生认真地倾听、主动地思考和真实地表达。

2011 年 4 月，在上海市教委党委书记及宝山区区长等领导来我校进行德育工作调研期间，我做了学校"小问题、大礼仪"的德育专题汇报，介绍了礼仪教育在课堂教学中的实践："你听明白了吗？有不同意见吗?"斯区长给予了充分的肯定，并与我商量是否可以将提问改成"我说清楚了吗""有不同意见吗?"要想知道别人有没有说清楚，必须认真倾听，这与"你听明白了吗"的提问有同样的促进作用。但是，"你听明白了吗"，这是对他人的要求，而"我说清楚了吗"却是对自己的要求。尊重他人、平等对话的教育理念尽在其中。现在，"我说清楚了吗""有不同意见吗"经常地出现在我们的课堂上，师生的对话中，或是生生的对话中。学生真实地表达，认真地倾听，思维不断地被激活，学生学习的积极性和主动性得到了提高。

对于学生与同伴之间的对话，重要的是：要敢于独立真实地表达自己的想法，让他人感受到不同观点之间的碰撞。要认真倾听他人的观点，还要做出必要的回应，或辩驳，或赞成，或补充。倾听的时候要集中注意力，不要因为过于相信自己而忽略别人的表述，也不要急于辩驳而打断他人，使对话成为民主平等的交流与合作。

### (三)"小题大做"的智慧

教学《谁围的面积最大》时，我创设了这样的问题情境：有两根铁丝，一根长24 厘米，另一根长 20 厘米。用这两根铁丝分别围成一个长方形，哪根铁丝围成的长方形面积大？学生一致认为"24 厘米的铁丝围成的长方形面积大"，其理由是"周长长的长方形面积就大"。在各自举例验证后，有学生说："我认为'周长长的长方形面积就大'这句话是对的。因为我围了一个长是 6 厘米、宽是 4 厘米的长方形，还围了一个长是 7 厘米、宽是 5 厘米的长方形，周长 24 厘米的长方形的面积是 35 平方厘米，周长 20 厘米的长方形的面积是 24 平方厘米，所以，我认为这句话是对的。"也有学生表示反对："我用 24 厘米的铁丝围成了一个宽是 1 厘米、长是 11 厘米的长方形，用 20 厘米的铁丝围成了一个宽是 4 厘米、长是 6 厘米的长方形，周长 24 厘米的长方形的面积是 11 平方厘米，而周长 20 厘米的长方形的面积是 24 平方厘米，所以，我认为这句话是错的！"就在这时，有学生发表自己的观点："这话半对半错。"

"半对半错"的观点，是我未曾预料到的。我预设的教学是这样的：先让举出正例的学生回答，他们肯定会自信地说这话是正确的；再让举出反例的学生回答，他们会更加积极地发表反对意见。这时，教师强调：要否定一个观点，只要能举出一个反例即可。数学是非常严谨的学科，数学的思维是非常严密的，数学的结论不可能是模棱两可的，"半对半错"显然是错误的。对此，教师可以明确地告诉学生。但是，我没有简单地进行这样的处理，而是"小题大做"。

"同学们，现在有了第三种意见——半对半错。我们知道，'对'用钩表示，'错'用叉表示，这'半对半错'该怎样表示呢？"有些学生建议在钩上打点，大家都会心地笑了。我说："这'半对半错'是否正确呢？我们先一起做一道判断题。"

我让坐在第一排的 8 个学生起立，让全体学生判断"站起来的都是男生"这句话是否正确。我还没来得及指名学生回答，已经有学生迫不及待地喊着："错！"我说："别急，我能举例验证。"说着，我走到一位男生身旁，问大家："他是男生吗？"大家毫不迟疑地说"是！"我略显得意地告诉学生："所以嘛，'站起来的都是男生'这话是正确的。"这时，有学生激动地反对："错！还有女生呢！"我则非常平和地说："我还能再举个例子验证呢。"我边说边走到第二个站着的男生身旁说："我又举了一个例子，再一次地验证'站起来的都是男生'这话是正确的。"这时，学生也不买老师的账，举例验证："某某同学是女生，所以这话是错的！"我装糊涂地说："那也不能说这话是错的呀，我觉得应该是'半对半错'。""不！这话就是错了。因为它说站起来的都是男生，只要站起来的学生中有一个女生，就说明这话是错的。"学生理直气壮地反驳着。"噢，原来是这样。那'周长长的长方形面积就大'这话——"学生终于得到了启发，进行了自我否定，得出"周长长的长方形面积不一定大"的正确结论。

"小题大做"的意思是拿小问题做大文章，比喻把小事情当作大事情来处理。我觉得，数学课堂教学中，有的时候还真的需要教师"小题大做"。何谓数学课堂中的"小题大做"？我认为，"小题"应该是学生学习中的困惑，是实实在在存在于学生头脑中的问题，这问题可能是由少数学生提出的，往往又是教师所未曾预料的，教师可以直接通过讲解去解决，甚至可以不予理睬。"大做"，则是放大问题，引起全体学生的关注，并对问题进行深入的思考，展开讨论和研究，直到把问题弄清楚。当然，并非所有"小题"都需要"大做"，是否需要"小题大做"，关键在于"大做"在何处及有何价值。课中的"半对半错"，是学生在听取两种不同观点后产生的新想法。在学生的思想中，举出正例就说明这话是正确的，举出反例就说明这话是错误的，而现在正例、反例都有了，所以自然就有了"半对半错"的想法。这正是学生现实思维的真实反映，它反映出学生思维的不严密，存在以偏概全的问题。因此，我们很有必要"小题大做"！如何"大做"？我认为课中教师创设的"站起来的都是男生"的问题情境，唤起了全体学生的兴趣，集中了他们的注意力，让他们在积极参与举例验证、判断辨析的思维活动中，深刻地体会到：除非举完全部例子，每一个例子都是男生，才能说"站起来的都是男生"，否则，哪怕举了一个例子是女生，就说明"站起来的都是男生"这话是错的。由此学生联想到前面的举例验证，发现"半对半错"的错误所在。我想，经过这样的一番"大做"，学生对举例验证会有自己的体会：举出正例还不能证明命题，除非举出的全部例子都是正例，才能证明（完全归纳）；而只要能举出一个反例，就能推翻命题。学生的思维在原有基础上得到了发展。

在开放的课堂上，学生一旦积极投入自主探究的活动中，真正地用自己的头脑思考问题，便会生成许多教师未曾预料的想法。教师不仅要认真地倾听，敏锐地捕捉，还要在教学瞬间予以恰到好处的回应。这对教师是一种挑战，教师还真需要有"小题大做"的智慧。

### （四）制造矛盾引发学生争论

教学《三角形两边之和大于第三边》时，我出示问题：现有两根小棒，一根长3厘米，另一根长5厘米，再配上一根多长的小棒，就能围成一个三角形？有几种不同的配法？学生独立思考，提出许多不同的答案。教师结合学生回答，板书"8厘米、7厘米、6厘米、5厘米、4厘米、3厘米、2厘米"，之后又有学生积极地补充："还有1厘米，还有更少的，比如说5毫米"。对此，教师继续板书，并鼓励学生把自己的真实想法表达出来。

生1：（举手）老师，我要反驳！

师：反驳？好！那你就起来驳呀。

生1：我认为不可能是0.5厘米，老师您看，这两根棒几乎重叠在一起了，但是，5厘米与3厘米的差距还有2厘米，怎么可能配上0.5厘米呢？

师：嗨，人家就是摆得了呀！

生1：我希望他摆给我看。

师：（走到生2跟前）同学，希望你摆给他们看一看，怎样？

生2：行！

师：行，你摆！同学们都可以过去看看他是怎么摆的。

八九个学生一起围了过去，看生2的操作，七嘴八舌地说："你看，这儿还差了一截呢！""就是1厘米也不可能唉！"……

师：（对着生2）你现在有什么想法吗？

生2：我刚才没有考虑得那么周到。

师：噢，刚才你只是这样想象，是吧？如果动手摆一摆，我们还真的能发现0.5厘米是不行的，1厘米也是不行的。但这位学生把自己的想法拿出来，让大家一起来讨论，非常好！

师：上面的这些答案中，你认为哪些答案是可以的，哪些是不可以的。请摆事实，讲道理！

学生在小组内展开热烈的讨论。

师：肯定行的有——

生1：从2厘米到8厘米都是可以的。

这时，教师问学生1.5厘米、1.9厘米、1.99厘米能吗，学生都说不能。当教师接着问2厘米时，全班大部分学生认为能，只有三个学生认为不能。

师：同学们，咱们就来个少数服从多数，同意吗？

一些学生马上表示"不同意"。

师：我们又不是选少代会代表。学习知识，学习科学，必须讲道理！现在请两派学生各选一个代表，我们听听谁说得有道理。

学生各派一名代表进行争辩。

生1（认为不行的代表）：杨某某，你想一下，一根5厘米和一根3厘米，还差2厘米。如果用2厘米的小棒去围，小棒要往上斜一点，肯定会少一点点。

生2（认为行的代表）：我刚才是做过实验的，如果把小棒往里折的话，那么它们相差的距离会减少一些，应该是能围成三角形的。

生1：可我认为这不是往里折的问题，因为往里折的话，那就会对齐。下面是5厘米，上面是3厘米，下面的比上面的长，所以应该比这个棒子还要长。

生2：方某某，我只需问你一个问题，是不是一个3厘米的棒子加上一个2厘米的棒子，比5厘米的距离减少了？

生1：没有。

生2：那不就行了吗！

生3（提出要反驳的学生）：杨某某，你说两根棒子往里折的话可以围起来，但我问你，如果用一条线来围呢？

生2：当一个物体向里折的时候，这线与线的距离应该会缩短，那么……

生3：那你量三角形的边的时候，从它的这一个顶点到另一个顶点还有中间部分呢？

生2：当然是从这个顶点到那个顶点喽。

生3：那不就行了！5厘米就是中间部分，那旁边两个厘米不就不能往里面折了吗？

生2：那你是不是认为3厘米加上2厘米，比5厘米要少啊？

生3：不少，是一样多。

生2：那不就行了吗！既然5厘米和5厘米一样长，就可以围成一个三角形。

师：就是嘛，2厘米加3厘米等于5厘米，这不就勾上了，怎么还不能围成三角形？

生3：3厘米加上2厘米是等于5厘米，它们正好碰头，但平了，不能围成三角形。

这时，教师边画图（见下图）边提问："我听不懂唉，什么叫平了？你来平给大家看看。"学生观察着，想象着，积极地上来标出碰头的点是在 5 厘米的线段上，从而得出：配上 2 厘米的线段，正好和 5 厘米这条线段重叠了，不能围成三角形。

怎样制造矛盾引发学生争论？我的体会是：我们的数学课堂让学生先行（在学生原有的知识经验基础上尝试探究新知识）后，学生个体间的差异会导致不同想法的出现。对于这些不同的想法，教师应该尽可能地让学生充分地表达、质疑、争论。我发现，在争论的过程中，学生的注意力会高度集中，会非常认真地倾听他人的发言，对他人的发言立刻进行自己的思辨，马上组织语言进行回应等，思维积极主动。通过争辩，学生不仅对知识本质有更加深刻的理解，而且其语言表达能力、逻辑思维能力等也得到有效的锻炼。要想让学生争论起来，我的做法如下。

（1）面对学生中的不同想法，教师不要急于作"裁判"，而是退到"后台"，让有不同意见的学生走向"前台"，教师则时不时地进行些"挑逗"。比如，课中当学生认为配上 1 厘米、0.5 厘米的小棒也能围成三角形时，有同学提出反对意见。此时，教师不表态，而是挑逗地说"嗨，人家就是摆得了呀"，引起其他学生的"我希望他摆给我看"。经过再一次的操作实践，学生对原先的想法进行自我否定。又如，对于学生中的"从 2 厘米到 8 厘米都是可以的"结论，教师引发学生思考：1.5 厘米呢？1.9 厘米呢？1.99 厘米呢？2 厘米呢？许多学生认为"用 2 厘米的小棒能围成三角形"，但也有少数学生认为"不能"。此时，教师幽默的"咱们就来个少数服从多数，同意吗"，引起许多学生的反对，激发学生说理的欲望。课中那位认为能围成三角形的学生辩解说："那不就行了吗！既然 5 厘米和 5 厘米一样长，就可以围成一个三角形。"教师又掺和："就是嘛，2 厘米加 3 厘米等于 5 厘米，这不就勾上了，怎么还不能围成三角形？"激发学生进一步反驳。

（2）让有不同意见的学生走向"前台"，教师退到"后台""坐山观虎斗"，对教师有着更高的要求。教师不仅要竖起耳朵听清楚他们在"斗"些什么，而且要实时把控局面引导学生从合适的地方"斗"。课中，配上 1.5 厘米、1.9 厘米、1.99 厘米长的小棒，学生自然会做出"不能围成三角形"的回答，这似乎是多此一举的。但是，醉翁之意不在酒，当教师问及"2 厘米呢"时，在部分学生看来，2 厘米加 3 厘米不再像之前那样小于 5 厘米，所以认为"能围成三角形"，从而产生不同意见，引起争论。争论中有学生说"我刚才是做过实验的，如果把小棒往里折的话，那么它们相差的距离会减少一些，应该是能围成三角形的"。这确实是部分学生的实验结论。学生眼见为实，且深信不疑。然而，这是进行数学抽象思维及分析推理的极好机会。教师不失时机地装糊涂："我听不懂唉，什么叫平了？你来平给大家看看。"促使学生思考，想象，分析得出正确结论。引发学生争论，对教师的教学确实是一种挑战。

（3）防止"单斗独打"，要鼓励"群斗"。课堂教学中，敢于积极发表意见、展开争论的，往往是一些学习成绩优秀的学生，是课堂上的强势群体。在他们进行争论的时候，一些学习困难的学生会听不明白或来不及反应，跟不上他们的思维节奏，进而出现掉队的现象。因此，教师要全方位观察，洞察全体，及时调控，有时可以进行"镜头回放"，有时可以适当地向他们抛出比较合适的问题。另外，教师可以让学生推荐不同意见的代表进行争辩，使其他同学都感到是自己在发表意见，同时，鼓励学生随时参与辩论，发表自己的见解。

（4）防止在"虎斗"中受伤。真正的"虎斗"，其结果必定是有赢有输。而我们课堂中的"虎斗"，不应是有赢有输的，每个学生都应该是赢者。为此，教师要努力营造一种实事求是的学术研讨氛围，做到对事不对人。另外，我们要保护学生的自尊，其实，即使在争辩中"输"了，但获得了对自己先前错误想法的自我否定，就是成功的。况且，因你的错误想法引起大家的深入思考，这是对班级的一种贡献。这样，我们的学生才不会"受伤"，他们会变得更加勇敢，更加主动，更加会思考问题，更加会与人交流合作。

合作交流，包括讨论、解释、说明、陈述、质疑、倾听等主体性行为，主要体现在课堂学习中，强调学生能将自己的思考过程、方法与结论有条理和有依据地表述出来。学生能在合作交流过程中学会互助与分享，学会共同设计与实践，加深对知识的理解，构建认知策略，开发内在的创造潜能，获得良好的情感体验。

# 六、如何重视知识的实践运用

在一次区的四年级数学质量监控考试中，有教师向我反映："试卷上难的题目学生做对了，简单的题目反而做错了。"我觉得不可思议："是什么原因呢？"教师如实回答："因为难的题目我们让学生做过了，而简单的题目学生没见过。"我终于明白了其中的道理：难题能解答出只因为学生操练过，学生的思维水平很有可能停留在模仿识记的水平上；而简单题目解答不出只因为学生未曾见过，学生缺乏的是运用知识解决新问题的能力。机械重复的操练，对于应对考试也许有点作用，但会阻碍学生的思维发展。数学生成教学，需要教师联系学生的生活实际，精心创设问题情境，让学生在情境中发现问题，并对问题进行探索实践，从中获得数学的知识技能、数学的思想方法和数学的活动经验；同时，学生需要将学到的知识运用于新的情境中，进一步地发展数学思维，提高运用知识解决问题的能力，培养对数学的积极情感。那么，如何重视知识的实践运用呢？

2016 年在海峡两岸数学教学观摩研讨会上上课

### （一）善于借题发挥

《数砖墙》是上教版数学一年级第一学期第六单元的教学内容。标有数的砖叫数砖，由数砖砌成的墙叫数砖墙。该教学让学生通过对数砖墙的观察比较发现并归纳出数砖墙的规律——上面每一块数砖的数是它底下 2 块数砖上数的和，培养学生探索数与数之间规律的能力，从而发展学生的思维能力。

一年级教研组进行了《数砖墙》一课的教学研究，并上了研讨课。课中，教师利用故事创设问题情境，出示数砖墙（见右图），学生兴趣盎然地观察，很快发现"上面每一块数砖的数是它底下 2 块数砖上数的和"这一规律。

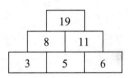

接着，教师出示一组数砖墙，让学生根据规律进行填数。

第一层：

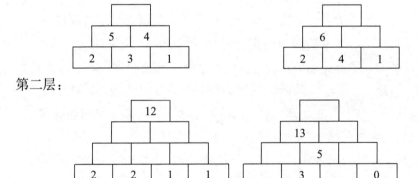

第二层：

第三层：用 1～9 的数字卡片造数砖墙

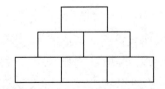

显然，第一层是按照数砖墙规则简单填数。第二层中的第一题尽管有 4 层数砖墙，空格也增多了，但是从思维水平上看与第一层相当，而第 2 题则提高了思维要求，在众多要填的空格中，到底该从哪里入手呢？学生从中体会到：根据数砖墙规则，三个数中只有知道其中的两个，才能算出第三个数。第三层是一个开放性练习，学生中出现了三种不同的填法（见下图），教师让学生进行了展示。

|       |   9   |       |
|:-----:|:-----:|:-----:|
|       | 4 | 5 |       |
| 1 | 3 | 2 |

|       |   9   |       |
|:-----:|:-----:|:-----:|
|       | 3 | 6 |       |
| 1 | 2 | 4 |

|       |   8   |       |
|:-----:|:-----:|:-----:|
|       | 3 | 5 |       |
| 2 | 1 | 4 |

课后的研讨中，对于第三层的造数砖墙，许多教师认为这是一道开放的习题。学生中出现了三种不同的答案，学生积极性很高，培养了发散思维能力。然而，我却提出了不同的看法：开放题未必都能达到发展学生数学思维的目的。比如这道"造数砖墙"的题目，虽然班上共出现了三种不同的方法，但如果对于某个学生来说，若他正巧一开始就在最底层填了 1、3、2 三个数，按照数砖墙规则造出了数砖墙，获得了成功，还能说培养了学生发散性思维能力吗？当然，学生独立思考，造出多座数砖墙，通过学生间的交流，确实也能从中得到一些启发，但我总觉得这道题没有充分体现学生的思维价值。大家满怀期待地看着我。我建议把题目改成："用 1～9 的数字卡片造数砖墙，要求数砖墙最高层的数尽可能小，该怎样造？"稍作思考后，教师们发现此题的答案虽然不是开放的，但对思维的要求明显提高了：要使数砖墙最高层的数尽可能小，那么，数砖墙底层的数就应该尽可能地小，就应该填 1、2、3，而且底层这三个数中重复计算的数应该尽可能地小，这样底层的数应该是 2、1、3。可是，这样 3 在数砖墙中会出现两次，而卡片是不重复的，于是，在底层填上 2、1、4，这样，中间一层是 3、5，最高一层便是 8。这样的一个思维过程对于一年级学生来说，实在太难了，教师们表示很担心。但是，我认为这种担心是多余的。我提出了如下的教学建议。

第一步：教师提出问题："用 1～9 的数字卡片造数砖墙，要求数砖墙最高层的数尽可能小，该怎样造？"学生独立思考，尝试造数砖墙。

站在小学生的角度去考虑，我想，学生应该不会像成人那样进行分析推理找出答案，他们还是会用自己的思维方式进行尝试、探索的。教师不必去干预他们，但可以引导学生思考这样的问题：还有没有最高层比这更小的数砖墙？学生带着问题进行反思和再尝试。这种尝试实践活动是学生获得学习体验所不可缺少的。

第二步：学生交流展示，教师启发学生思考。

结合数砖墙(1)，教师提问：为什么底层上不是放卡片2、3、4，而要放卡片1、2、3呢？我想学生会发现那样放的话，最上层砖上要放的数会比9大，从而体会到要使最上层的数尽可能小，底层的数就应该尽可能小。教师可以接着问：把1、2、3三张卡片放在底层，最后得到的结果是相等的吗？学生不难发现把1放在底层的中间位置时，最后的答数会更小，只是卡片3重复了，所以，只能把3放在中间。这时，教师可继续质疑：把

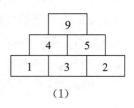

(1)

1、2、3放在底层，所造数砖墙的最高层是9，9是不是最小的呢？我们还可以怎样尝试呢？启发学生把底层的3换成4进行尝试。

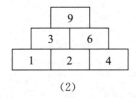

(2)

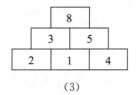

(3)

结合数砖墙(2)和(3)，教师提问：显然，最高层的答案8小于9。为什么同样是把1、2、4填在最底层，而1放在中间，最高层的数就会小了呢？学生会通过比较发现"重复计算的数小，最后得数就会小"的道理。此时，教师可以继续出题：把1、2、4放在底层，如果要使最高层的数尽可能大，应该怎么办？让学生把数填入左面的数砖墙图中。

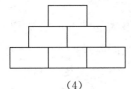

(4)

最后，教师引导学生回顾造数砖墙的过程，思考：怎样才能使最上层数砖上的数最小？学生在充分感知的基础上对"底层的数要小，重复计算的数要小"的数学思考方法有所体会。

我认为，这样的练习设计，比起10道题、20道题，甚至更多的按数砖墙规则进行简单填数的练习更为有效！因为那样的练习几乎是在按规则进行操练，只能够提高学生的熟练程度；而对"要求数砖墙最高层的数尽可能小，该怎样造"的问题探索，更能刺激学生的思维，让他们不断地在"造墙"的实践中发现问题，产生新的思考，从而对隐藏于问题背后中的数学思考方法有自己的体会。

这就是我的所谓"要善于借题发挥"。其实，很多时候，我们满足于求得问题答案，而不太重视获得答案的过程。更多的时候，我们不敢借题发挥，担心学生的思维跟不上。当然，借题发挥不能脱离学生的思维实际，但是，一味简单地操练只会使学生的思维变得机械，更何况学生之间是有差异的。借题发挥不仅能使学生掌握基本的数学知识与技能，而且能促进学生数学思维能力的发展，使学生在各自原有基础上得到充分发展，更好地体现为了每一个学生发展的教学理念。因此，教师在进行教学设计时，不仅要读透教材，而且要读懂习题的功能，思考借题可以发挥些什么。

又如，案例《正方形内画一个最大的圆》。

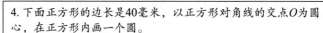

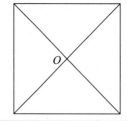

4. 下面正方形的边长是40毫米，以正方形对角线的交点O为圆心，在正方形内画一个圆。

(1) 在小组里比一比谁画的圆大。

(2) 如果要在正方形内画一个最大的圆，圆的半径应是多少毫米？你能试着画一画吗？

(3) 想一想，圆的大小与什么有关？

上面是人教版数学《圆的认识》一课中的一道习题。

学生完全可以根据题目的要求，先以O为圆心画圆，再画最大的圆，经过这样的操作实践，学生获得"圆的大小与半径有关"的认识。思维的空间是狭小的，结论是显而易见的。为此，我将该习题拓展为：让学生在正方形纸片上画一个最大的圆。在许多学生看来，画一个最大的圆是小事一桩，他们便兴致勃勃地动起手来。结果，有的学生画的圆超出纸片画到桌面上了，有的学生画得太小擦了重画，有的学生画偏了……在出现问题之后，学生们开始反思：影响在正方形纸上画最大圆的主要因素有哪些？由于有了实践经验，学生们发现两个主要因素：圆心的位置必须是正方形的中心，圆的半径必须等于正方形边长的一半。学生不仅对圆心决定位置、半径决定大小有了切身的体验，而且其探究发现知识、运用数学知识解决实际问题的能力也得到了培养。接着，教师让学生将圆与正方形进行比较，学生发现：圆是曲线图形，正方形是直边图形；圆有无数条对称轴，正方形有4条对称轴；圆没有棱角，正方形有棱角；圆之所以没有棱角，是因为圆上任意一点到圆心的距离都是相等的，而正方形边上任意一点到其中心的距离不都是相等的。之后，教师让学生剪下所画的最大圆，教师自己将圆纸片 4 次对折后剪了一刀，展开后让学生观察。开始时，许多学生认为太神了，渐渐地，学生提出不同意见，产生了争执……终于，学生们达成了共识：老师剪出的图形不是圆，那是一个正 16 边形。教师提问：如果再对折 1 次剪下呢？再对折剪下呢？什么时候能剪成一个圆？学生们展开了丰富的想象，得：对折的次数越多，剪得的图形越接近圆，除非无限地对折下去，但那是不可能的。

由在正方形纸片上画一个最大的圆，引发出了一连串围绕圆概念的具有数学思考价值的问题，学生思维的空间被大大拓展了，不仅加深了学生对圆概念的理解，而且空间观念、数学的无限思想等得到了较好的渗透。

## (二)运用知识于新情境中

有关《三角形内角和》的教材(人教版数学四年级第二学期)内容是这样的：先让学生画几个不同类型的三角形。量一量、算一算，三角形内角度数的和各是多少度。然后让学生思考"你发现了什么"，并用"把三角形的三个角撕下来看能拼成一个什么角"的方法进行验证，得出"三角形的内角和是 180 度"的结论。最后是"做一做"练习：在一个三角形中，$\angle 1 = 140°$，$\angle 3 = 25°$，求$\angle 2$的度数。

怎样将三角形内角和的知识运用于新的情境中？为此，我设计了以下的练习。

**第 1 题**：给出一个三角形，要想知道三角形三个内角各是多少度，你将量几次？

经过思考，班上部分学生认为要量三次，另有部分学生认为量两次就够了，还有少数学生认为只要量一次。不同的想法引起大家的讨论。

**生 1**：因为三角形共有三个内角，所以量三次就能知道三个内角各是多少度。

**生 2**：其实只要量两个角就行了，因为三角形内角和是 180 度，第三个角只要用 180 度减去量出的两个角度数的和就可以知道。

**生 3**：我认为直角三角形只要量一次。

**师**：直角三角形只要量一次，为什么？

**生 3**：因为已经知道了一个直角，只要量出其中的一个锐角的度数，就能知道另一个锐角的度数了。

师：先假设直角三角形的一个锐角为 36 度，请说说怎样算出另一个锐角的度数。

有的学生是用 180 度减去 90 度与 36 度的和，也有学生直接用 90 度减去 36 度。在对学生的想法给予肯定后——

师：题目中给出的三角形一定是个直角三角形吗？想一想，一般情况下，应该量几次？

学生经过思考，达成了共识：量两次。

我想，比起"直接给出三角形两个内角的度数，让学生求未知角"的题目，本题目的优点在于：学生从自己的思维实际出发进行思考，形成自己的想法，通过不同想法的交流，学生发现对于一般的三角形需要量出其中的两个内角，而对于直角三角形只需量出其中的一个锐角，就能算出三角形的未知角。学生对运用三角形内角和的知识去解决问题的策略有着较深的体验，思维也从中得到发展。

**第 2 题**：把三角形一个 28 度的角截去以后，剩下图形的内角和是多少度？

开始，学生都认为是 152 度，理由是：三角形的内角和是 180 度，用 180 度减去 28 度就等于 152 度。"请问，剩下的图形是什么样的图形？"我问。这时，教室里一片安静，大家静静地思考。片刻之后，一些同学的情绪有点激动，举着手争相发言。

**生 1**：剩下的是一个四边形。

**师**：四边形有几个内角？请画出来。（生 1 在黑板上进行截法演示，见图 1。）

**生 2**：剩下的图形不一定是四边形，也可能是三角形。（该生也在黑板上进行截法演示，见图 2。）

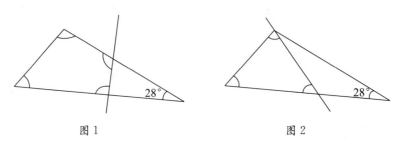

图 1                          图 2

**师**：剩下的图形是三角形时，它的内角和是——

**众生**：180 度。

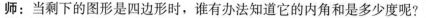

**师：**当剩下的图形是四边形时，谁有办法知道它的内角和是多少度呢？

全班同学都注视着图1，思考着。有的学生建议用量角器量一下，有的学生提出测量会有误差，很难让人信服。终于，一个学生把四边形分成两个三角形，三角形的内角和是180度，用180度再乘以2，所以，这个四边形的内角和是360度。教师让学生借助图1进行演示，学生清晰地看到，四边形的四个内角的和就是两个三角形内角的和，等于360度。"多聪明的孩子，多好的想法！把四边形分成两个三角形，运用三角形内角和180度的知识，很快就知道四边形的内角和是360度。"我对学生的想法进行了充分的肯定，并继续提问："如果有一个五边形，能知道它的内角和是多少度吗？"教师的提问又一次引发了学生的思考……

运用知识于新情境中，是出于对平时教学中经常听到的一些问题的思考：

"难的题目都做出来了，简单的题目倒做错了。"某教师有点生气地向我反映。

"你能举一个具体例子说说吗？"某教师拿出了考试卷……

情况确如教师所说。那么，难题是怎么会的？简单题又错在哪里呢？经过交流我们发现：所谓的难题，平时都已经练习过，而简单题学生没有做过。这就引起了我的思考，问题的原因不在于学生答题时粗心或不认真，而在于教师平时的教学，在于平时的练习设计。对于所谓难题，学生为什么不感觉难了呢？其实，教师开始出示这样的题目时，学生也是感觉很困难，甚至是束手无策的，经过教师的分析讲解及类似题目的多次操练，学生也会进行解答了。难题被正确解答，很可能是一种机械的模仿或识记；而简单题不会做，则说明学生缺乏分析解决问题的能力。这种能力的培养，必须体现在平时的练习设计中，教师要不断设计一些新的情境题，让学生面对情境自己想方设法调用已有的知识，去进行解决问题的尝试实践。另外，在实践运用中获得的知识，才是活的知识，才是能够形成能力的知识。

### （三）习题解答中的策略学习

《打电话》是人教版数学五年级第二学期的教学内容。教学中，我先出示题目：校长要召开安全工作紧急会议，需要尽快电话通知6位教师参加。如果每分钟通知1人，最少要用多少分钟？在学生独立思考、相互交流，得出"一共要用3分钟"后，我设计了以下几个问题：

（1）3分钟最多能通知多少人？

(2)6 分钟最多能通知多少人？

(3)12 分钟最多能通知多少人？

对于"3 分钟最多能通知多少人"，通过前面"通知 6 人最少要用几分钟"的分析，学生很快发现"最多能通知 7 人"。而当教师出示"6 分钟最多能通知多少人"时，部分学生很快就积极举手，答案是"6 分钟最多能通知 14 人"，他们的思考过程是：电话通知所用的时间由 3 分钟变成了 6 分钟，扩大了 2 倍，所以通知的人数也应该扩大 2 倍，7 人的 2 倍就是 14 人。对此，有些学生提出了疑问：3 分钟已经通知了 7 人，这时已经有 8 人知道了开会这事，所以，第 4 分钟又能通知 8 人，这样 4 分钟一共通知了 15 人。6 分钟怎么可能只通知 14 人呢？学生继续思考，发现 5 分钟最多能通知 31 人，6 分钟最多能通知 63 人。对于原先的错误想法，学生进行了否定，所以，当教师出示"12 分钟最多能通知多少人"时，已经没有学生再用"倍比"的方法进行思考。但是，面对"12 分钟最多能通知多少人"的问题，学生感到太麻烦了：要知道 12 分钟最多能通知多少人，必须先知道 11 分钟最多能通知多少人；要知道 11 分钟最多能通知多少人，必须先知道 10 分钟最多能通知多少人……这样一直往前推，必须知道 1 分钟能通知多少人，然后再 2 分钟、3 分钟……学生觉得这样太复杂了。此时，寻找规律、运用规律解决问题的策略学习成为学生的迫切需要。

怎样去寻找规律呢？这又成为摆在学生面前的一道难题：要寻找哪些数量之间的变化关系？用怎样的方法去寻找这些数量之间的变化规律？此时，教师启发学生思考，找出了所用时间、知道的人数、被通知人数这三个相关联的数量，并引导学生以退为进，从较小的数据开始收集，利用表格对数据进行整理，然后观察、比较，学生归纳出其中的规律（板书如下）。学生由此建立起数学模型，当教师问"n 分钟能通知多少人"时，学生很快就做出了正确的回答。

| 时间（分钟） | 1 | 2 | 3 | 4 | 5 | … |
|---|---|---|---|---|---|---|
| 知道的人数 | 2 | 4 | 8 | 16 | 32 | … |
| 被通知人数 | 1 | 3 | 7 | 15 | 31 | … |

$$2-1 \qquad 2\times2-1 \qquad 2\times2\times2-1 \qquad 2\times2\times2\times2-1 \qquad \cdots$$

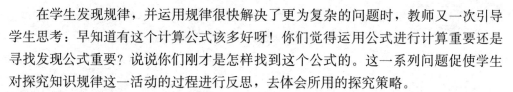

在学生发现规律，并运用规律很快解决了更为复杂的问题时，教师又一次引导学生思考：早知道有这个计算公式该多好呀！你们觉得运用公式进行计算重要还是寻找发现公式重要？说说你们刚才是怎样找到这个公式的。这一系列问题促使学生对探究知识规律这一活动的过程进行反思，去体会所用的探究策略。

设计这样的习题，是基于以下两方面的思考。

(1)我们发现，有时候学生做了很多题，但是解决问题的水平没有提高，原因是还没有达到策略这一层次。因此，教师们现在都比较重视解决问题的策略学习，有些教材还有专门的解题策略的教学内容，如逆推、替代、假设等。但我觉得为教策略而教策略的效果并不是很好，一种比较有效的方法就是将教学问题解决的策略融入问题的解决中。为此，我改变以往那种单一、机械的巩固练习，而是增加练习中的探究成分，通过进行探究式的练习，学生解决问题的策略水平得到了提高。

(2)小学生解答问题，往往关心其答案的正确与否，很少关注自己所用的方法，更不会自觉地去思考解决问题时所用的策略。怎样将学生的思维引向对解题策略的关注？我的体会是：首先，要创设让学生困惑的问题情境，激发学生思考。例如，《打电话》中的"12分钟最多能通知多少人"的问题，在学生看来，仍然用"求3分钟最多能通知多少人"的方法进行计算，实在是太麻烦了，有没有比较便捷的方法呢？探究新的解题方法成为学生自身的需要，而自身需要是策略学习的前提。其次，要启发引导学生经历运用策略解决问题的全过程。对于策略的学习，教师用讲授的方法是很难奏效的，必须让学生亲自实践，而教师只是进行适当的启发。在对"12分钟最多能通知多少人"问题的思考中，有些学生不会满足于从1分钟、2分钟、3分钟……一步步地推算求得答案，自然会想到寻找规律再运用规律(某种计算公式)去计算。此时，教师可以提出问题：怎样寻找规律？启发学生自己得出：从最简单的开始，收集数据材料，进行观察比较以发现其中的规律(这是一种"以退为进"的策略)。寻找哪些数量之间的变化规律呢？对于小学生来说，他们不太善于找出相关联的数量，这时，教师就应该启发引导，让学生发现《打电话》中出现了"所用时间、知道的人数、被通知人数"这几个相关联的数量，可以利用表格进行数据的整理(借助表格进行相关数量数据的收集整理，这也是一种解题的策略)。在学生发现规律建立起数学模型并运用模型很快解决较复杂的问题之后，教师又引导学生对探究发现过程进行反思，进一步体会探究过程中的思维方式及所用的方法手段等，及时总结发现规律的成功经验，以形成解决问题的策略并增强策略意识。

### (四)练习中习得数学思想方法

《植树问题》是人教版数学第八册的教学内容。我曾经参加市数学录像课的评审，记得专家对是否将《植树问题》中出现的三种情况（两端都种、一端种、两端都不种）安排在一课时内进行教学，见智见仁，有着不同的意见。后来，我有机会参加了一次区教研活动，观摩了青年教师执教的《植树问题》一课，当时的感觉是：教师试图将植树问题的三种情况安排在一课时内，而且重视学生探究数学知识的策略学习及学生的动手实践，为学生准备了许多学具，让学生小组合作，进行动手操作、记录数据信息等活动……然而，因为操作所费时间太多，问题比较琐碎，教师没能很好地完成教学任务。植树问题尽管是教师们经常研究的"老课题"，但是，课堂教学中的问题引起了我的思考：对于三种情况是否应放在一课时内去教学，我认为并不重要，重要的是应该考虑这样的问题：我们的教学目标是让学生学会正确解答这三种情况的问题，还是通过对三种情况的分析解答让学生从中获得更具价值的东西？这更具价值的东西到底是什么？怎样让学生在问题解决的过程中习得？为此，我设计了下列习题。

1. 教师在黑板上摆放圆形和三角形：○△○△○△○，提问：哪种图形多？接着出示：○△○△○△……○△○，让学生比较两种图形的多少。

如果对于第一个问题，部分学生可以通过数数比较出多少的话，那么对于第二个问题，学生只能通过一一对应的方法予以解答。

2. 用剪刀将一根绳子一段一段地剪下，剪了 100 次，这根绳子共分成多少段？怎样验证？

此题重点并不在于共有多少段，而是对答案进行验证。教师启发学生思考：(1)化繁为简，从剪 1 次、剪 2 次开始，进行数据收集整理，寻找次数与段数的变化规律(见下表)。学生通过对表内数据的观察发现绳子段数比剪的次数多 1，并建立当剪的次数为 $n$ 时，绳子的段数就是 $(n+1)$ 的数学模型。(2)为什么绳子段数比剪的次数多 1？通过剪绳的操作，学生发现：剪刀每剪一次，就会有一段绳子掉下，剪的次数与掉下的绳子是一一对应的，而手中始终捏着一段绳子，所以，绳子段数总是比剪的次数多 1。

| 剪的次数 | 1 | 2 | 3 | 4 | … |
|---|---|---|---|---|---|
| 绳子段数 | 2 | 3 | 4 | 5 | … |

3. 同学们在长 20 米的小路的一边种树，每隔 5 米种 1 棵，一共能种多少棵？

这是一道开放题，出现了几个不同的答案：20÷5＝4（棵）；20÷5＋1＝5（棵）；20÷5－1＝3（棵）。对于"一共能种多少棵"，学生提出必须具体情况具体分析：如果"两端都种"，则棵数比间隔数多 1（能种 5 棵）；如果"一端种另一端不种"，则棵数与间隔数相等（能种 4 棵）；如果"两端都不种"，则棵数比间隔数少 1（能种 3 棵）。运用一一对应的方法，学生解决了三种不同情况的植树问题。

4. 圆形溜冰场一圈长 150 米。如果沿着这一圈每隔 15 米安装一盏灯，一共要安装多少盏灯？

虽然把灯安装在了圆形的溜冰场一周，但是，运用对应思想去分析问题，学生不难发现安装的灯数与间隔数正好是一一对应的，就相当于在一端植树的情况，需安装 150÷15＝10（盏）。

5. 小明家住 6 楼，每层楼有 16 级楼梯，小明放学回家一共要走多少级楼梯？

该问题促使学生从生活实际中提炼出数学问题，进行问题转化，运用楼层与其间隔数之间的关系，计算出一共要走的楼梯级数。

其实，从上面的练习设计中不难看出，练习的目的不是让学生能够正确地列式解答植树问题中三种不同情况的问题，而是让学生领悟数学的思想方法。

对于第 1 题中的第二个问题，学生不得不从圆圈与三角形一一对应的角度去思考问题，体会到一一对应思想对解决问题所起的作用。

对于第 2 题中的剪绳子，学生不仅体会到"复杂的不会就想简单的"及"利用表格收集整理数据探寻规律"的策略思想，而且通过验证"剪的段数＝剪的次数＋1"的活动，对其中段数与次数间一一对应思想有了深刻的体验。

对于第 3 题，由于题目中的条件是开放的（植树问题中的三种情况），因此问题的答案也是不确定的，需要具体情况具体分析，而通过对三种不同情况的分析，学生则较好地从整体上把握了其中隐含着的数学对应思想。我的体会是，变式比较更能让人体会到其中不变的东西。题中一端种一端不种的情况，让学生看到棵数与间隔数正好一一对应，而两端都种或者都不种的情况导致植树棵数比间隔数多 1 或者少 1，正是这种变化，让学生更深刻地体会到其中不变的对应思想，并建立起一个模型来应对多变的情况。

第 4 题在圆形溜冰场一圈安装灯，虽然问题情境发生了变化，不是直线上的段数与间隔数之间的问题，而是圆周曲线上的段数与间隔数的问题，但是，用对应的思想方法去分析寻找段数与间隔数之间的关系，这是相同的。而不同情境中的运用则能加深学生对此思想方法的理解。

第 5 题的楼梯级数又是新情境中的问题，问题的关键仍是间隔数与段数之间的对应关系，又一次丰富了来自生活实际的运用对应思想分析解决问题的素材。

这组习题，叙述的内容不同，看似各自独立，但其实是有着内在联系的。在不断出现的新情境、新问题中，学生一次次运用对应的思想方法进行分析解决问题的学习活动，并对此种思想方法有了自己的体验。这种在解决一个个具体问题基础上建构的数学思想方法，能够帮助学生形成一种解决问题的能力，是教师进行习题设计时要关注的一个重要问题。

## (五)练习中有新发现

习题对于巩固基本知识、形成基本技能的作用是不言而喻的。但是，一味地进行模仿性的简单机械的操练，则会让学生感到枯燥乏味，形成思维定式，影响学生创新精神和实践能力的培养。教师的练习设计应该具有一定的挑战性，让学生从中进行新的探索，有新的发现。

例如，教学分数的初步认识，在学生借助直观图形认识了"$\frac{1}{2}$""$\frac{1}{3}$"，初步形成分数的概念后，教师设计了这样的练习：我们认识了"$\frac{1}{2}$""$\frac{1}{3}$"，接下去你们想学习——教师的话音未落，众生异口同声地回答要学习"$\frac{1}{4}$"。教师说"$\frac{1}{4}$"这个分数表示什么意思呢，请把你心里想的"$\frac{1}{4}$"用折纸的方法表示出来，行吗？学生积极动手折纸，许多学生用了好几种不同的折法（见下图）。教师结合这四种表示方法提问：

阴影部分的形状不同，为什么都用"$\frac{1}{4}$"表示？学生经过思考做出正确的回答：因为都是把正方形平均分成四份，所以每份都是大正方形的"$\frac{1}{4}$"，学生加深了对"$\frac{1}{4}$"所表示意义的理解。然而教师并没有就此满足，而是继续挑战学生：只有这四种折法吗？学生回答得很肯定。教师出示了第五种折法（见下图），还有不同的吗？学生的

兴趣一下子被激发了，经过探索实践，学生发现只要过正方形中心点对折再对折，得到的图形就是正方形的"$\frac{1}{4}$"，那就有无数种呢！最后，教师设计了这样的练习：小红买回一个瓜，与妈妈、奶奶三人一起吃，如果你是小红，你将怎么分呢？（绝大多数学生回答是平均分成三份，每人吃这个瓜的$\frac{1}{3}$。）教师继续出示"小红吃了这个瓜的$\frac{1}{4}$，妈妈也吃了这个瓜的$\frac{1}{4}$，其余的给奶奶吃"，并提问：根据已知的条件，你想求什么问题？让学生提出想知道的问题。结果，学生提出了下面这些问题。

(1)奶奶吃了这个瓜的几分之几？

(2)妈妈比奶奶少吃了这个瓜的几分之几？

(3)妈妈和奶奶共吃了这个瓜的几分之几？

教师设问让学生进入角色思考怎样分瓜，在学生看来，应该把瓜平均分成三份，每人分到瓜的$\frac{1}{3}$，对此，教师不做评价而是让学生接着看题目，学生发现小红吃了

瓜的 $\frac{1}{4}$，与自己的分法不同，就在此时，教师问学生：你分到瓜的 $\frac{1}{3}$，小红分到这瓜的 $\frac{1}{4}$，谁分到的瓜多？这一提问，使学生借助直观图形及生活经验得出 $\frac{1}{3}$ 大于 $\frac{1}{4}$。之后，教师让学生根据已有的条件，提出自己想知道的问题，更好地发挥学生的学习主动性。对问题(1)，学生从不同的角度思考，得到奶奶吃了瓜的 $\frac{2}{4}$，也可以说成奶奶吃了瓜的 $\frac{1}{2}$。该问题使学生产生了新的猜测，有效地渗透了分数的基本性质。

对于问题(2)(3)，学生根据分数所表示的意义及直观图形，发现了" $\frac{1}{2}-\frac{1}{4}=\frac{1}{4}$ " " $\frac{1}{4}+\frac{1}{2}=\frac{3}{4}$ "的分数加减计算方法。

　　对于二年级加减计算的练习，我没有让学生进行机械地计算，而是印发给学生这样一组题目(如下)，先让学生进行计算，接着请学生加上所得差的反序数，

$$
\begin{array}{r} 7\ 2 \\ -\ 2\ 7 \\ \hline 4\ 5 \end{array}
\qquad
\begin{array}{r} 8\ 5 \\ -\ 5\ 8 \\ \hline 2\ 7 \end{array}
\qquad
\begin{array}{r} 5\ 1 \\ -\ 1\ 5 \\ \hline 3\ 6 \end{array}
\qquad
\begin{array}{r} 9\ 5 \\ -\ 5\ 9 \\ \hline 3\ 6 \end{array}
$$

计算出它们的和。这时，学生惊喜地发现它们的和都是99(如下)。到底是偶然的

$$
\begin{array}{r} 7\ 2 \\ -\ 2\ 7 \\ \hline 4\ 5 \\ +\ 5\ 4 \\ \hline 9\ 9 \end{array}
\qquad
\begin{array}{r} 8\ 5 \\ -\ 5\ 8 \\ \hline 2\ 7 \\ +\ 7\ 2 \\ \hline 9\ 9 \end{array}
\qquad
\begin{array}{r} 5\ 1 \\ -\ 1\ 5 \\ \hline 3\ 6 \\ +\ 6\ 3 \\ \hline 9\ 9 \end{array}
\qquad
\begin{array}{r} 9\ 5 \\ -\ 5\ 9 \\ \hline 3\ 6 \\ +\ 6\ 3 \\ \hline 9\ 9 \end{array}
$$

巧合，还是必然的规律？学生产生了浓厚的探究兴趣，纷纷举例进行验证。通过举例验证，有些学生发现：一个两位数减去它的反序数所得的差应该还是一个两位数，这时，再加上这个差的反序数，所得的和一定是99。又有学生质疑：如果那个两位数是66、65呢？结果就不是99，因此，被减数十位上的数不能与个位上的数相同。从两位数加减计算中的这一规律出发，学生对三位数加减计算中是否有类似的规律，提出了自己的猜测，并进行了举例验证，结果发现：一个三位数减去它的反序数所得的差是一个三位数，只要再加上这个差的反序数，所得到的和一定是1089。经过自主探究发现了规律的学生的热情一发不可收，大家又对

四位数加减计算中有没有这样的规律进行着新的探究。我发现，学
生对这样的练习充满着兴趣，不知不觉中进行了许多题的加减计算，
而且根本不用教师提出"要仔细，不要粗心之类"的要求，因为为了
探究验证规律他们非常的投入，怕自己的计算出错，即使计算有误，
马上就会被集体发现。更重要的是，这样的练习满足了学生的好奇心和探究欲，
能让学生获得成功感，而学生的思维能力、探究发现知识的能力也能得到有效
的培养。

$$
\begin{array}{r}
7\ 2\ 5 \\
-\ 5\ 2\ 7 \\
\hline
1\ 9\ 8 \\
+\ 8\ 9\ 1 \\
\hline
1\ 0\ 8\ 9
\end{array}
$$

# 七、如何用核心问题引领探究

"用核心问题引领探究学习"的主题教学实践

## (一)何谓数学核心问题

什么是数学核心问题？请先看下面的课例。

这是上教版数学三年级第二学期的教学内容（教材内容如下），一位教师是这样
设计问题进行教学的。

师：用 20 根小棒围出长方形，有几种围法？

教师让学生操作，记下所围长方形的长和宽，计算出面积并将数据填入表内。

教师反馈学生的记录表，让学生体会有序思考有助于其不重复、不遗漏地找到所有的围法。

师：20 根小棒一共可以围成几种不同形状的长方形？

生：5 种。

师：这些长方形的周长都是 20，为什么呢？

生：因为长方形都是由 20 根小棒围成的。

师：周长是 20，怎样确定长方形的长和宽呢？

生：长方形长与宽的和是周长的一半，等于10。当长分别是 9、8、7、6、5 时，宽就分别是1、2、3、4、5。

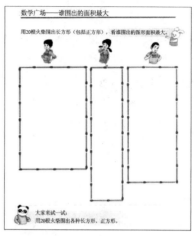

数学广场——谁围出的面积最大

用20根火柴围出长方形（包括正方形），看谁围出的图形面积最大。

大家来试一试：
用20根火柴围出各种长方形、正方形。

| 周长 | 长 | 宽 | 面积 |
| --- | --- | --- | --- |
|  |  |  |  |
|  |  |  |  |
|  |  |  |  |
|  |  |  |  |

师：这些长方形的周长相等，它们的面积相等吗？为什么？

生：它们的面积不相等，因为它们的长、宽都在变化。

师：长方形长和宽的变化与面积大小之间有什么关系？

学生观察表内数据发现：长方形的长与宽相差越大，面积就越小；长与宽相差越小，面积就越大；当长与宽相等时，面积最大。

师：如果小棒的根数不是 20，是否也有这样的规律呢？

教师让学生小组认领任务：分别用 14 根、16 根、22 根小棒进行验证。

师：你知道围出最大的面积，在生活中有什么用处吗？

出示：养蟹场要建一个长方形蟹塘，为防止螃蟹逃走，需要用网把蟹塘四周围起来。网的长度是 80 米，怎样围，蟹塘的面积最大？

从整个教学过程中不难发现：周长相等的长方形，其面积大小的变化规律不是教师直接告诉学生的，而是学生根据教师提出的一个个问题，进行动手操作、收集数据、观察比较、验证结论等活动，从中发现并揭示出来的。可以说，规律是学生经过探究而获得的，更确切地说，是在教师指令下的探究中获得的。显然，学生的

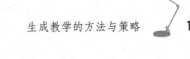

探究并不是真正的自主探究，其主要原因是缺少核心问题。那么，本节课教学中的核心问题究竟是什么呢？我是这样教学的。

课一开始，教师创设情境：王爷爷养了 4 只羊。他买了 20 米长的栅栏，围了一个长 8 米、宽 2 米的长方形羊圈，平均每只羊的活动面积正好不少于 4 平方米。后来，他又买了 2 只羊。这下，会出现什么问题？你能解决吗？

学生发现：这下羊圈面积太小了，还差 8 平方米。于是，学生基于自己的生活经验和知识，独立思考，探究解决问题的方法。结果，学生中出现了以下的方法(见下图)。

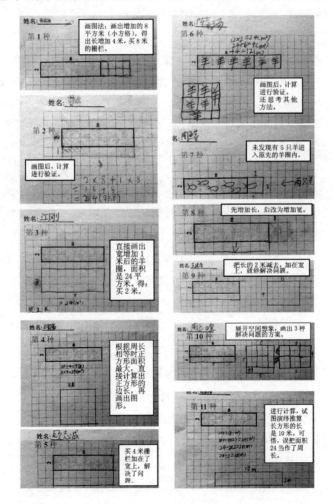

　　学生的想法往往是相对独立的、成点状的，而课堂教学则应该是全体学生围绕核心问题展开层层深入的、有逻辑关联的探究活动，从中实现学生思维的纵深发展。如何聚焦差错，形成需要共同探究的核心问题？

　　**师**：要增加羊圈的面积，我们许多学生都想到了什么办法？

　　"再买栅栏"，部分学生回答道。

　　**师**：你买了几米栅栏？

　　**生1**：我买了8米栅栏。

　　**师**：买8米栅栏，你们知道他是怎么解决的吗？

　　稍作停顿，然后让该生继续回答。

　　**生1**：把原来长方形羊圈的长增加4米，面积正好增加了8平方米。我在屏幕上演示增加8米栅栏后的羊圈（见下图）。

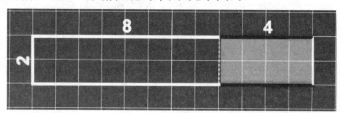

　　**师**：你们看，他没有买10米、20米栅栏，而是买了8米，就把这个问题解决了。跟他想的一样的，请举手！

　　结果，班上有15个学生举了手。这些学生刚把手放下，又有一些学生举手。

　　**师**：（故作惊讶且怀疑地）不会是你买的栅栏比8米还少吧？

　　"是的。"学生回答。

　　**师**：有同学说，不需要买8米就能解决这个问题。听，他买了几米栅栏。

　　**生2**：我买了2米。

　　该生话音刚落，有的学生笑着说"不可能的"，有的学生说"可以的"。学生的意见出现了分歧……

　　**师**：买2米就能解决了，这不太可能吧？

　　有些学生激动地说"可能的"，也有学生有些迷茫。

　　**生2**：（坚定地）是的！

　　**师**：他说买2米能解决问题。你们猜猜看，他是怎样解决的？

学生注视着屏幕上的羊圈，思考着。"可以的""是可以的"……渐渐地，越来越多的学生发现买 2 米栅栏是可以解决问题的，其中也包括那位回答"买 8 米"的学生。

生 1：我知道，他是把买来的 2 米栅栏加在了羊圈的宽上，这样，长方形的宽增加了 1 米，面积增加了 8 平方米。

结合回答，教师进行操作演示（见下图），学生清楚地看到：买 2 米，确实也能解决问题。

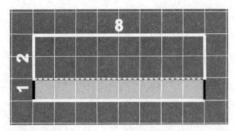

师：买 8 米，解决了问题；买 2 米，也解决了这个问题。此时，你有什么问题吗？

生 1：买 8 米用的钱多，买 2 米用的钱少。

师：买 2 米更省钱。那你有没有问题要问？

生 2：为什么买 2 米与买 8 米增加的面积是一样的？

师：是呀，买 8 米增加了这些面积，买 2 米增加了同样的面积。这是怎么回事？

"为什么买 2 米与买 8 米增加的面积是一样的"，这是本节课的核心问题，它在学生不同想法的交流中产生了。

为什么说它是本节课的核心问题呢？因为这是学生的真问题。生活经验告诉人们：买的栅栏多，自然面积增加得也多。可事实是买 8 米栅栏与买 2 米栅栏所增加的面积是相同的，这就会让学生产生"为什么多买了栅栏但面积并没有多增加"的疑问。

这是一个触及数学知识本质的问题。本节课要让学生探究发现、理解掌握的数学核心知识是：周长相等的长方形，长与宽越接近面积就越大，长与宽相等时面积最大。而"为什么买 2 米与买 8 米增加的面积是一样的"这个问题中，隐含着这一知识规律并随着学生的深入探究被发现、揭示出来。

这是一个能生成系列问题的问题。围绕"为什么买 2 米与买 8 米增加的面积是一样的"这一问题,学生不断地分析探究,产生一系列的新问题:"如果把 8 米也加在了宽上,面积会怎么样呢? 把 2 米加在长上呢?""为什么增加长方形的宽,面积总是增加得多呢?""不增加栅栏,改变长方形的长和宽,面积能否增加?""周长不变,长方形面积大小的变化有没有规律? 怎样寻找规律?"……一连串有内在逻辑关联的问题从中生成。

这是一个能承载学生发展核心素养的问题。学生用数学的眼睛观察世界,将"增加羊圈面积"这一生活实际问题,转化成"怎样增加长方形面积"的数学问题,其数学抽象思维能力得到培养;学生用数学的思维分析世界,由"同样的长度增加长方形的长与增加它的宽,所增加的面积不同",进一步思考"周长不变,面积大小发生变化的原因是什么",再进一步思考"周长不变,长方形面积大小变化有没有规律,怎样举例验证呢",等等,在不断地进行分析、归纳、假设、验证等活动中,其数学推理能力得到培养;学生用数学的语言表达世界,不仅探究发现、揭示出数学知识规律,而且运用所获得的数学知识去解决生活实际问题,其数学建模能力得到培养。数学抽象、数学推理、数学建模这些数学核心素养,就是在围绕核心问题的探究活动中培养起来的。

综上所述,课时核心问题,是基于课时核心知识和学生认知水平、关注核心素养培育、统领课堂教学的情境性问题。

## (二)核心问题从哪里来

核心问题是教师预设的,还是学生生成的? 这是教师经常提及的问题。如果是学生生成的,那么万一课中学生没有生成核心问题,课堂教学又该怎样展开呢? 如果是教师预设的,那么教师又是怎样想到这是一个核心问题的呢? ……教师们的问题直截了当,因为他们非常注重可操作性。

我的教学体会是:核心问题应该是教师预设的,但预设的核心问题最好不是由教师直接提出的,而是让学生生成,也就是说,核心问题既是教师预设的,又是学生生成的。要让学生在课中生成并提出预设的核心问题,关键在于教师的情境创设及启发引导。因此,归根到底,核心问题是教师预设的。既然核心问题是教师预设的,那么,教师又是怎么想到的呢?

　　下面，仍以"为什么买 2 米与买 8 米增加的面积是一样的"这一核心问题为例，说说我是怎么想到的。

　　我首先想的是：通过本课时的学习，学生能获得些什么？在哪些方面能有较好的发展？如果仅是为了让学生获得"周长相等的长方形，长与宽越接近面积就越大、相等时面积最大"这一数学知识规律，那么也就不用去想什么核心问题，完全可以像前面的教师那样："20 根小棒一共可以围成几种不同形状的长方形？""这些长方形的周长都是 20，为什么呢？""周长是 20，怎样确定长方形的长和宽呢？""这些长方形的周长相等，它们的面积相等吗？为什么？""长方形长和宽的变化与面积大小之间有什么关系？""如果小棒的根数不是 20 根，是否也有这样的规律呢？"……教师提出这一个个小问题，学生进行动手操作、收集数据、观察比较、验证等活动，自然是不难发现和理解知识规律的。然而，如何使知识教学成为一种载体，让它承载起培育学生数学核心素养的任务，显然不是那么简单的。于是，我思考着本节课的教学内容应该承载哪些数学核心素养。

　　我认为，教师应该让学生面对生活情境，唤起已知、建立联系，发现、提出问题，培养学生的问题意识和探究能力；让学生在探究过程中，感悟数学抽象、数学推理、数学建模等思想方法，发展数学思维；让学生在运用知识解决实际问题的过程中，增强数学的应用意识和实践能力。这些数学核心素养是在学生自主探究学习中得以培养的，而自主探究学习需要一个核心问题，学生应围绕它一以贯之地深入思考和探究。

　　我又在想：学生对于探究"周长不变的长方形，其面积大小变化规律"，有着怎样的知识基础和生活经验？学生是理解周长和面积的概念的，也掌握了周长和面积的计算方法。但是，生活经验告诉学生，周长和面积之间的关系是：长方形的周长越长，它的面积就越大。因此，对于增加长方形的面积，学生通常会想到增加它的周长。然而，不增加周长竟然也能增加长方形的面积，这将使学生产生认知冲突，由此引发核心问题。

　　我还在想：学生对怎样的问题是比较感兴趣的？如果教师直接提出"长方形的周长不变，怎样才能改变它的面积"这种比较纯粹的数学问题，学生可能会感到枯燥，而那种生活中比较具体的问题，因贴近学生的生活实际则容易唤起其学习的兴趣。更为重要的是，用数学的眼光去观察现实世界的意识，正是学生比较缺失的，对这种意识的培养教育必须予以重视。

因此，我试图创设一个现实生活情境，情境中隐含着所要探究的核心问题。于是，我就想到并创设情境："王爷爷养了 4 只羊。他买了 20 米长的栅栏，围了一个长 8 米、宽 2 米的长方形羊圈，平均每只羊的活动面积正好不少于 4 平方米。后来，他又买了 2 只羊。这下，会出现什么问题？你能解决吗？"特别地，我将原先的"这下羊圈面积太小了，王爷爷会怎么办呢"的问题，改成现在的"这下，会出现什么问题？你能解决吗？"目的是将学生置身于情境之中，让学生成为情境中人，从而使其全身心地投入探究学习活动。

进而我又想，将学生置身于情境中，让其全身心地投入探究活动，学生自己能提出核心问题吗？我预想可能性不大。因为对于情境中的问题，学生是有办法解决的，买栅栏增加面积当然也是解决问题的方法，而问题一旦得到解决，自然也就没有继续探究的必要了，所以，学生是难以提出核心问题的。如何由所创设的情境引发核心问题呢？一种较为有效的方法是：学生先独立思考、尝试解决情境中的问题，再通过生生间不同想法的交流，生成核心问题。就像课中，有的学生买 8 米栅栏解决了问题，有的学生买 2 米栅栏解决了问题，此时学生就会生成新的问题"为什么多买了栅栏但面积并没有多增加"。当然，教师的"此时你有什么问题"的提问，引发了学生的思考，也给了学生提出问题的机会。

可见，"你是怎么想到的"也绝非随意就能想到的。它需要教师研读教材，读出显性知识背后的隐性知识，特别是要发掘获得知识过程中承载的数学核心素养；它需要教师研读学生，读出学生已有的知识和经验，特别是要读懂学生面对情境中问题可能出现的想法、思维路径等。只有清楚了学生现在在哪里、学生要到哪里去、学生的问题在哪里，教师才能创设合适的情境，提出课时核心问题。

### (三)核心问题如何引领探究学习

买的栅栏多，增加的面积也应该多。可是，为什么买 2 米与买 8 米增加的面积是一样的？

学生由观察、比较发现，因为买来的栅栏增加的地方不同：把 8 米的栅栏加在

了长上，而把 2 米的栅栏加在了宽上。如果都加在长上（见图1），那么买 8 米栅栏增加的面积多；如果都加在宽上（见图2），那么同样是买 8 米栅栏增加的面积多。学生从中又发现：把买来的栅栏加在宽上比加在长上，增加的面积更多。对此，教师追问：为什么？

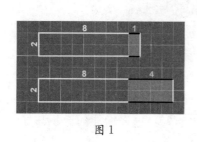

图 1

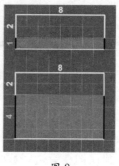

图 2

学生结合例子求证：

（1）都增加长：$1×2＝2$（平方米）；$1×8＝8$（平方米）。

（2）都增加宽：$4×2＝8$（平方米）；$4×8＝32$（平方米）。

……

结合回答，教师板书：

$$增加的长度 × 长 = 增加的面积$$
$$\| \quad\quad \vee \quad\quad \vee$$
$$增加的长度 × 宽 = 增加的面积$$

学生对为什么增加长方形的宽，面积会增加得更多，阐述了理由：因为增加的长度是相等的，而长方形的长大于长方形的宽，所以增加长方形的宽，面积就会增加更多。

这时，教师提问：买来 16 米栅栏，要使长方形羊圈的面积变得更大，你将怎么办？是这样增加吗？对此，绝大多数的学生将宽增加了 8 米，面积增加了 64 平方米（见右图）。

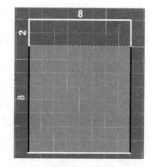

**师**：有没有不同的方法，使增加的面积比 64 平方米还大？

沉默，一分多钟后，渐渐地有三四个同学举手。

　　**师：**刚才，在你们画图的时候，我想着怎么加，我发现把宽增加 6 米时，图形成为一个——（见下图）

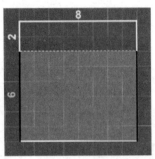

　　**生：**正方形。

　　**师：**是呀，这时余下的 4 米栅栏应该怎样加呢？

　　有学生建议加在旁边，这时马上有学生质疑：这样增加的面积与加在下面的有什么区别？于是，又有学生提出自己的建议。

　　**生 1：**每条边线都增加 1 米，这样都变成了 9 米。

　　**师：**你是怎么想到的？

　　**生 1：**我自己在那儿想、想，就想到了。

　　生 1 在屏幕前指着图形阐述自己的添加方法，并指出了多增加的 1 平方米。教师结合回答进行直观演示，学生发现围成正方形时面积又增加了（见下图）。

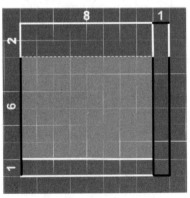

　　**师：**原来，余下的 4 米应该这样添加，此时，你有什么发现？

　　**生 1：**我发现，这三个长方形的周长都是 36 米，是相等的。但正方形的面积最大，是(9×9)81 平方米。

生 2：长方形的周长不变，但图形越接近正方形，它的面积就越大，正方形时的面积最大。

师：很会思考问题！不仅想出办法找到了答案，而且在图形的变化中寻找出相互间的联系，发现"周长相等，图形越接近正方形面积就越大，正方形时面积最大"。不过，这只能说：周长 36 米的长方形，长与宽越接近面积就越大，长与宽相等时面积最大。这一规律，是否具有普遍性？你能验证吗？

学生各自举例，进行验证。之后我以学生所列举的周长为 20 的长方形为例，引导学生进行验证。

| 周长 | 20 | 20 | 20 | 20 | 20 | 20 | 20 |
| --- | --- | --- | --- | --- | --- | --- | --- |
| 长 | … | 9.9 | 9 | 8 | 7 | 6 | 5 |
| 宽 | … | 0.1 | 1 | 2 | 3 | 4 | 5 |
| 面积 | … | 0.99 | 9 | 16 | 21 | 24 | 25 |

在学生揭示出"长与宽越接近面积就越大，相等时面积最大"的知识规律后——

师：还能怎样表述规律？

生 1：长与宽相差越大面积就越小，相差最大的时候面积最小。

师：请问什么时候是相差最大的？

生 2：长是 9 米、宽是 1 米时相差最大，面积 9 平方米是最小的。

师：同意的举手。

绝大多数学生表示同意。这是学生借助逆向思维推理得出的结论。然而，这个结论是错的！正是这错误的结论，引发了学生的争议。

生 3：我不同意！长 9.5 米、宽 0.5 米，面积又小了。

教师引导学生借助图形进行观察比较，学生发现：面积确实又小了许多。此时，学生七嘴八舌地说开了：长还可以是 9.9、9.99、9.999……宽就可以是 0.1、0.01、0.001……长方形的面积会越来越小。因此，长与宽相差越大面积就越小，但没有最小，只有更小。

师：发现这个知识规律后，能解决王爷爷的问题了吗？

**生1：**把羊圈围成边长 5 米的正方形，面积是 25 平方米。

**生2：**也可以围成长 6 米、宽 4 米的羊圈，面积是 24 平方米。

**师：**学了这个数学知识，既不用买 8 米，也不用买 2 米，就能解决问题。

就在学生为运用数学知识节省了材料而满心欢喜的时候，屏幕上又出现了 1 只羊。

**生1：**这下，王爷爷必须买栅栏了。因为正方形的面积 25 平方米已经是最大的了，又买来 1 只羊就缺少了 3 平方米。

**师：**认为必须买的举手！

全体举手。

**师：**认为不用买的举手！

没有一个人举手。"这怎么可能呢！"同学们很肯定地说道。有个学生开玩笑地说："要么让这只羊待在外面。"其他同学听了呵呵笑。

**师：**你们凭什么说正方形的面积是最大的呀？

"这是规律呀！"学生回应道。

**师：**我倒很想听听，你们说的是怎样的规律。

**生1：**我们是把每种可能的情况都列举出来，然后把它们整理一下，发现正方形面积是最大的这个规律。

**师：**我发现，你们的表述好像是有问题的。

"啊？"有些学生不相信。

**师：**说正方形面积最大，这是有条件的。在什么情况下正方形的面积才是最大的？

"周长不变的情况下""而且都是长方形"。学生回答着，又补充道。

**师：**对呀！可是，有没有规定王爷爷围的羊圈是长方形的？

**众生：**没有。

**师：**那你们凭什么说正方形面积最大？

此时，又一个问题在学生头脑中产生：在周长相等的各种各样的图形中，还有比正方形面积更大的吗？

从上述教学片段中不难发现，核心问题就是这样产生的（见下图），通过系列问题的生成及解决，教师将学生的探究活动不断地引向深入。

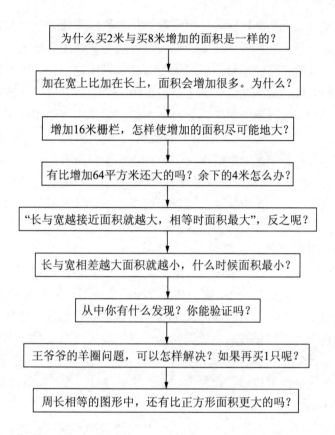

为什么买2米与买8米增加的面积是一样的？

加在宽上比加在长上，面积会增加很多。为什么？

增加16米栅栏，怎样使增加的面积尽可能地大？

有比增加64平方米还大的吗？余下的4米怎么办？

"长与宽越接近面积就越大，相等时面积最大"，反之呢？

长与宽相差越大面积就越小，什么时候面积最小？

从中你有什么发现？你能验证吗？

王爷爷的羊圈问题，可以怎样解决？如果再买1只呢？

周长相等的图形中，还有比正方形面积更大的吗？

## （四）为何要用核心问题引领探究学习

### 1. 它能点燃激情，激发学生的潜能

**师**：20根小棒一共可以围成几种不同形状的长方形？

**师**：这些长方形的周长都是20，为什么呢？

**师**：周长是20，怎样确定长方形的长和宽呢？

**师**：这些长方形的周长相等，它们的面积相等吗？为什么？

**师**：长方形长和宽的变化与面积大小之间有什么关系？

**师**：如果小棒的根数不是20，是否也有这样的规律呢？

……

如果教师用这样的问题引领探究学习，它能点燃学生的学习激情、激发学生的

潜能吗？答案显然是：不能！因为这些问题都是由教师预设并连续提出的，学生只需稍作思考就能作答。这种机械连续的提问，容易造成学生思维的慵懒，阻碍学生慎思明辨能力的发展。它唤不起学生的学习兴趣，燃不起学生的学习激情，当然不可能激活学生的潜能。说实在的，学生是被教师制约着的，处于执行教师指令的被动探究状态。而用核心问题引领探究学习则不然，学生在展示增加羊圈面积的想法中所产生的"为什么买2米与买8米增加的面积是一样的"这一核心问题，因其情境的内容源于生活实际能唤起学生的兴趣，而且让学生与原有的生活经验产生了认知冲突（多买了栅栏为什么面积没有多增加），学生与生俱有的好奇心，会让他们对未知事物产生探究的欲望。而学生在这种欲望的支配下，能调动身心的巨大潜力，进行探究活动。

**2. 它能帮助学生进行深度思考**

数学教学中所提倡的深度学习，其本质就是要让学生学会对问题进行深度思考。然而，像上文教师所提的"20根小棒一共可以围成几种不同形状的长方形"这样的问题，是不可能引发学生对问题的深度思考的，因为该问题的思维空间极其窄小，学生轻而易举就能作答。即便教师将此类问题组成了有内在联系的系列问题，但由于这系列问题是由教师预设并提出的，并不是学生在解决一个问题之后自己产生的，因此同样无须学生的深度思考。而教师要帮助学生深度思维，有效的策略和路径是：用核心问题引领探究学习。

从我们的教学课例中可以看到：学生在对如何增加羊圈面积进行独立思考后提出"买8米"和"买2米"的不同方法，进而提出"为什么买2米与买8米增加的面积是一样的"这一核心问题。学生围绕该核心问题，在教师的启发引导下思考着。

深究——为什么增加长方形的宽面积就会增加很多？不满足于直观结论，试图进行证明。

反思——把16米栅栏加在宽上面积增加64平方米，这是增加的最大面积吗？当将宽增加6米时图形变成正方形，如果余下的4米平分给正方形的四条边，这样面积会不会增加得更多？学生进行新的尝试探索。

猜想——果然，增加后的图形是正方形时面积增加得最多。会不会在周长相等的情况下，正方形的面积是最大的呢？

验证——猜想毕竟是猜想，科学结论的得出需要进行验证。如何进行验证呢？

我们可以再举些例子，看看在周长相等的长方形中，是不是正方形的面积最大。

逆推——周长相等的长方形，长宽越接近面积就越大，长宽相等时面积最大，会不会长宽相差越大面积就越小，相差最大时面积就最小？通过举例验证，学生修正了原有的想法：长宽相差越大面积就越小，没有最小只有更小。

联想——周长相等的长方形中正方形的面积最大，在周长相等的各种图形中，还是正方形的面积最大吗？有没有比正方形面积更大的图形呢？如果有，会是怎样的图形呢？

……

学生就是这样围绕着核心问题，进行探究活动，不断地发现问题、解决问题，又生成新的问题，进而进行新的探究活动。我想，学生进行深度思维的习惯，就是在这一以贯之的思考过程中得以培养的，而且学生从中积累了数学思维的经验和实践的经验，学生进行深度思维的能力也会得到提升。

**3. 它能培养学生的批判性思维能力**

"我买 8 米栅栏，把羊圈的长增加 4 米，面积就增加 8 平方米，这样就解决了问题。"

"我只买 2 米栅栏，把羊圈的宽增加 1 米，面积就增加 8 平方米，同样解决了问题。"

"为什么买 2 米栅栏与买 8 米栅栏增加的面积是一样的呢？因为把买 2 米栅栏增加在宽上，而把 8 米栅栏增加在了长上。"

"为什么增加长方形的宽，面积就增加得多呢？因为所增加的长度是一样的，当将这长度加在长上时，增加的面积等于'这长度'乘宽，而当将这长度加在宽上时，增加的面积等于'这长度'乘长，又因为长大于宽，所以增加在宽上的面积就大。"

……

我认为，学生所进行的这些思考，就是批判性思维。因为所谓批判性思维，是指"对于某种事物、现象和主张发现问题所在，同时根据自身的思考逻辑地做出主张的思考"。而这种"根据自身的思考逻辑地做出主张的思考"在围绕核心问题所进行的探究活动中，学生经常自觉地进行着，或者说，学生的探究在进行批判性思维活动的过程中不断地深入。因为核心问题引领的探究学习所创设的情境为学生提供了自己发现、自己提出问题的机会。由于个体差异，面对情境中的任务或问题，学生会基于自己的知识经验进行探究活动，形成自己的想法和提出自己的主张。这些不同的想法和主张又成为学生展开批判性思维的宝贵资源。通过师生、生生间的互动，学生质疑，寻找证据，进行反思，纠正错误，揭示知识本质。如是，学生的批判性思维能力得到培养。

**4. 它能让每个学生得到相应的发展**

有的教师担心：用核心问题引领探究学习，会不会造成学生的两极分化？其实，这种担心是没有必要的。因为学生之间的差异是客观存在的，教学不是为了消灭差异，那种低阶思维层面上的均衡绝对不是我们所要追求的目标。我们要追求的目标是让每个学生在自己原有基础上充分发展，即面对有差异的学生，实施有差异的教学，实现有差异的发展。这中间的关键在于实施有差异的教学。用核心问题引领探究学习，是实施有差异教学的有效策略。因为：第一，情境中的问题贴近学生生活实际，能唤起学生的学习兴趣，而且由于问题是开放的，各层次的学生都能参与其中，基于自己的知识基础和经验去尝试解决问题，就如本课开始时关于怎样增加羊圈的面积，学生独立思考，提出自己的解决办法。第二，用核心问题引领探究学习的课堂，视学生中的不同想法，特别是那些片面错误的想法为宝贵的资源，因此重视营造平等、民主、尊重、和谐的学习氛围，使每个学生都能真实地表达自己的想法。第三，对于众多不同的想法，教师引导学生聚焦核心问题，展开师生、生生间的交流互动：提出问题，质疑，深入探究。在围绕核心问题的探究活动中，学生不仅获得"长方形周长相等，其面积与长宽的变化规律"，而且培养了问题意识、探究数学思想方法的能力等。真可谓：每个学生在做同一件事的过程中得到相应的发展。这种发展，不是低阶思维层面上的均衡发展，而是每个学生在最近发展区内的发展，也就是在高阶思维引导下的各自充分的发展。

# 生成教学的课堂实践

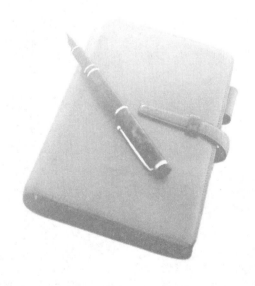

# 一、为生成而预设

## ——《重叠问题》教学实践与思考

《重叠问题》是人教版数学三年级第二学期的教学内容。教材是这样编写的(见下图)。

教师可以这样预设：出示表格后提问，参加语文课外小组的有多少人？参加数学课外小组的呢？学生能很快回答。接着再问：参加这两个小组的一共有多少人？也许有的学生会直接相加得17人，有的学生可能会发现共有14人。这时，教师可画出语文、数学相交的集合圈，引导学生将表格中的参赛名单填入相应的位置，强调在两个圈相交部分填重复参赛的人，并告诉学生：用这样的集合圈来表示，就能清楚地看出有3个人是重复的，所以，参加这两个小组的学生一共有(9＋8－3)14人。最后让学生完成书上的巩固练习。

我们知道，教学的重要目的之一，就是使学生理解和掌握正确的结论。但是，如果不经过学生一系列的质疑、判断、比较、选择，以及相应的分析、综合、概括等认识活动，即如果没有多样化的思维过程和认知方式，没有多种观点的碰撞、争论和比较，学生就难以获得结论，也难以真正理解和巩固知识。更重要的是，没有以多样化、丰富性为前提的教学过程，学生的创新精神和创新思维是不可能培养起来的，学生也不可能产生积极的情感、态度和价值观。然而，这样的教学预设，除了能让学生轻而易举地理解和掌握重叠问题的解题方法外，还能给学生带来什么呢？如何为生成而预设呢？仍以《重叠问题》的教学实践为例，我谈几点体会。

研读教材，读懂教材背后的东西。《重叠问题》的教材例题中只有一个问题：这两个小组没有 17 人呀？教材的意图是"让学生找到两个小组共有多少人"还是"让学生学习用集合圈表示两个集合之间的关系"？好像兼而有之，但我认为重在后者。因为对于"重复计算的人数要减去"学生是有生活经验的；而要知道到底有几人重复，其实从教材给出的表格中也是不难发现的。既然如此，教材为什么还要用集合图来表示呢？我想，目的就在学习数学的集合思想，用集合的思想去分析、解决实际问题，在解决问题的过程中理解集合思想并获得价值体验。鉴于这样的理解，我把预设的重点放在了"用图表示就清楚了，有 3 个重复的"上面。

研究学生，了解学生的认知倾向与困惑。集合，是一个很抽象的数学概念，学生似乎很难理解。其实，学生难理解的是集合概念的名称（对小学生不做要求），对于集合的思想却并不陌生，他们从一开始学习数学就已经在运用集合的思想了。比如把图形按大小分类、按形状分类、按颜色分类等，分类实际上就是集合思想的启蒙，因为集合是具有共同属性的元素的综合。所不同的是，以前学生接触到的是单个的集合，而本节课要用集合圈表示两个集合之间的关系，这是新知之所在，也是学生困惑之所在。

基于对教材的解读和学情的分析，我预设了如下的教学目标：（1）学生经历探究用集合图表示两个集合关系的活动过程，理解集合图所表示的含义，学习用集合的思想方法来思考和解决实际问题。（2）学生感受到数学与生活的密切联系，体验数学的价值。为了达成教学目标，我预设了如下问题，让学生展开问题解决的学习活动。

片段 1：

课一开始，教师出示："育才小学三年级定于下周二下午举行跳绳比赛、下周五下午举行踢毽比赛。三年级共有 3 个班级，每班选 7 个学生参加跳绳比赛，选 5 个学生参加踢毽比赛。三年级共有多少名学生参加了跳绳、踢毽比赛？"学生认真默读题目后，独立思考，列式计算。学生中出现"$3 \times 7 + 3 \times 5 = 36$（人）""$(7+5) \times 3 = 36$（人）"两种不同的计算方法。当教师问"有不同意见吗"，学生异口同声地答"没有"。教师再问"肯定共有 36 人吗"，学生则声音响亮地回答"肯定"。

**分析**：学生之所以敢这么"肯定"，是因为他们习惯于解答"条件个个有用，答案唯一"这类问题。学生根本想不到有没有学生重复参赛。正是这道答案不唯一的开放题，让学生掉入"陷阱"，而这"陷阱"里隐含着重要的数学知识。这样的预设，能激发学习兴趣，学生在自主地"爬出陷阱"的过程中使思维得到锻炼，对新知识有了较深刻的理解。

片段 2：

"那好，让我们一起来看看各班参赛的学生名单！"教师先出示跳绳的、踢毽的两个集合圈，再逐一显示参赛学生的名单（见下图）。学生轻而易举地回答"三(1)班共有 12 人参加两项比赛"。

教师接着用同样的方式出示三(2)班参赛学生的名单（见下图），让学生思考"三(2)班共有几人参赛"。第一个学生回答"有 12 人参赛"，其他的学生都表示没有意见。一阵沉默之后，班上有的学生发现了问题，高举着手。其他学生仔细地看着屏幕，渐渐地，举手的学生越来越多，有的学生情不自禁地说："我有意见！""刚才大家都没有意见，现在怎么又有意见了呢？"教师故意逗学生。终于，一个学生不太好意思地说："刚才我没看清楚，三(2)班的于丽和张伟，两项比赛都参加了，所以共有 10 名学生参加跳绳、踢毽比赛。"教师追问："若要让人清楚看出跳绳的、踢毽的、既跳绳又踢毽的各有哪些人，怎样用圈表示？"学生尝试画圈。

**分析**：学生很快回答"三(2)班有 12 人参赛"，可能是由三(1)班的情况想当然地推导出来的（没有仔细看名单），但也可能确实没有看清楚。然而，要从给出的两个圈中看出重复参赛的学生却也不容易。于是，"怎样用圈表示能让人清楚地看出参加跳绳、参加踢毽的、既参加跳绳又参加踢毽的"，成为学生想要解决的问题，而且没有现成的方法。可见，教师预设问题时，要考虑学生学习中的障碍、困惑，使"问题"真正成为"属于学生自己的问题"。这样的问题，才是真问题；只有真问题，才能激发学生的学习兴趣，才能让学生积极主动地投入解决问题的活动中去。

片段 3：

学生独立思考着，尝试着用圈表示，提出了各种不同的想法，思维激烈地碰撞了起来——

**生 1**：我画了两个圈，在重复参赛的学生名字的下面画上小圆点，这样能让别人清楚地看出重复参赛的学生。你们同意吗？

**生 2**：我认为看不太清楚，因为找小圆点也很费劲的。

**生 3**：（出示图 1）我是用三个圈来表示的，你们能看清楚吗？

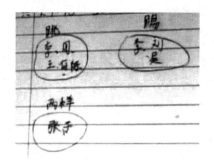

图 1

**生 4**：张伟、于丽都参加了两项比赛，可是，为什么在跳绳和踢毽的圈里没有他们呢？

**生 3**：我写的"两样"，代表两项比赛都参加了，就归在一个圆圈里。

**生 5**：如果"两样"不连着跳绳和踢毽的圈，我就不知道张伟、于丽他们在干什么。我是这样画的（出示图 2），中间的是既跳绳又踢毽的学生。大家还有别的意见吗？

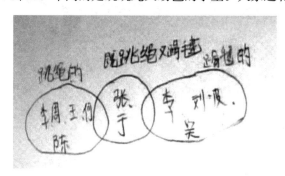

图 2

生6：我总有这样一种感觉，李、周、王、何、陈，他们好像也既跳绳又踢毽。

生5：应该把这里的擦了，就没什么问题了（见图3）。

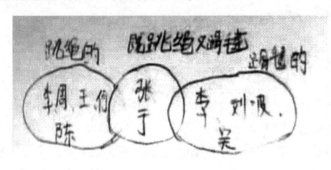

图3

有的学生又提出了问题："为什么另一面的不擦？"该生则解释说："我只是给你示范一下，是要擦去的。"

生7：我觉得你还是不要擦掉吧，直接把两个圆并在一起，把重复参赛的写在中间（见图4）。你们有意见吗？

生8：虽然能看清楚两样比赛都参加的学生，但是，我不知道哪个圈里是跳绳的，哪个圈里是踢毽的。

生7：（马上标上了"跳""踢"两字，见图5）还有意见吗？

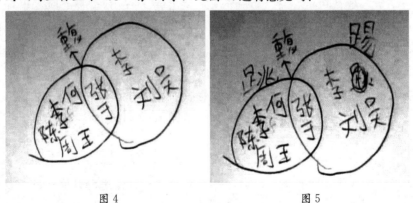

图4　　　　　　　　　　图5

生9：有！"陈李何"里面有没有顿号呢？

**师：**（幽默地）他是问你"陈李何"是谁，用顿号分开让人看得更清楚。

同学们都笑了。大家对图5表示赞同。

**分析：** 面对"怎样用圈表示才能让人清楚地看出跳绳的、踢毽的、既跳绳又踢毽的"这样的问题，学生有着各自的想法。因此，教师应给学生足够的自由地思考的时间，同时给学生充分表达自己想法的机会。"重复的学生姓名下面画圆点以提醒别人，但找小点还是会费劲""用分开着的三个圈来表示，但不与跳绳、踢毽的两个圈连着，谁知道重复学生是做什么的""把三个圈连在了一起，可总觉得李周王何陈也像是既跳绳又踢毽的""那就把这个地方擦了吧""我看就不用擦了，直接把两个圈并在一起，重复参赛的写在中间""我不知道哪个圈里是跳绳的，哪个圈里是踢毽的"……学生不仅在展示自己的方法，更是在主动地思考、寻找漏洞、质疑、提出建议，逐步逼近直至揭示的正确方法。其间，学生自主地用集合圈表示有相交关系的集合，而且在质疑、判断、比较、选择的过程中，学生的思维变得更加合乎逻辑、更加严谨、更加深刻，同时，学生获得了与同伴合作的快乐体验。这一教学片段，可谓课堂中的精彩生成，这精彩的生成与教师的精心预设是密切相关的。教师预设了一个开放的问题，使得学生从自己的实际出发进行自由的思考，而个体不同的想法生成了丰富的差异资源；教师又鼓励学生用"你们听明白了吗""有不同意见吗"的协商性语言，展开交流，撞击出智慧的火花。

片段4：

结合学生一致认可的图5，教师问道：你们从图5中能清楚地看出什么？学生再次认真观察，独立思考，相互交流。大多数学生看出"跳绳的有7人，踢毽的有5人，既跳绳又踢毽的有2人"，也有学生看出"只跳绳的有5人，只踢毽的有3人"，甚至有学生看出"参加两项比赛的共有10人"。接着，教师又让学生用多种方法计算出三（2）班参赛的人数。学生借助直观图形，进行多角度的思考：$7+5-2=10$（人）；$(7-2)+(5-2)+2=10$（人）；$7+(5-2)=10$（人）；$5+(7-2)=10$（人）。

**分析：** 曾经有教师提出，学生之前已经算出三（2）班参赛的人数，也会用集合圈正确地表示，此时再让学生说能看到些什么、用多种方法进行计算，有必要吗？我认为，这里的预设是非常有必要的。因为预设能够让学生以数形结合的方式观察思考，从中看到各个集合以及它们之间的关系，进行发散性思维，用集合的思想分析解决实际问题。

片段5：

"接下去我们想知道——"教师话音未落，学生马上接"三(3)班有多少人参赛"。
教师出示三(3)班参加比赛的学生名单(见图1a、图1b)。"怎样表示能让人清楚地看
出哪些人是既跳绳又踢毽的?"教师出示图1c后问："你们是不是想用这样的两个圈

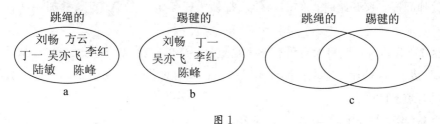

图1

来表示呢?"许多同学说"是"。学生在将名单填入图中时发现"没有只踢毽的"，建议
把月牙形擦掉。教师这时告诉学生：踢毽的5人都参加了跳绳比赛，所以，他们都
应该进入跳绳的圈内，并出示图2。学生很快得出：三(3)班共有7人参加了跳绳、
踢毽比赛。

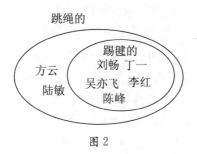

图2

**分析**：对于有相交关系的两个集合用图表示，学生相对比较容易理解。而对于
有包含关系的两个集合，让学生自己做出正确的表示，是有一定困难的。教师在预
设时，必须从学生这一实际出发，把握好"度"，但必须先让学生进行独立思考，感
到困惑，再出示，学生才会有较深的体验。

片段6：

"现在，你知道三年级共有多少学生参加了跳绳、踢毽比赛吗?"学生都积极举
手：12+10+7=29(人)。结合回答，教师板书：

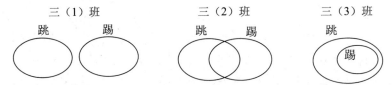

　　此时，有的学生还列出这样的算式：$36-2-5=29$（人）。在对学生进行肯定之后，教师问道：那开始时，你们为什么都认为三年级一共有 36 人参加跳绳、踢毽比赛？

　　**生 1：** 开始时，题目没有说有学生是重复参赛的，所以，一共有 36 人参赛。

　　**师：** 听，这是什么道理？那开始时题目也没有说没有重复参赛的呀，你凭什么肯定没有重复的呢？

　　沉默（学生紧张地思考）。

　　**生 2：** 应该说三年级有可能有 36 人参赛。

　　**师：** 这算是讲道理的。除了可能有 36 人参赛，还有哪些可能呢？

　　学生中出现：35、34、33，接着便自发地齐答：32、31、30 …… 22、21、20 ……这时，学生中出现了不同的声音。

　　**师：** 最多可能是 36 人，那么，最少可能是多少人呢？为什么？请课后思考吧！

　　学生意犹未尽地下课了。

　　**分析：** 三个班参赛情况的简图，让学生对集合间并列、交叉、包含关系有了整体认识，帮助学生建立了完整的认知结构。而"开始时，你们为什么都认为三年级一共有 36 人参加跳绳、踢毽比赛"，引导学生对自己的思维过程进行反思，这种反思活动不仅使学生考虑问题更加严密，而且满足了学有余力的学生，让其思维更上一个层次。而对于"最少可能是多少人呢"一问，正确的答案其实已经呼之欲出，但教师没有揭晓，是想让学生带着悬念、带着兴趣走出课堂，保留那份深入探究的欲望。

　　这一教学案例，较能体现我的"为生成而预设"的教学理念。对于其中的"生成"，我觉得是不难理解的，生成问题，生成探究、合作的活动，生成解决问题的方法，等等，最根本地，就是生成学生的智慧和人格。而要实现这样的"生成"，我认为关键在于预设！预设什么？要预设的东西很多，但最重要的是预设有思维空间的问题。"三年级共有多少学生参赛？肯定是 36 人吗？"——"怎样用圈表示能让人清楚地看出跳绳的、踢毽的、既跳绳又踢毽的？"——"从图中你能清楚地看出什么？你能用几种方法算出三（2）班参赛的人数？"——"现在还认为三年级共有 36 人参赛吗？还有哪些可能的答案？"其实，整堂课就是由这几个问题组成的问题链构成的。其中的每个问题都有着较大的思维空间，使不同层次的学生展开自己的思考，形成自己的想法，生成差异资源；而问题与问题之间有着内在的联系，后一个问题往往是由前一个问题引发的，共同构成问题链，使思维活动层层深入，直至达成教学目标。只有有合适空间的问题，才能引起学生的兴趣，挑战学生的思维，让学生积极主动地投入解决问题的学习活动中，使知识、智慧和人格自然地融合在解决问题的过程中。怎样才能预设有合适空间的问题？我的体会是：研读教材，读懂教材背后的东西；研究学生，了解学生的认知倾向与困惑。

## 附：由潘小明老师"为生成而预设"想到的

东北师范大学教育科学学院教授　马云鹏

潘老师的文章与其说是对一个教学案例的解析，不如说是潘老师多年教学中践行的"为生成而预设"的教学思想的提炼与升华。案例的展示是鲜活的，教学思想的提炼更是精彩的。

预设与生成是近年来大家讨论得比较多的话题，笔者虽然对这个问题没有专门的研究，但也有一些感受。学界谈论得更多的是如何处理好预设与生成的矛盾，如何对待教学过程中出现的与预设不同的问题。从这个意义上说，预设与生成是一对矛盾，生成是那些超出预设的问题，是教师在预设时没有想到或者不希望出现的问题。教师在上课时，无论是公开课，还是平时的课，一般还是希望按照预设进行的。这样的教学既顺利，又能达到预期的效果。所以，生成往往是节外生枝的，是不期而至的，教师一般不希望在课堂中有更多的生成。生成也多半是被动的，是对教师应变策略的考验。而潘老师提出的话题却是"为生成而预设"，这个命题本身就具有挑战性，具有新鲜感，使人感受到潘老师面对预设与生成这对矛盾的态度：不仅不回避，而且有意制造矛盾，生成矛盾。

潘老师的这种自找苦吃的做法，诠释了一种什么理念，给我们带来哪些启示呢？

第一，为生成而预设反映了一种教学的价值追求。

这种价值追求就是一种引导学生"会学"的价值观，是让学生"做数学"和"体验数学的学习过程"的价值观。正像潘老师在文章中说的，"教学的重要目的之一，就是使学生理解和掌握正确的结论。但是，如果不经过学生一系列的质疑、判断、比较、选择，以及相应的分析、综合、概括等认识活动，即如果没有多样化的思维过程和认知方式，没有多种观点的碰撞、争论和比较，学生就难以获得结论，也难以真正理解和巩固知识"。结论的获得不只是知道一个结果，更重要的是了解这个结果是如何得来的，是如何产生的。结果固然重要，得到结果的过程更为重要。结果可能只有一个，探索结果的过程和途径却是不同的，并且探索的过程和方法往往不只对这个结果有用，也会适用于探索其他的问题。

第二，为生成而预设是教学本质的回归。

为生成而预设体现的是为过程而预设，预设的是可能引起的讨论、争论、困惑与探索。潘老师引用的几个片段就反映了这样的过程。"片段3：学生独立思考着，尝试着用圈表示，提出了各种不同的想法，思维激烈地碰撞了起来。"以下学生画的各种各样的圈，反映了学生的思考过程，展示了学生对问题的不同想法。在讨论、困惑与探索、解疑的过程中，学生慢慢了解问题的本质，明晰了问题中各要素的关系。

为生成而预设体现了为未知而预设的勇气。生成毕竟不是预设，如果能够确切地预见会发生的一切，也不是真正的生成。所以为生成而预设的特质是，知道会发生一些疑问，并不知道一定会发生什么。这就为教学带来一些风险，带来一些悬念。也许，正是这样的悬念为教学过程平添魅力。而这样的教学所带来的风险，也是对教师胆识与素养的考验。对于教学片段3，学生画了6个不同的集合图来表示参加跳绳和踢毽学生的人数，特别是对生3画的图的讨论：

生3：（出示下图）我是用三个圈来表示的，你们能看清楚吗？

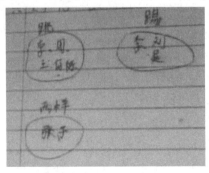

生4：张伟、于丽都参加了两项比赛，可是，为什么在跳绳和踢毽的圈里没有他们呢？

生3：我写的"两样"，代表两项比赛都参加了，就归在一个圆圈里。

教师要有很强的驾驭教学过程的能力，以及对所研究问题的深入理解。相信事先潘老师并不知道学生会画出这样的图，不知道教学的讨论过程会如此的激烈。

为生成而预设本质上是为思考而预设。没有思考的教学不是好的教学，对数学教学而言，更是如此。教学的预设需要考虑引发学生的思考，为生成而预设更是以启发学生思考为目标的。潘老师的教学突出地体现了这样的理念。对于开始设计的问题，学生按照常规的做法得出正确的答案，"正是这道答案不唯一的开放题，让学生掉入'陷阱'，而这'陷阱'里隐含着重要的数学知识"。生成的问题、思考的空间也从这里展开。正像潘老师在文章中写的那样，"要预设的东西很多，但最重要的是预设有思维空间的问题。'三年级共有多少学生参赛？肯定是36人吗？'——'怎样用圈表示能让人清楚地看出跳绳的、踢毽的、既跳绳又踢毽的？'——'从图中你能清楚地看出什么？你能用几种方法算出三(2)班参赛的人数？'——'现在还认为三年级共有36人参赛吗？还有哪些可能的答案？'其实，整堂课就是由这几个问题组成的问题链构成的。"

第三，我们需要什么样的预设？

潘老师为生成而预设的教学案例分析，促使我们思考教学的预设到底应该是怎样的。

好的预设是具有生成性的预设。教师在预设的时候就应当想到在课堂中要生成的东西，或者为生成一些东西创造一个空间、哪怕你不知道会生成什么，会走多远。

好的预设是使大多数学生受益的预设。真正的有价值的预设是面向全体学生的预设，是大多数学生能参与的预设，是大多数学生能从中受益的预设。一个情境，一个问题，如果只是少数学生，只是所谓尖子生受益，那么它不是一个好的问题，也不是好的预设。在潘老师的案例中，之所以有那么多的学生参与，有那么多不同的想法，就是因为对于这样的问题，每一个学生都可以发表自己的想法，都可以给出一个答案。而正是这些基于不同理解的答案，引起了学生的广泛参与和思考。

好的预设是促使学生生疑的预设。生成的起点可能是生疑，那么生成的预设就是学生生疑的预设。正如潘老师分析的那样，"教师预设问题时，要考虑学生学习中的障碍、困惑，真正使'问题'成为'属于学生自己的问题'"。

# 二、智慧和人格在数学活动中生成

## ——《三角形边的关系》教学实践与思考

数学教学不仅要让学生获得知识技能，而且要生成智慧和人格。如何让智慧和人格在数学活动中不断地生成？我思考着、探索着、实践着……

扔出一个肉包子，狗会跑直线过去吃，为什么？两点之间线段最短。这是一条数学公理。学生有生活经验，自然能很快地理解。然而，有关"三角形边的关系"（北师大版数学第七册，见右图），教材是这样编写的：呈现实验材料，给出实验方法，提出实验目的。编写意图是显而易见的：让学生在经历这样一个实验探究活动之后，不仅归纳出"三角形任意两边的和大于第三边"这一结论，而且学习了科学探究的方法，培养了发现知识的能力。这样编写，给教师的教指明了方向，但站在学生的角度，我会这样想：为什么要我用这四组小棒试搭三角形？为什么每次实验都要在表中的圈内填上"＜""＞""＝"符号？作为教师的我们自然清楚，而学生可能感到很茫然。虽然在活动之后教师可以告诉学生，我们是用这样的方法去探索发现知识的，但是学生探究活动的过程很有可能变为

机械地执行教师的指令，学生学习的主动性、发散性思维、批判性思维等都难以得到充分发挥和实践。怎样从学生的实际出发设计问题、组织教学呢？我做过这样的教学尝试。

我预设了下面三个问题。

（1）三角形是由三条线段围成的图形，如果用小棒代替线段，围一个三角形要用几根小棒？

（2）任意给出三根小棒，你一定能围成一个三角形吗？

（3）怎样的三根小棒一定能围成三角形呢？

我想，三角形是由三条线段围成的图形，这是学生已知的。对于问题（1），学生能轻易回答；问题（2）是问题（1）的逆向，顺命题成立其逆命题不一定成立，估计学生中会有不同的回答，然后让学生实验验证，从中发现：两根小棒的和小于第三根时，不能围成三角形。于是，引起学生的深入探究：怎样的三根小棒一定能围成三角形呢？发现：当较短两根的和大于第三根时，一定能围成三角形。学生可能会由此联想到三角形三条边的关系，得出：三角形中较短两边的和大于第三边。这时，教师追问：等边三角形中是没有较短两边的，对于所有的三角形来说，三条边之间到底有着怎样的关系？激发学生再思考，概括出：三角形任意两边的和大于第三边。

实际教学中，学生对于问题（1）和问题（2）的思考，尽在教师的预想之中。而对于"怎样的三根小棒一定能围成三角形呢"，有的学生认为：当较短两根的和大于或等于第三根时，就一定能围成三角形（第一种情况）；也有的认为：三根一样长的小棒，一定能围成三角形（第二种情况）。教师追问：三角形就只有三边相等这一种吗？有学生做了补充：两根一样长的，也一定能（第三种情况）；三根各不相等的，较短两根的和必须大于第三根，也一定能（第四种情况）。这，是教学中的意外。针对学生的回答，教师没有直接给出正确与错误的评判，而是进行了板书，引起全体学生的再思考。教师先借助电脑进行演示，让学生直观地发现"较短两根的和等于第三根时是不能围成三角形的"，再引导学生讨论另外三种情况，有的学生说"当三根小棒一样长时，一定能围成三角形，这已经不用考虑了；有两根一样长时是不能肯定的，因为万一另一根特别长，那就围不成；我觉得可以把第二、第三种情况合并为'老二与老三的和大于老大时，也一定能围成三角形'"。此时，教师要学生概括成一句话

（任意两根小棒的和大于第三根时，一定能围成三角形），学生哑然。教师指着等边三角形的两条边问：这两边的和比第三边怎么样？学生这才发现：任意两根小棒的和大于第三根时，一定能围成三角形。

这是上海名师学习研究所让我上的一个课例。记得有位专家当时是这样说的：潘老师的课的最大特点是，不是从教案上起，而是从学生上起，整个教学是围绕学生的问题展开的。

是的。我为自己机智地处理教学中的意外而窃喜，但我更被意外背后的原因所吸引，我在思考：较短两根的和等于第三根时，在有的学生看来，确实是围成了三角形，教师简单地用电脑演示，这能取代学生头脑中的想法吗？怎样让学生进行自我否定，发展思维？我在想：怎样的三根小棒一定能围成三角形？学生的"三根一样长的小棒一定能围成三角形"的回答，应该是完美无缺的，教师一句"只有三边相等这一种三角形吗"的追问，学生会接受吗？到底有必要追问吗？我还在想：在教师的追问下，学生补充了另外两种情况，围绕三种情况展开讨论，学生积极主动，气氛相当热烈，不知不觉中用去了大半的时间，其中，学生的数学思维得到了哪些锻炼和发展？如何改进教学？我又一次走进了课堂。

片段1：

**师：**课前老师给每人发了两根小棒，你们知道发两根小棒干什么吗？

**生1：**因为课题是三角形边的关系，我以为会发三根小棒让我们摆三角形，可是只发了两根，我就不知道干什么了。

**生2：**可能是摆角用的。

**师：**不是用来摆角的，确实是用来摆三角形的。

**生3：**三角形有三条边，需要三根小棒，你发给我们两根让我们怎么摆呢？

教师出示：现在有两根小棒，一根长3厘米，另一根长5厘米，再配上一根多长的小棒，就能围成一个三角形？有几种配法？

**师：**将你要配的小棒画在纸上，你有几种配法都在纸上画出来。明白吗？开始——

学生独立思考着、操作着……

**分析：**出示的课题是三角形边的关系，给出的小棒只有两根，而且是要用来摆三角形的，学生顿生困惑：用两根怎么能摆成三角形呢？这里，虽然没有复习三角形的概念，但已经激活了学生的认知，刺激了学生的思维，吸引了学生的注意。"再配上一根多长的小棒，就能围成一个三角形？有几种配法？"其实，再配一根不难，有几种配法则给有差异的学生以自由探索的空间。

片段2：

**师：** 请说出你配上了多长的小棒。

**生1：** 配上6厘米、4厘米、2厘米。

**生2：** 我配上7厘米、8厘米、3厘米。

**生3：** 我配了一根5厘米的。

**生4：** 还有1厘米、0.5厘米，还有更短的。

结合回答，教师顺着线段的长短板书：8、7、6、5、4、3、2、1、0.5cm。

**生5：** 我要反驳，把5厘米和3厘米的叠在一起，差距还有2厘米，0.5厘米的怎么可能呢？我希望他摆给我看。

生4进行了操作，发现0.5厘米是不能围成三角形的，并解释：我刚才没有摆过，我是想象的。

**分析：** "有几种不同的配法"这个问题，不仅适合有差异的学生，而且使学生在寻找多种配法的过程中感知到：不是任意一根小棒都能围成三角形的，太短了接不上，太长了也接不上。有的学生在小组交流时说"我发现配上的线段最长不能比两根长度的和长，最短不能短于两根线段的差"，学生已经关注到所画线段的长度是有一定的范围的，这是一个怎样的范围呢？学生的思维对象已经从能配几种小棒转向所配小棒长度的取值范围，思维向纵深方向发展了。

片段3：

**师：** 下面，以前后4人为小组，讨论在上面所配的这些小棒中，哪些是不能围成三角形的。要用事实讲道理，看哪组合作得最好！开始——

学生组内讨论后进行组际交流。

**生：** 2厘米到8厘米的都可以。

**师：** （指着板书）1厘米呢？（学生齐说"不可以"。）我们来试验一下吧！

电脑验证：当三根小棒是5厘米、3厘米和1厘米时，用3厘米和1厘米的小棒放在5厘米小棒的两端，然后慢慢向下围，3厘米和1厘米的小棒与5厘米的重合，两头没有围上，之间相差了1厘米。

**师**：1厘米不行，1.8厘米、1.9厘米、1.99厘米呢？（学生齐说"不行"。）2厘米呢？（学生思考着。）

**师**：认为2厘米行的举手！（大部分学生举起了手。）认为不行的举手！（3位学生举了手。）

**师**：到底听谁的呢，我们来个少数服从多数，好吗？不！这不是选少先队代表。知识是科学的，得看谁说得有道理！

**生1**：某某同学你想一下，一根5厘米和一根3厘米，还差2厘米。如果用2厘米的小棒去围，小棒要斜一点，肯定会有一点距离的，所以不能围成三角形。

**生2**：我刚才是做过实验的，把小棒往里转的话，两根小棒之间的距离会减少一些的，应该是能围成三角形的。

**生3**：你用的是两根小棒，你可以围起来的，但是，如果是一条线呢，一条很细很细的线呢？

**生2**：那你是不是认为3厘米加2厘米比5厘米要来得少呀？

**生3**：当然不是喽！

**生2**：那好，3厘米加2厘米等于5厘米，不就可以围成三角形了吗？

**生3**：3厘米加2厘米等于5厘米，正好跟它平行，不多也不少。

**师**：好，老师听明白了。一个同学说，3厘米加2厘米等于5厘米，3厘米、2厘米这两根小棒的两头就碰得着了，碰得着了，说明就能围成三角形；另一个同学认为，正好碰头，就平掉了。

教师结合回答，边画图（见下图）边提问，再围下去，它们会碰头吗？碰头的点在哪里？学生观察并想象着，积极地上来标出碰头的点是在5厘米的线段上，终于得出：配上2厘米的线段，正好重叠了，不能围成三角形。

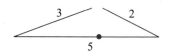

**分析**：俗话说，眼见为实。有的学生用2厘米、3厘米和5厘米这三根小棒竟然围成了一个三角形，他们对两根小棒的和等于第三根时也能围成三角形是深信不疑的！这显然是小棒较粗引起操作误差所致，但简单地解释又难以使学生信服。为此，教师采用"数形结合"的方式，双管齐下：一方面通过"1厘米不行，1.8厘米、1.9厘米、

1.99 厘米呢？2 厘米呢？"让学生进行数学计算，发现即使配上 1.999 厘米，其和还是比 5 厘米短，只有当配上 2 厘米时的和正好等于 5 厘米，而这时的 2 厘米和 3 厘米构成一条新的线段；另一方面，借助直观图形，让学生进行空间想象：2 厘米和 3 厘米小棒的另一头能碰头吗？碰头点在哪儿？这样，学生不仅对先前的想法进行自我否定，更重要的是学习了用数学的方法分析问题，做出判断，其思维更具理性。

片段 4：

**师**：还有哪些是不能围成三角形的？

**生**：8 厘米的。同样道理，因为 5 厘米加 3 厘米正好等于 8 厘米，重叠了，不能围成三角形。

**师**：那么，你认为一共有多少种配法？

**生**：3 厘米到 7 厘米，一共有 5 种。

**师**：这 5 种是行的，是不是只有 5 种？

**生**：加上小数就有无数种，2.1、2.2……2.9，等等。

**师**：怎样的小棒都可以？

**生**：大于 2.1 厘米小于 7.9 厘米的小棒都可以。

**师**：2.01 行不行？2.001 呢？7.999 呢？

**生**：应该是大于 2 厘米，小于 8 厘米的都行。

**分析**："你认为一共有多少种配法？"有的学生开始是在整厘米数范围内考虑的，得出共有 5 种。在教师的"是不是只有 5 种"的追问下，学生的思维得到拓展，如果小数也可以的话，可以有无数种。但是，绝大多数学生的头脑中还没有建立起一个正确的取值范围。确实，这对于小学四年级的学生而言是有一定困难的。对于学生的"大于 2.1 厘米、小于 7.9 厘米的小棒都可以"，教师没有直接否定，而是提出了 2.01、2.001 让学生判断，这些数据既是具体的，又是向 2 无限逼近的，学生自然会想到 2.00001 也是可以的，那该怎样表述呢？"比 2 厘米长"已是呼之欲出，学生不难得出"又必须比 8 厘米短"的结论。这样层层递进的启发引导，拓展了学生的思维，有机地渗透了无限逼近的数学思想，培养了学生的抽象、概括能力。

片段 5：

**师**：请同学们回想一下，刚才在寻找"共有几种配法"时，你是怎样想的，怎样做的。

**生 1：**先在纸上画一条线段，然后用两根小棒去围围看，这样试着去找。

**生 2：**我想将 3 厘米和 5 厘米的两根摆成一个角，再连接另两头得到要配上的小棒。

**师：**两种方法，你现在更喜欢哪种？为什么？

许多学生选择第二种方法，理由是：一来可以避免太短或太长的盲目性，二来可以找到许多种配法。教师顺着思路板书（见下图），启发学生思考得出配上小棒的长度范围，并引导学生：看来，面对问题，我们不仅要关心答案，更要关心用怎样的方法去找答案，因为方法比答案更重要！

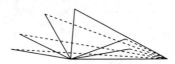

**分析：**小学生的原认知水平相对较低，他们对于问题，往往关心的是答案，却很少关心自己的思想方法及所用的策略。采用第二种方法的学生，虽然没有了盲目性，找到了多种配法，但也很少有人去深入思考其取值的范围。引导学生学习解决问题的策略，进行深度的数学思考，是数学教学的重要任务之一。怎样引发学生对自己解题策略的关注呢？课中，教师没有在出示题目后马上告知学生怎样做能找出多种配法，而是在学生自主探究之后，引导学生"回头，看看走过的路"，进行不同方法的比较，学生深深地体会到"策略比结果更重要"，实现由只关心题目结果向关注解题策略的转化。

片段 6：

**师：**下面的两组线段，能围成三角形的用钩表示，不能的用叉表示，并说出理由。

出示：在能搭成三角形的一组线段下面打"√"。

| 1cm | 2cm |
|---|---|
| 2cm | 4cm |
| 3cm | 3cm |

对于 1 厘米、2 厘米和 3 厘米的这组线段，学生都做出了正确的判断，理由是 $1+2=3$，所以不能围成三角形。对于 2 厘米、4 厘米、3 厘米的这组线段，大家的意见也是一致的：因为 $2+3>4$，所以能围成三角形。

**师：**（重复学生的回答，并板书）因为 2+3＞4，所以能。

**师：**照此说来，对于第一组的小棒，我们也可以说（板书）：因为 1+3＞2，所以能。

一石激起千层浪。学生思考，纷纷发表自己的看法。

**生：**这是不对的。因为 1+2＝3，所以不能围成三角形。

**师：**对于第二组，为什么由 2+3＞4 这一个式子，就能断定能围成三角形？

**生：**因为 2 厘米、3 厘米是较短的两条线段，它们的长度之和大于最长的，那么用最长的去加上 2 厘米或 3 厘米，肯定要比 3 厘米或 2 厘米长，这是肯定的。所以根本不必要说。

**分析：**对于给出的两组小棒能否围成三角形，学生是能做出正确判断的。教师设计的"因为 2+3＞4，所以能；照此也可以得出：因为 1+3＞2，所以能"的问题似乎是多余的，其实不然。教师这"理直气壮"的类比，激起了学生对类比所得错误结论之原因的思考，不仅深刻揭示出数学知识的本质（任意两条线段的和大于第三条，就能围成三角形；而较短两条的和大于第三条，则其他情况必然也是大于第三条的），而且使学生体会到类比的结果不一定正确，还有待验证。

**师：**原来如此，有道理！请大家继续判断。

**出示：**有三条线段，其中两条线段的和大于第三条，这样的三条线段能围成三角形吗？

学生的判断各不相同，有的认为能，有的认为不能，也有的认为不一定。

**师：**谁能说服别人？

**生：**我认为是不一定能！你说一定能，那么像 1 厘米、7 厘米和 3 厘米，其中 1+7＞3，是不能围成三角形的；你说一定不能，像 4 厘米、5 厘米和 8 厘米，其中 4+5＞8，却是能围成三角形的。所以，我认为是不能肯定的。

**师：**用事实说话，真让人信服！那么，把"其中"换成哪个词，使得这样的三根线段一定能围成三角形？

学生再次思考，有的认为把"其中"换成"较短"，大多数学生表示同意，也有学生提出换成"任意"，经过交流，形成了一致的意见。最后，教师出示一个三角形并提问，三角形三条边之间有什么关系？学生轻易得出：三角形任意两边的和大于第三边。

**分析**：我们知道，要证明一个命题是正确的，不能只举几个正例。但是，要证明一个命题是错误的，只需举出一个反例。让学生结合具体问题，学习举反例来证明，进行数学推理的训练，是很有必要的。

教学是一门有遗憾的艺术，上面的教学中一定存在着不足。我认为，对于遗憾，我们应该悦纳并不断地探究，不断地改进教学，使数学活动的过程成为智慧和人格不断生成的过程。

方法生成智慧，态度生成人格。方法和态度是在师生、生生的互动中生成的。着眼于智慧和人格生成的教学，应该把重心放在提高互动的质量上。影响互动质量的因素有互相尊重、民主平等、和谐宽松的学习氛围，独立自主地探究学习，同伴之间的合作交流，教师适时的启发引导等，而设计有价值的问题是一个重要的因素。对于教师"怎样的三根小棒一定能围成三角形呢"的问题，有的学生回答"一样长的三根一定能围成三角形"，这是最贴近学生思维实际且无懈可击的答案，然而却没有揭示出三角形边的关系。在教师"三角形就只有三条边相等这一种吗"的追问下，学生才提出"两根一样长、三根各不相等"的两种情况，教学才得以展开，十分牵强。而对于教师设计"再配上一根多长的小棒，就能围成一个三角形？有几种配法？"的问题，学生在尝试中自然会发现配上的小棒不能太短也不能太长，自然会产生到底有多少种配法的疑问，自然会想到小棒的长度会不会有一个范围，怎样表示这个范围等问题。所有这些问题因三根小棒之间的关系引发，而解决了这些问题，知识的本质也就被深刻地揭示出来了。高质量的互动，必须有高质量的问题。

何谓高质量的问题？高质量的问题从何而来？我认为，高质量的问题应该具有趣味性、开放性、挑战性、差异性和实践性，解决问题的过程中应该饱含着数学的思想方法和策略。而高质量的问题，来自教师的刻苦钻研：对教材的研究，发掘数学知识中隐含着的数学思想方法；对学生的研究，了解学生的认知起点、认知水平及其学习新知识时可能有的思维方式和各种困难等；对以往教学的研究，反思教学过程，积累经验、发现问题等。在此基础上，教师围绕教学的主线（显性的数学知识和隐性的数学思想方法）设计高质量的问题。

知识、智慧和人格，与新课程的"三维目标"，本质上是相同的。有不少教师为"三维目标"的陈述而费劲，更为如何落实"三维目标"而苦恼，其实大可不必。我认为，"三维目标"是一个具有共性的通用目标（各学科都要落实），但各学科对目标的落实必须具有鲜明的学科特点。数学教学就要抓住数学思考这一本质，而设计好问题是数学思考的关键。有高质量的问题，才会产生高质量的互动；有了高质量的互动，智慧和人格自然会在其中生成。

## 附：再谈《三角形边的关系》的教学

南京大学教授　郑毓信

怀着很大兴趣阅读了潘小明老师的文章《智慧和人格在数学活动中生成——从教学"三角形边的关系"谈起》（《小学教学》2006年第10期），因为相关内容的教学，特别是如何能在这一过程中很好地引导学生主动地进行探究（包括动手实践），正是笔者新近发表的一篇文章《小学数学教学研究热点问题透视》（《人民教育》2006年第18期）的一个直接论题。

具体地说，笔者在《小学数学教学研究热点问题透视》中首先介绍了这样一个课例：这是四年级教材的一项内容——三角形任意两边的和大于第三边，教学中用这样一个具体情境以引出这一内容：小明上学时究竟是走中间的直路较近，还是分别绕道位于直路两侧的邮局和商店较近？然而，尽管从一开始被提问的学生就能立即对上述问题正确作答，大多数学生并不依据"两点间直线最短"做出必要的论证，任课教师仍然坚持要求学生用实物（纸条或小棒）对上述结论进行检验，包括重新提出"三角形任意两边的和大于第三边"这一猜想。在课后的点评中，还有教师提出："在此重要的并非上述的具体结论，而是要让学生体会发现的过程。"以下则是笔者针对上述现象所提出的问题："究竟什么是真正的探究活动？什么又是数学教学中提倡学生自主探究的主要意义？"笔者认为："这正是科学的探究活动的一个基本特征，即有着明确的目的性。从而，如果我们将过程与结论绝对地对立起来，并认为可以唯一地集中于所谓的'过程性目标'而完全不用顾及相关活动意义的话，那么相关的活动就根本不能被看成真正的探究。"（笔者在这一文章中还提出了这样的疑惑：就以上的实例而言，我们究竟是将学生教聪明了，还是教笨了？）

也正是从上述角度去分析，笔者十分欣赏潘小明老师在设计相关教案时所采取的以下立场，即不是机械地去照本宣科（众所周知，后者正是新一轮数学课程改革所积极倡导的一种立场），不只是按照教材中所设定的问题和程序，直接"指令"学生去进行相关的实验，而是"站在学生的角度"积极地去思考："为什么要我用这四组小棒试围三角形？为什么每次实验都要在表中的圆圈内填上'＜''＞''＝'？"进而，正是通过积极的实践、认真总结与反思，潘老师最终设计出了十分成功的教学。特别是，这一教学既没有由教师直接引出结论再让学生被动地去进行"实验验证"，而是力图通过适当的提问"现有两根小棒，一根长……再配上一根多长的小棒，就能围成一个三角形，有几种不同的配法？"引导学生积极地去进行探究；也没有停留于学生的动手实践或已有认识，而是通过不断提出新的恰当问题"你认为一共有多少种配法？""两种方法你更喜欢哪一种？为什么？"……引导学生积极地思考从而实现"思维向纵深方向发展"，学生能"深深地体悟到'方法比答案更重要'"，等等。

在此，笔者愿意直接引用潘小明老师对于上述教学过程的总结，因为这十分清楚地表明：高质量的课堂提问不仅直接关系到我们能否通过教学帮助学生较好地去掌握相关的知识，而且也关系到数学教育所应追求的"三维目标"（对此潘老师概括为"知识、智慧和人格"）能否真正得以落实："着眼于智慧和人格生成的教学，应该把重心放在提高互动的质量上。影响互动质量的因素有……设计有价值的问题是一个很重要的因素……有高质量的问题，才会产生高质量的互动；有了高质量的互动，智慧和人格自然会在其中生成。"

也正是从后一角度去分析，笔者在此提出这样一个问题，希望能引发读者进一步思考与探索：正如潘老师在文中所提及的，"扔出一个肉包子，狗会跑直线过去吃，为什么？两点之间线段最短……学生有生活经验，自然能很快地理解"，既然如此，我们在教学中是否就应努力帮助学生将新的学习内容（三角形边与边之间的关系）与所说的生活经验很好地联系起来？我们又应如何去建立这种联系？显然，上述问题的解答同样取决于积极的教学实践与认真的总结，特别是，通过对上述问题的深入思考我们或许可以更好地理解数学以及数学学习的性质：数学学习事实上也是一种语言学习，因为"三角形边的关系"可被看成"两点之间线段最短"这一普遍结论的一个特例，我们可依据该结论进一步引出如"四边形任意三边的和大于第四边"这样的一系列结论。

# 三、在追寻知识本质的探究中发展思维

## ——《小数的性质》教学实践与思考

### (一)教材内容

上教版数学第八册《小数的性质》。

### (二)教学实录

**1. 出示**

一个数的末尾添上一个"0"，得到的数是原数的（　　）倍。

学生很快举手。

**生1：**一个数的末尾添上一个"0"，得到的数是原数的 10 倍。

教师板书"10 倍"。

**师：**有不同意见吗？

部分学生脱口而出"没有"，教师顺着说："你没有不同意见并不代表别人也没有不同意见呀！请有不同意见的同学举手。"这时有两个学生举手，渐渐地，又有六七个学生举手了。

**生2：**如果这个数的最低位是小数部分呢？

**师：**你的意思是说，这个数如果是小数，会是怎样的呢？

**生2：**是的。

**师：**如果是个小数的话，那你认为末尾添上一个"0"后，它的大小怎么了？

**生2：**还是等于原来的数。

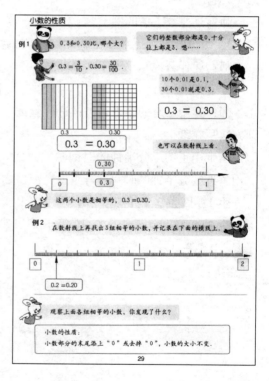

**师**：大小是不变的，那说明得到的数是原数的几倍？

众生回答是原来数的 1 倍。教师板书"1 倍"，并问："还有不同的答案吗？"学生中没人举手。

**师**：对这两个答案，你能举例说明吗？

**生 1**：20 的末尾加个 0 就是 200，200 是 20 的 10 倍。

**生 2**：157 的末尾加上 0 就是 1570，1570 是 157 的 10 倍。

**师**：只要能说明问题，例子越简单越好。例如，3 的末尾加 0 就是 30，30 是 3 的 10 倍。

**师**：是原数 1 倍的例子？

**生 1**：0.1 的末尾加 0 是 0.10，所得的数与原数一样大。

**师**：凭什么说 0.1 等于 0.10 呢？

**2. 验证**

**师**：运用已有的知识，怎样进行验证，让人确信 0.1 等于 0.10？可以将你的验证方法写在纸上。

学生用了约 4 分半钟的时间独立思考，并尝试着在纸上写出自己的验证方法，又用了近 2 分半钟的时间进行组内交流。之后，小组代表进行班级交流。

**生 1**：因为 0.1 元等于 0.10 元，所以，0.1 等于 0.10。

**生 2**：0.1 等于 1/10，0.10 等于 10/100，因为 1/10 等于 10/100，所以，0.1 等于 0.10（见图 1）。

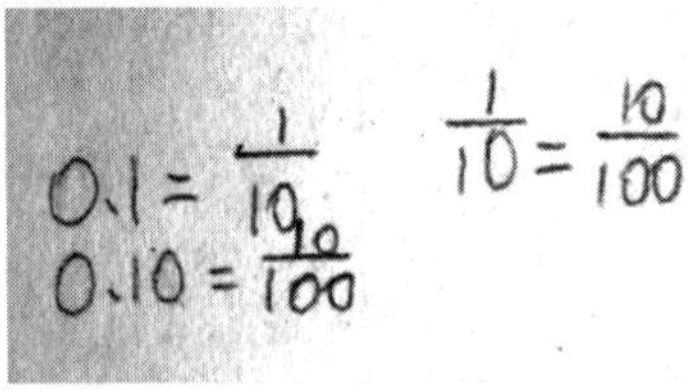

图 1

**生 3**：0.1 乘 10 等于 1，而不是等于 0.10。

**师**：这只是证明了 0.10 不是 0.1 的 10 倍，但是，还没有证明 0.10 与 0.1 是相等的，你同意吗？

**生 4**：因为在 0.1 后面加 0，小数大小不变，所以，0.10 等于 0.1（见图 2）。

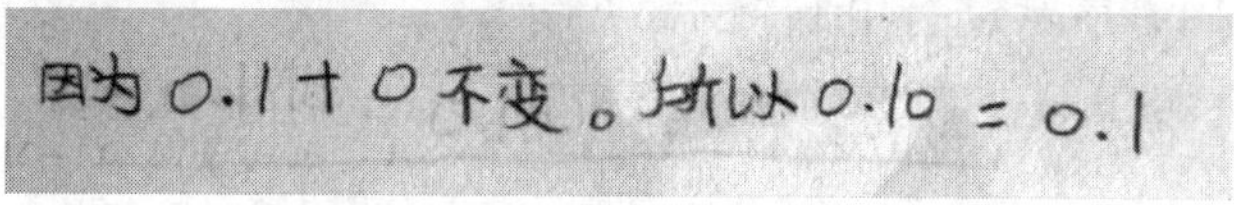

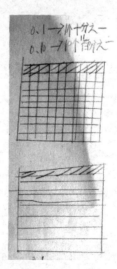

图2

生5：0.10里面有0个1、1个0.1、0个0.01，而0.1里面有0个1、1个0.1，所以，我觉得是一样大的（见图3）。

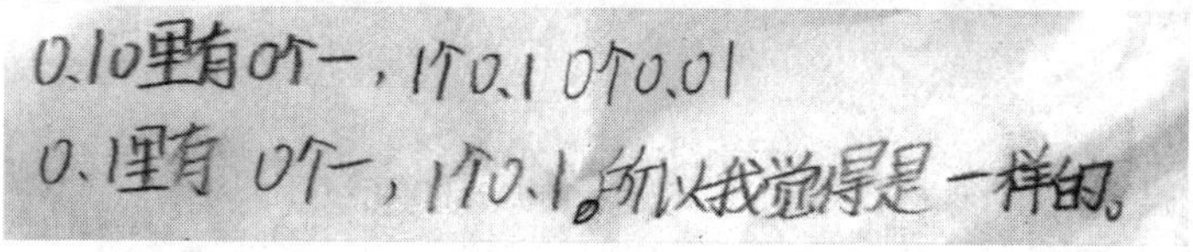

图3

生6：我画的是数位顺序表（见图4）。从表中我发现，在0.1的后面添上1个0、2个0，小数的大小是不变的。

生7：把一个正方形平均分成100份，取其中的10份就是0.10，再把这个正方形平均分成10份，取其中的1份，这一份就是0.1。这两个图形的大小是一样的，所以，0.1等于0.10（见图5）。

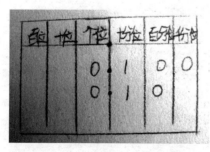

图4

图5

教师在该生回答后，进行电脑演示（见图 6），并将 0.10 的图示进行了分步演示，学生从 0.09 加 0.01 的计算中也得出 0.10。

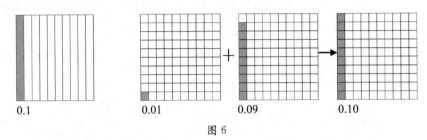

图 6

**生 8**：我是用数射线来验证 0.1 等于 0.10 的（见图 7）。

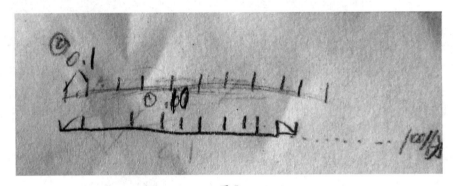

图 7

**生 9**：我也是用数射线来验证的（见图 8）。

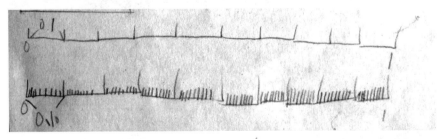

图 8

**师**：比较两位同学借助数射线所进行的验证，你有什么发现？

学生独立思考后进行小组讨论，再进行汇报。学生纷纷发表意见。有的学生说：

从第一幅图（见图 7）中我们看到，0.10 里面有 10 个 0.1 那样的 10 段，说明 0.1 与 0.10 是不相等的，0.10 比 0.1 大，这是不对的。有的学生认为：应该像第二幅图（见图 8）那样，因为在数射线上，把 0 到 1 的线段平均分成 10 份，每一份就是 0.1，再把表示 0.1 的线段平均分成 10 份，每份就是 0.01，10 个 0.01 就是 0.10。所以，0.1 与 0.10 是相等的。教师用电脑出示数射线（见图 9a），让学生说出表示 0.1 的点在哪里。结合学生的回答，教师将图 9a 从 0 到 1 的线段平均分成 10 份，表示出数 0.1 所在的位置（见图 9b）。接着，教师让学生思考：数射线上表示 0.01 的点在哪里？结合回答，教师将图 9b 中 0 到 1 的线段平均分成 100 份，用点表示出数 1/100，即 0.01；再表示出数 10/100，即 0.10（见图 9c）。借助数射线，同学们验证了 0.1 等于 0.10。

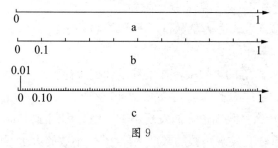

图 9

**生 10**：我们知道，0.10 表示 10 个 0.01，而 10 个 0.01 就是 0.1，所以，0.10 就等于 0.1（见图 10）。

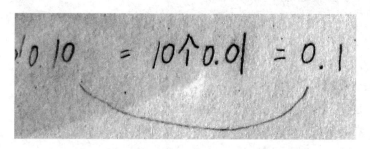

图 10

**师**：刚才，我们验证了在小数末尾添上一个"0"时，小数的大小是不变的。由此，你又想到了什么？

**生 1**：我想，如果在小数的末尾添两个"0"，它们的大小也是相等的。

**师**：是吗？借助数射线，怎样讲理由？

**生2**：把0.01那段再平均分成10份，这样每份就是0.001，从0到0.10共有100个0.001，也就是0.100。

**师**：（指着数射线上的点）是呀，到这里是0.099，再加1个0.001，就是0.100，与0.10、0.1都相等。

**师**：在小数的末尾添两个"0"，它们的大小也是不变的。如果添三个"0"呢？

**众生**：不管添多少个"0"，它们的大小都是不变的。

**师**：0.2与0.20相等吗？还要验证吗？

**生1**：因为我们已经验证了0.1等于0.10，2个0.1与2个0.10当然也是相等的，所以，不用再验证了。

**师**：3.2与3.20相等吗？需要验证吗？

**生1**：也不用验证了。因为整数部分是相等的，小数部分0.2等于0.20，也是相等的，所以，3.2等于3.20。

**师**：从上面这些相等的小数中，你发现了什么规律？

**生1**：在小数的末尾添上"0"，小数的大小不变。

**师**：还发现了什么？我知道你们发现不了，因为你们刚才都是这样看过去的。

**生2**：反过来看，我发现小数的末尾去掉"0"，小数的大小不变。

**师**：看得好！我们在观察时不仅要会顺向观察，还要会逆向观察，这样更便于发现规律。谁能完整地把发现的规律说一下？

**生1**：小数的末尾添上"0"，小数的大小不变；小数的末尾去掉了"0"，小数的大小不变。

**生2**：小数的末尾添上"0"或去掉"0"，小数的大小不变。

**师**：（出示"80.0"）这是个小数吗？

**众生**：是！

**师**：小数的末尾去掉"0"，有几个"0"就去掉几个，它们的大小是不变的。所以，我们可以把这两个"0"都去掉！

众生一片反对。

**生1**：应该是小数部分末尾的"0"可以去掉。

教师将板书补充完整：小数部分的末尾添上"0"或者去掉"0"，小数的大小不变。并告诉学生：这就是"小数的性质"。

**3. 讨论**

**师**：老师有个问题，为什么在整数的末尾添上或者去掉"0"，整数的大小就发生变化。而在小数部分的末尾添上或者去掉"0"，小数的大小不变呢？

众生沉默。

**师**：挺难回答吧！

**生1**：我来试试看。像 0.1 和 0.10，因为 1/10 等于 10/100，所以 0.1 等于 0.10。

**师**：你只是说清楚了为什么小数部分添上或者去掉"0"，小数的大小不变的道理。可是，你还是没有回答整数的末尾添上或去掉"0"，它的大小为什么会发生变化。

**生2**：把一个整数化成分数，在整数的后面添"0"，其实只是在分子上添"0"，所以，它的大小会发生变化。

**师**：有道理！添一个"0"就扩大 10 倍，添两个"0"就扩大 100 倍。还可以怎样去讲道理呢？

稍后，教师出示"整数数位顺序表"，在表内出示"4"提问：在 4 的末尾添上一个"0"，怎么添呢？学生建议把 4 移到十位上，在个位上添"0"。教师追问：在 4 的末尾添上两个"0"怎么办？学生回答：把 4 移到百位上（见下表）。

### 整数数位顺序表

| …… | 千万位 | 百万位 | 十万位 | 万位 | 千位 | 百位 | 十位 | 个位 |
|---|---|---|---|---|---|---|---|---|
| …… | 千万 | 百万 | 十万 | 万 | 千 | 百 | 十 | 一 |
| | | | | | | | | 4 |
| | | | | | | | 4 | 0 |
| | | | | | | 4 | 0 | 0 |

**师**：现在，你们知道整数末尾添"0"，大小会发生变化的原因吗？

**生1**：我明白了，小数部分的最高位是十分位，所以，添"0"是往下添的，原来的数字不用移动位置，大小也就不变。而整数有最低位个位，添"0"时原来数字就要向前移动位置，每移动一位就扩大 10 倍，因此，大小也就发生了变化。

师：噢，原来是这样的。大家都听明白了吗？我们一起来看一个具体的例子。

教师出示"小数数位顺序表"，在表内出示"2.8"后提问：在"2.8"的末尾添上一个"0"，怎么添？学生很快回答：只要在百分位上写"0"就可以了。教师追问：添"0"后大小有没有发生变化？为什么？学生回答：添上了0个百分之一，等于没添，大小不变。教师再问：添两个、三个甚至更多的"0"，大小会发生变化吗？学生异口同声：大小不变（见下表）。

### 小数数位顺序表

| …… | 千万位 | 百万位 | 十万位 | 万位 | 千位 | 百位 | 十位 | 个位 | 十分位 | 百分位 | 千分位 | 万分位 | …… |
|---|---|---|---|---|---|---|---|---|---|---|---|---|---|
| …… | 千万 | 百万 | 十万 | 万 | 千 | 百 | 十 | 一 | 0.1 | 0.01 | 0.001 | 0.0001 | …… |
| | | | | | | | | 2.8 | | | | | |
| | | | | | | | | 2.8000 | | | | | |

之后，教师出示下面的练习：

(1)利用小数的性质化简下面各小数。

6.0＝          3.500＝          3.340＝

(2)下面各个小数中，哪些"0"可以去掉？

0.730          36.070          108.800          10.0

(3)不改变数的大小，把下面各数改写成三位小数。

8.01＝          9.8＝          8＝

对于这些题目，学生非常轻松地做出正确的回答。对于第 2 题的判断辨析，学生说理非常充分。

### 4. 小结

出示：一个数的末尾添上一个"0"，得到的数是原数的（    ）倍。

出示完题目，学生纷纷告诉教师：这道题我们已经做过了。

**师：**是呀，现在我们再来做，你会怎样想？

**生 1：**是原数的 1 倍。

**生 2：**题目中没有说这个数是整数还是小数，怎么能说是原数的 1 倍呢？

**师**：那你认为是原数几倍呢？

**生2**：我认为既然题目中没有说清楚，所以，就不能回答是原数的几倍。

**师**：题目中没说清楚，所以，我们也说不清楚，是这样吗？

部分学生情绪激动地要发表不同意见。

**生3**：不是的。因为题目中没说清楚这个数是什么数，我们就都得考虑。所以，所得的数是原数的10倍或1倍。

**师**：我听明白了，你是把两种情况都考虑进去了：如果这个数是整数，末尾添一个"0"，所得的数是原数的10倍；如果这个数是小数，末尾添一个"0"，所得的数是原数的1倍。大家同意吗？

学生表示同意。

**师**：对呀，应该把各种可能的情况都考虑进去，我们学生的思维非常的周密！

## （三）教学思考

### 1. 问题情境的创设

教学《小数的性质》时，我看到有教师是这样创设问题情境的：唐僧师徒一起去西天取经，有一天，他们口渴了，唐僧要把三根甘蔗分给三个徒弟吃，事先他把甘蔗分别装进三个袋子里，上面标注着长度：0.1米、0.10米、0.100米，馋嘴的八戒抢先一步说："我的肚子大，我吃长的。"说着拿回了注有"0.100米"的袋子。沙和尚好不服气，上前对师傅说："八戒好吃懒做，长的应该让给大师兄悟空吃。"悟空笑了笑说："两位师弟别吵了，无论哪个袋子的甘蔗都一样呀！"唐僧听了悟空的话，微笑着点了点头。同学们，你们知道为什么师傅对悟空的话点头微笑吗？这是因为大师兄悟空掌握了小数很重要的性质，学习了这节课，我们就知道其中的奥秘了。

这是一个虚拟的问题情境，情境中的人物确实是小朋友所喜欢的。但是，我觉得这情境实在是太虚了，因为对于"0.1米、0.10米、0.100米"的长度，学生是有一定的知识基础和生活经验的，学生除了知道八戒很"憨"，情境很有趣外，在数学思维上能产生矛盾冲突和探究知识的欲望吗？问题情境的创设，不能仅满足于有趣，怎样才能让学生从情境中发现数学问题，进而进入积极探究问题的学习活动中？带着这样的想法，我们设计了课中的问题情境：一个数的末尾添上一个"0"，得到的数是原数的(　　)倍。设计这一情境，是基于以下的考虑。

(1)使问题情境具有开放性。

因为没有明确"一个数"是整数还是小数，因此，有两个不同的答案。对于还没有学过小数性质的学生来说，他们往往会把这个数想成已经学过的整数，于是，很自然地得出是原数的10倍。然而，学生对于小数毕竟不是一无所知的，他们已经学过了小数的意义及小数大小的比较，而且，他们也有一定的生活经验，知道"0.1元＝0.10元"，在进一步思考后，学生们提出了不同的意见，于是产生认知冲突，学生的思维受到了挑战，学习的兴趣及思维的积极性被激发起来。

(2)使问题情境具有生成性。

对于"小数的末尾添上'0'，小数的大小不变"，也许只是部分学生的想法，而且这种想法很大程度上属于一种经验型的想法，或者说是一种猜想，需要进行验证。这对学生而言，就构成了一个新的问题：如何验证这一猜想呢？在对猜想进行验证后，学生又自然地提出"为什么整数的末尾添'0'，大小就会变化，而在小数的末尾添'0'，其大小就不变"的问题，激发学生进行深入的探究学习。

(3)使问题情境具有数学思考价值。

数学思想在解决一个个问题的过程中得以展现，主要有：①数学特殊化思想：学生在验证"0.1＝0.10"时，用了生活中非常熟悉的特殊例子(0.1元＝0.10元)，简单而具体。②数形结合的思想：从小数所表示的意义出发，借助正方形图或数射线，形象直观地验证"0.1＝0.10"。③演绎推理的思想：因为0.1＝1/10，0.10＝10/100，又因为1/10＝10/100，所以0.1＝0.10。④十进位值制思想：9个1/100加1个1/100(0.09＋0.01＝0.10)就等于10个1/100，10个1/100即1个1/10(满10进1)，是0.1；整数末尾添"0"的实质是原数的位置发生了变化，所以，大小随之发生变化；而小数末尾添"0"，原数的位置没有发生变化，所以，大小不变。

当然，验证过程还包括一些策略的运用以及数学思维的训练。比如，在验证"0.1＝0.10"之后，思考：对"0.2＝0.20""3.2＝3.20"还要进行验证吗？学生既学习了验证的策略，又学习了如何进行转化、类推，进而得出一般结论。

又如，在课的最后，教师重新出示"一个数的末尾添上一个'0'，得到的数是原数的(　　)倍"，此时，有相当部分的学生不再认为是开始时的"10倍"，而是认为题目没有明确"一个数"到底是整数还是小数，所以觉得题目有问题。这对于习惯于解答结构良好的题目的学生来说，实属正常。但问题是生活中确有许多结构不良的问题，而只有通过解答那些结构不良的问题，学生的思维能力才会得到提升。课中有学生提出正因为没有明确"一个数"是什么数，所以，应该考虑所有可能的情况，因此，正确的答案是：当该数是整数时，末尾添上 1 个 0 是原数的 10 倍；当该数是小数时，末尾添上 1 个 0 则是原数的 1 倍。学生分类讨论，思维非常严谨周密。

设计情境时，未必一定要刻意联系生活实际，或是挖空心思地进行虚构，关键在于密切联系学生的思维实际。上面的情境虽然简单，但能引起学生认知的冲突、思维的碰撞，使学生产生探究的欲望，且学生从中能获得数学思想方法和探究策略等，我自认为这是一个好的问题情境。

**2. 探究活动中的"支架"**

所谓"支架"，简单地说，就是为学生的学习提供帮助。在为学生提供"支架"时，必须清楚：(1)什么情况下提供"支架"？(2)提供怎样的"支架"？对于课中的"0.1 是否等于 0.10"的问题，学生能独立地进行验证吗？我经常看到这样的教学现象：教师提出问题后，就让学生在教师为其准备的印有正方形的格子图或数射线上(见下图)表示出"0.1"和"0.10"，再比较出两个数的大小。教师之所以提供这样的"支架"，

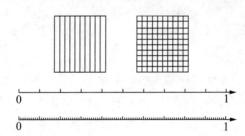

估计是担心学生会花费较多的时间画图。但深入地思考之后，我们会发现"支架"的负面影响是不可小觑的：暗示太多，近乎指令，因为在正方形图及数射线上表示出小数，是学生学过的知识，只是简单地操作一下，大大地降低了对学生思维的要求。不仅如此，还制约了学生自己的真正意义上的思维。说实在的，学生所提出的许多想法是我未曾想到的：如前文所述，图 3 的学生是用把数进行分拆的方法进行验证的；图 4 的学生是借助数位顺序表进行验证的；图 10 的学生是利用已有知识进行演绎推理证明的……当然还有图 7 的学生的错误想法，然而，这是学生自己的问题。

学生中的这些想法，才是教学的宝贵资源。我认为，验证"0.1 与 0.10 是否相等"的重要目的不是得出结论，而是验证过程中学生数学思维能力的培养。而且，对于小数，学生有着生活经验和相关的知识基础，所以，教师无须提供如上那些"工具型支架"，可以让学生自由地思考怎样进行验证，可以将自己验证的方法用文字或草图表示（以节省时间），结合学生的交流，教师进行展示（准备好的正方形格子图、数射线等），因为教学的关键是让学生形成自己的想法，尤其是让学生暴露出自己片面的甚至是错误的想法，通过生生、师生的质疑、辨析等，纠正错误，培养学生思维的批判性、深刻性、创造性，同时使学生之间的合作交往能力也得到实实在在的培养。另外，我认为，相对于"工具型支架"而言，"问题型支架"的提供可能更为重要。比如，在学生验证"0.1＝0.10"后，教师可以提问：由此，你还想到了哪些相等的小数？学生可能会想到"0.1＝0.100""0.3＝0.30""5.8＝5.80"等。这样的"问题型支架"能将学生的思维引向深入。

探究，不搞形式主义，而要实实在在。只有让每个学生都能参与到探究知识的活动中，用自己的眼睛观察，用自己的头脑思考，用自己的小手实践，才能形成自己的想法，才能进行有效的互动，才能在各自原有的基础上提升自己。

**3. 对数学知识本质的理解**

以往，教师在通过图形、数射线等直观演示，进行比较，揭示出"在小数的末尾部分添上 0 或者去掉 0，小数的大小不变"这一性质之后，为了巩固、加深学生理解，经常会出这样的辨析题：在 0.730、36.070、108.800、10.0 这些数中，哪些"0"可以去掉？然而，我发现这样的练习，实际上只是一种强化训练，而没有真正地达到加深理解的目的。为此，我设计了如下问题：为什么在整数的末尾添上或者去掉"0"，整数的大小就发生变化；而在小数的末尾部分添上或者去掉"0"，小数的大小不变呢？尽管学生已经有了相关的知识基础，但是，学生一般未曾想过此问题，也很难做出回答。然而，这恰恰是一个涉及知识本质的问题，且挑战着学生的思维。而通过举例说明，学生则恍然大悟：整数末尾添"0"之所以会引起大小变化，是因为原整数中数字所在的位置发生了变化；而小数末尾部分添"0"或者去"0"，原小数中各数字所在的位置不变。数学十进位值思想是该数学知识的本质。学生达到了这个层面上的理解，才是真正的理解。

知识，不仅要知其然，而且要知其所以然，有时教师还要让学生知其所以然之然。课中的"为什么在整数的末尾添上或者去掉'0'，整数的大小就发生变化"的问题探讨，可谓让学生"知其所以然之然"。学生只有把握了知识的本质，才能真正地理解，才能灵活地运用。

### 附：在课堂中让学生经历生成问题和解决问题的过程
#### ——对潘小明老师《小数性质》课堂案例的点评

华东师范大学教授　孔企平

毫无疑问，数学教学应该使学生获得数学知识、发展数学能力。但是如何让学生在学习数学知识过程中发展数学思维，始终是教学研究中的一个热点问题。教师们在教学实践中创造了许多好的做法。著名小学数学特级教师潘小明在长期开展"数学生成教学"的过程中创造了新的做法。这就是在数学教学过程中引导学生生成问题和解决问题，并以问题为载体步步深入地引导学生进行交往互动和数学探索，从而引导学生理解数学的本质，发展数学思维。具体说来，本课有如下三个基本特点。

一、在数学教学中不仅要生成知识，也要生成问题，让学生经历提出问题和解决问题的过程

义务教育阶段课程标准的修改稿强调，数学教学过程中的一个重要任务是培养学生的"两种能力"，即发现问题和提出问题的能力、分析问题和解决问题的能力。实际上，学生提出问题和发现问题的意识和能力是学生发展创新思维能力的基础。培养这种能力的过程也是学生数学思维发展的基础。解决问题的活动，涉及数学思维的基本过程。学生在解决问题的过程中不是简单地应用已有知识和信息，而是对原有的知识和信息进行加工和组织，找出解决当前问题适用的对策。换言之，学生经历了一个策略创新的过程。问题一旦被解决，学生的思维能力就会发生变化。因此，发现和解决问题的过程实际上是学生数学思维发展的基本过程，也是数学教学的重要载体。

在本课中，潘小明老师一改许多教师在课堂中只关注"解题"不关注"发现问题"的现状，把教学的着重点放在引导学生经历生成问题和解决问题的过程。例如，教师在课堂上出示"一个数的末尾添上一个0，得到的数是原数的（　　）倍"这一问题，让学生对问题进行讨论，在似乎形成共同意见以后，教师说："你没有不同意见并不代表别人也没有不同意见呀！请有不同意见的同学举手。"这时有两个学生举了手，渐渐地，又有六七个学生举手了。有一个学生提出了一个有价值的问题："如果这个

数的最低位是小数部分呢?"围绕这个问题学生们又进行了深入的讨论。课堂教学变成了生成问题和解决问题的过程。

在本课中,课堂中的问题是学生课堂数学活动的基本载体。潘小明老师有意识地引导学生思考"凭什么说 0.1 等于 0.10 呢",一下子激发了学生的思考。围绕这个问题学生们开展了课堂验证的活动。以这个问题为载体,教师让学生充分地进行探索操作和表达交流。在这一过程中,学生产生了多种数学方法,他们的数学思维得到了充分的培养。

二、通过创设情境、搭设支架、交往互动和探索实践引导学生数学思维,发现问题和解决问题

如何在数学教学过程当中引导学生发现问题和解决问题呢? 如何在发现问题和提出问题的过程中引导学生数学思考呢? 这是本堂课的关键问题。潘小明老师在本课当中提出了一种新的做法,这就是教师在创设情境、搭设支架的基础上让学生进行交往互动和探索实践。

在本课中,教师创设的情境很有特色。情境的创设并不是单纯追求形式美和表面上的趣味性,而是更加关注问题情境的开放性和对学生数学思维的引导作用。本课的情境创设具有两个显著特点:第一,问题情境具有一定的开放性。在本课中,教师设计的问题情境着眼于让学生从情境中发现问题和思考问题。例如,教师设计了"一个数的末尾添上一个'0',得到的数是原数的多少倍"的问题情境。这一问题具有很大的思考性和开放性,因为没有明确"一个数"是整数还是小数。这对于还没有学过小数性质的小学生来说,有很大的想象空间。第二,问题情境具有一定的生成性,能帮助师生生成新的数学问题。比如,"小数的末尾添上'0',小数的大小不变"并不是所有学生认同的,因此如何验证就生成了一个新的问题,引发出学生进一步的探究活动。

本课的第二个做法是搭设支架。在学生的活动过程中,教师适时地增加了一些追问和指导。本课在搭设支架的过程中有两大特点:第一,留给学生必要的思考空间。在教学过程中,教师并不是用琐碎的小步提问让学生掌握和理解知识,而是用留有适当思考空间的大步提问引导学生进行多角度的思考。比如,在学生验证"0.1=0.10"后,教师及时地提出"由此,你还想到了哪些相等的小数"这样的问题,引导学生进一步探索和思考。第二,教师强调要提供问题型支架,而不仅仅是工具型支架。

因为提供支架的目的不仅仅是帮助学生理解和掌握知识，更重要的是帮助学生经历思考和探索的过程，发展数学思维，在这个基础上更好地理解和掌握数学知识。问题型支架更能使学生生成问题并引导他们开展积极的数学思维。

本课的第三个做法是以问题为基础，在课堂上积极开展师生、生生的交往互动，开展丰富的对话活动。在本课中，对话颇为精彩。教师善于调动学生思考的积极性，善于引导学生积极表达意见，把课堂教学过程变成学生自主探索和思考表达的过程。在本课中，教师注意观察学生，能及时地了解学生的学习困难和思维创意，并有针对性地进行指导，较好地体现了在教师指导下学生自主学习的教学方式。

本课还非常注重在问题的引导下引导学生进行探索活动，发挥了数学问题在课堂中引导学生数学思考的载体作用。比如，教师提出"运用已有的知识，怎样进行验证，让人确信 0.1 等于 0.10"这样的问题，引导学生进行探索活动。在这个问题的基础上，学生从多个角度进行了探索，有的同学从"0.1 元等于 0.10 元"的角度进行思考，有的同学是从分数的角度进行探索的（0.1 等于 1/10，0.10 等于 10/100，因为 1/10 等于 10/100，所以 0.1 等于 0.10），也有的学生从数射线的角度加以验证，还有的同学从图形的角度加以说明等。在教师的引导下，数学课堂充满了开放性，学生的思维充满了活力。这正是新课程理念下课堂教学研究带来的新面貌。

三、把数学思考作为数学教学的主线，促进学生对数学本质的理解

在本课中，教师并没有把提出问题和解决问题的过程作为一种教学形式，而是把它作为一个促进学生数学理解的载体和途径，紧扣数学知识，开展丰富的数学学习活动，在此过程中，发展学生数学思考的能力。在这一方面，本课有以下几个基本特点。

第一，在问题情境中渗透数学思考方法。数学教育不仅要使学生掌握知识和技能，也要使学生在学习数学知识的过程中理解数学的基本思想。在小数性质的教学中，潘小明老师有意识地渗透了多种重要的数学思想。比如，一般化和特殊化思想：学生能用生活中熟悉的事例验证"0.1＝0.10"这一一般结论。又如，数形结合的思想：在本课中，师生借助正方形图或数射线，形象直观地进行了"0.1＝0.10"的验证。

第二，让学生经历基本的数学活动过程。比如，教师让学生在课堂学习中经历演绎推理的思想过程，鼓励学生用自己的语言来表达数学思考。在本课中，潘老师特别安排了讨论的环节，让学生充分经历合作交往表达的过程。在解决问题的过程中，学生进行的逻辑推理包括两种情况：第一种是演绎推理，就是以三段论的方法

进行推理；第二种是归纳推理，是在观察事物的基础上概括出数学知识的过程。教师用了很多时间让学生"讲数学"，让学生说出他们对数学知识的理解。在本课中，教师不仅注意培养学生的逻辑推理能力，还让学生进行猜测，培养学生合情推理的能力。在合情推理过程中，学生不是按逻辑推理的方式进行思考，而是带有一定的跳跃性，这种合情推理的能力的培养对于发展学生的思维具有重要作用。

第三，在解决问题的过程中抓住了数学问题的本质。小数基本性质这一知识的本质是什么？实际上就是十进制和位置值的概念。在本课中，教师抓住了教学重点，即"小数末尾添'0'，原数的各位数字的位置没有发生变化，所以，大小不变"。教师非常注重让学生在交流表达中加深对数学本质的理解。学生对于小数基本性质的理解，可以在学生的课堂话语表达过程中体现出来，也可以在交往互动中不断地深化。本课中的师生交往互动都是围绕对数学知识理解这条主线展开的，目的是使学生真正地理解数学知识。

在数学教学中发展学生的数学思维和创新能力是数学课堂教学改革的基本诉求。在本课中，教师把发现问题和解决问题的过程作为发展学生数学思维的基本载体和途径，反映了当前数学课程与教学改革的基本要求。潘小明老师在创设情境、搭设支架、交往互动和探索实践等多方面有自己的创造性的做法，值得广大小学数学教师借鉴和参考。

# 四、在"再发现"中体悟数学思想方法

## ——《角的度量》教学实践与思考

### (一)创设情境，激发求知欲

屏幕上出示：

**师：** ∠1与∠2相比，哪个角大一些？

生 1：(不敢肯定地)大概是∠1 吧。

师：为什么呢？

生 1：因为∠1 的宽度好像大一些。

师：你说的宽度是指什么？

该生进行着动态演示：将两手掌紧贴，两手面叉开，变动叉开的程度。

生 2：可以用量角器来测量。

生 3：我想可能是∠2 的比例大一点。

师：∠2 的比例大一点，是什么意思？

生 3：就是∠2 所占的地方比较大。

生 4：我不同意这种说法。因为它们都是由两条射线组成的，所以，它们所占的地方是一样大的。而∠1 比∠2 宽，所以我认为∠1 大。

师：是呀，角是由一点引出的两条射线组成的图形(教师用手势分别延长∠1 和∠2 的两条边)，它们所占地方的大小是无法比较的。比较角的大小，到底看什么呢？

生 5：看角的两条边之间的距离。

师：我明白你的意思。但这不叫两条边之间的距离，而是角的两条边叉开的程度。角的大小就是指组成角的两条边叉开的程度，叉开越大，角就越大。

反思：用旋转角的一边的方式，重新出示∠1 和∠2，让学生直观地感知角的两边叉口的大小，建立角的大小的正确概念。

师：∠1 和∠2，哪个角的叉口大？

众生回答∠1 的叉口大，所以一致认为∠1 大。

师：我们还可以用什么方法比较出它们的大小？

生：把两个角的顶点对准，一条边重叠，看另一条边。

师：如果另一条边也正好重合，说明——

生：一样大。

接着，按照学生所说的方法，教师借助电脑进行演示，学生发现∠1 的另一边在外面，得出∠1 大。

师：用重叠的方法，我们比较出了两个角的大小，可是，有谁知道∠1 比∠2 大多少呢？

学生被问住了。有的学生估计大 20 度，也有的说大 30 度，更多的学生表示不知道。

师：同学们，要知道∠1比∠2到底大多少，凭眼睛观察是不行的，我们必须学会用工具来测量。今天这节课，我们就一起来学习"角的度量"。（板书课题）

反思：原以为学生能直观地判断出∠1比∠2大，教师只要追问"到底大多少呢"，学生由于仅凭肉眼观察不出而感到困惑，产生认知需求。但实际教学中，我发现相当部分学生对"角的大小"的含义并不清楚。而这，恰是学习《角的度量》一个不可缺失的知识基础。于是，我让学生充分展示自己对"角的大小"的原始理解，在不同意见的碰撞中，形成正确的概念。另外，上述情境的设计，不仅要激发学生的认知需要，而且要将重叠的数学方法有机地渗透其中，为学习角的度量方法做数学思想方法上的准备。

## (二)建立1°角的概念，理解量角器的构造原理

师：角的计量单位是"度"，用符号"°"表示。比如：1度，记作：1°。1度角到底有多大呢？你能用手势比画一下吗？

同学们纷纷用手势比画着。

师：怎样的角是1度角呢？

教师板书：把半圆分成180等份，每份所对应的角的大小是1度。

教师让学生闭目想象：半圆——从圆心出发——180等份——每份所对应的角——1度角。之后，教师指名学生进行演示。结果，有个学生用两个指尖的距离来表示1度角的大小。

师：这位同学比画出来的是一个角吗？

该生从教师的提问中受到启发，重新用手势表示：从一点先引出一条射线，再引出另一条射线，两条射线叉开一点点，表示1度角的大概样子。

师：量角的大小，需要工具。

屏幕出示半圆（见图1）：

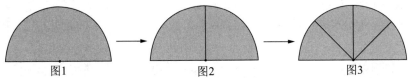

图1　　　　　图2　　　　　图3

师：我们知道，把半圆分成 180 等份，每份对应的角是 1 度(屏幕显示把半圆平均分成 2 份，见图 2)。那么，把半圆分成 2 等份，每份所对应的角是几度？

众生：90 度。

师：现在把半圆分成了几等份(显示图 3)？每份所对应的角是多少度？

生 1：4 等份，每份所对应的角是 45 度。

师：如果用它(指着图 3)作为量角的工具，你们觉得如何？

学生思考，并进行组内交流。

生 1：只能量出 10 个角，其他没有度数的，它就没办法量出了。

师：你们听明白她的意思了吗？

生 2：听明白了。她是说能量出 2 个直角、3 个锐角、1 个平角等这样的角，一共是 10 个角。如果稍微比它们小一点的角就量不出来了。

师：同学们，用这个工具到底能量出几种角？

生 3：可以量出 4 个锐角。

师：锐角可多着呢！到底是怎样的 4 个锐角？

生 3：4 个都是 45 度的锐角。

师：那就是说可以量出 45 度的角。为什么说能量出 45 度的角？

生 4：因为它把 180 度分成了 4 等份，每份所对应的角是 45 度。

师：黑板上画有一个角，用我们这个工具去量，正好与工具上的 45 度角的顶点和两条边完全重合，说明黑板上的角也正好是 45 度；如果稍微小一点，不能完全重合，那我们就不能知道黑板上的角到底是多少度了。

师 4：还能量出几度的角？

生：还能量出 90 度的角，135 度的角，还有 180 度的角。

反思：在学生回答用图 3 作量角工具能量出 10 个角的度数时，教师追问：用这个工具到底能量出几种角？现在想想，如果改问"你能量出的是哪 10 个角"那就好多了！其实，学生是经过有序思维得出 45 度的角、90 度的角、135 度的角和 180 度的角，一共有 10 个。如果教师耐心倾听，了解到学生的这一真实想法，便能因势利导，提高效率，同时又能保护学生的积极性。

师：同学们，用这样的工具去量角，有局限性呀！因为它只能量出几个角？(生：4 个角。)你能想出什么办法，改进工具，使它能量出许多的角？

**生 1：**可以把半圆多分几份。

**师：**把半圆分成多少等份？

**生 1：**180 等份。

**师：**这样，我们就能量出哪些角？

**生 2：**180 度以内的角。大概 350 度的角也能量。

众生哈哈大笑起来。该生则将手中的量角器倒过来，边演示边解释。

**师：**噢，我明白了，用两个量角器拼成一个圆，就有 360 等份，可以量出 350 度的角了。

**生 3：**我觉得，你刚才所说的把半圆分成 180 等份，每份是 1 度。像你这个工具每份才是 45 度，如果是 180 等份的话，就可以量很多的角。

**师：**我们经常是用这样的工具去量角度的。

出示只有内圈刻度的量角器。闪烁量角器的中心——显示 0 刻度线——出现 1 度角。让学生读出量角器上的角的度数：31 度、72 度、92 度、148 度、180 度等，再输入 75 度，让学生想象并指出另一条边所在的位置。

随后，教师出示了一个以量角器中心到 180 度刻度线为始边，另一边与 149 度刻度线重合的角，让学生读出这个角的度数。结果，有许多学生读成 149 度，遭到另一部分学生的反对：有的从始边开始先 10 度一格地数，再 1 度一格地数，得到 31 度；也有的用 180 度减去 149 度，得到 31 度。

**师：**谁知道刚才怎么会读成 149 度？就你自己说。

**生 1：**0 刻度线在这一边了，应该这样看过去。

**师：**你们觉得——

**生 2：**缺东西；把一圈度数倒过来。

电脑显示出外圈刻度，学生会意地笑了。

**师：**现在不用数那么多，也不用计算，我们马上就能看出是 31 度。

仍然以左边的 0 刻度线作为角的始边，教师输入 80 度的角，让学生思考，并指着量角器上的两条表示 80 度的刻度线让学生进行选择。然后，电脑显示出该边。同学们都做出了正确的选择。

**反思：**教师将半圆分成 2 等份、4 等份，让学生从 1 度角的定义出发，计算出每份所对应的角分别是 90 度和 45 度。然后教师提问"如果用它作为量角的工具, 你们觉得如何?"意在让学生自己发现只能量出 45 度、90 度、135 度和 180 度这四个角, 该量角工具有一定的局限性。为了能量出更多的角, 学生就会想到将半圆分成 180 等份, 设计出新的量角工具。凭借以往的教学经验, 有些学生在量角时会将内外圈刻度混淆, 所以, 教师先出示只有内圈刻度的量角器, 学生在读出角的度数时, 自己发现想到添上外圈的刻度, 量角器就这样被学生自己构造出来了。

量角器是现成的量角工具, 学生只要认识它并会正确使用即可, 为何要让学生自己去构造? 我是出于这样的考虑: 量角的基本思想方法是"用重叠的方法, 利用已知角去量未知角"。对这一基本思想方法, 学生只有在思考量角时会遇到的上述问题并设法解决问题的过程中, 才会有切身的体会; 而数学学习, 不仅是让学生掌握知识和技能, 而且更重要的是掌握数学思想方法, 更何况这种思想方法又直接影响着量角技能的掌握。

### (三)学习量角的方法

**师**: 如果现在有一个角, 让你们去量出它的度数, 行吗?

**众生**(非常自信地): 行!

教师出示练习纸(见下图)。

**1. 让学生独自尝试, 测量∠1 的度数并做记录**

尽管教师要求每个学生独立测量, 但小组同学之间还是进行着交流。教师巡视, 发现有的学生量错了, 有少数几个学生不知怎样摆放量角器, 更多的学生量出了比较接近的度数。教师指名学生在投影仪上进行演示, 量得∠1 是 30 度。

**师**: 有没有学生量出的度数不是 30 度的?

**生 1**: 我量出的是 150 度。

许多学生发出"噢——"的声音以表示错了。该生也发现自己看反了。

**生 2**: 我发现好像是 31 度。

教师也让该生在展台上进行演示。该生可能想要证实自己的 31 度是正确的,将一条边往 31 度刻度线上靠,同学们纷纷指出下面的边要对齐。

**师:** 还有不同答案吗?有没有 32 度的?

**生 3:** 我开始量出的是 32 度,我想验证一下,再量了一次,发现刚才的一条边没有对齐,应该是 30 度。

**师:** 刚才这位同学说,他开始量出的是 32 度,为了确定是否正确,他又量了一次,结果量得 30 度,到底是第一次的 32 度对,还是第二次的 30 度对?

**生 3:** 第二次的 30 度是对的。

教师让该生在展台上进行测量。

**生 3:** 我前面不小心,量成了 32 度,后来我再量时发现自己没对齐,应该是 30 度。

**师:** 你说的对齐,是指要对齐哪些东西?

**生 3:** 先要将这个孔与角的顶点重合。

**师:** 这个孔就是量角器的什么?

**生 3:** 是量角器的中心。还要把这条边与 0 度的这条边对齐。

**师:** 既要将角的顶点与量角器的中心对齐,又要把角的一条边与 0 刻度线对齐,然后,看另一条边对准的刻度就是这个角的度数。我们怎样写呢?(板书:∠1=30°)

**师:** 同学们,现在你们会量角了吗?请量出∠2 的度数。

**2. 学生各自测量∠2 的度数,教师指名汇报测量结果**

**生 1:** 在 149 度到 150 度的中间,大概是 149.5 度。

**生 2:** 是 150 度。(有好几个同学表示同意。)

**生 3:** 我量出的是 151 度。

**生 4:** 我量出来的也是 150 度,但用他的量角器量就不是了,他的量角器有问题。(其他同学笑了,该生则坚持说是有质量问题的。)

**师:** 那我们想办法与厂方联系一下,按道理应该不会有质量问题。全世界的量角器应该都是一样的。

**师:** 刚才有的同学说比 149 度多一些,有的说是 150 度,有的说是 151 度等,我觉得我们的同学已经相当不容易了!因为我们用手去测量、用肉眼去看,肯定是有误差的。但是,如果我们把角的顶点对得更准,把角的一条边与 0 刻度线完全重合,我们在看度数时垂直地看下去,那样误差会更小,得出的度数就会更准确。

**3. 测量∠3 的度数**

在测量之后，教师让量得的度数在 69 度到 71 度之间的同学举手，学生们都答对了。

**反思：**学习量角的方法，教师没有直接告诉学生，而是让学生独立尝试量角，在反思出现不同答案原因的过程中，学生自己体会到"对准""重合"，归纳出量角的步骤和方法。

师：最后一题极具挑战性，看哪些同学能接受这一挑战。

出示题目：你有办法知道钟面上时针与分针之间所夹的角度吗？

在学生经过一番思考尝试后——

师：同学们遇到了什么困难？

生1：（指着钟面）这个针太短了，量角器量不出来。

师：这不能怪针太短呀，哪有针的长度超出钟面的！

同学们笑了。

师：针太短，确实给我们量角度带来了困难。

生2：我想到了办法，先把针延长，再用量角器就能量了。

师：延长了，角度不就变大了吗？

生2：角度不会变大，因为角的大小与边的长短无关。

师：有同学觉得没有困难吗？

生3：我用量角器量出的度数与用数学方法计算的度数，相差1度。

师：我想知道用数学方法是怎样计算的。

生3：钟面的角度是 360 度，把它平均分成 12 份，每一份是 30 度，从 12 到 5 有 5 份，应该是 150 度。

生4：我用的也是计算的方法，先从中心向 6 点延长，5 到 6 是 30 度，用 180 度减去 30 度，就等于 150 度。

师：用这样的方法进行计算，得出的度数应该是绝对正确的。可有谁知道为什么我们在量的时候，有些会相差 5 度呢？

生：钟面不圆。

学生大笑。

师：角的顶点这么大，让我们很难对准。还有，针太短，延长中可能会有误差，使我们很难与刻度线重合。看来，在这里，用数学方法进行计算，是找到正确答案的最好办法。

　　**反思**：设计这道题目是出于以下几点考虑：针短造成量角困难，在有的学生将针延长量得度数后，教师给予充分肯定，再次强化角的大小的概念(与两条边叉开的程度有关，与组成角的两条边的长短无关)，同时突出"重合"这一量角的关键；另外，教师让学生将数形结合，通过数学计算获取正确的答案，培养了学生思维的灵活性，使学生得到不同程度的发展。

## 附：让技能训练课充满新的活力

北京师范大学教授　周玉仁

　　"角的度量"是一种数学技能。数学技能是指能顺利完成某些数学任务所进行的智力或动作的活动方式，它必须通过一定的练习才能形成。一般来说，技能可分为智力技能和操作技能两大类。智力技能主要指组成这类活动方式的动作是在头脑内部实现的，如数学学习中的口算、解题、解方程等都是通过比较、分析、综合、抽象、概括逐步完成的；操作技能主要指组成这类活动方式的动作需要通过人的头脑外部的机体运用或操作一定的工具来完成，如用直尺、三角板、圆规、量角器等工具来画几何图形，来测量角的度数、测量物体的长度等。

　　《角的度量》是一节技能训练课，一般的教学程序大致是：在引导学生回忆角的大小这一概念后，先介绍角的度量单位"度"，再认识量角器的结构并提出量角的三大要领——对点、对边、读刻度，最后安排大量的练习。这种设计层次比较清晰，但是教师牵着学生的鼻子走，课堂气氛沉闷，学生学得被动。

　　潘老师针对传统教学中存在的弊端，着力进行改革，将有意义的接受学习与有意义的探究学习有机地结合起来，促进学生主动而有效地学习。

　　小学生对角的计量单位"度"是陌生的，而对"1度角究竟有多大"更是模糊的，对这些概念潘老师采用的是有意义的接受学习方式。当学生探索出用"重叠"方法比较两个角的大小后，紧接着产生了新的疑问：究竟是"大多少呢?"此时，潘老师不失时机地向学生介绍了角的计量单位——"度"，并板书"把半圆分成180等份，每份所对的角的大小是1度"。为了使学生了解这句话所表述的内涵，他让大家闭目想象过程，并用手势大致比画1度角的大小。这一切虽然只是"初步了解"，却为后面认识量角器做了必要的铺垫。

　　"认识量角器"是学习的难点。对此，潘老师有意识地把它纳入学生"待解决"

的问题序列之中，"学则须疑""于不疑处有疑，方是进矣"，不断地设置认知冲突，创设问题情境，激发学生内在的学习需求，通过独立思考和与同伴的研讨，学生实现了对量角器构造的"再发现"。由把半圆分成 2 等份、4 等份导致的测量角的个数之有限性到将半圆分成 180 等份的提议，由只出示内圈刻度而难以测量朝向不同的角到具有内外圈刻度的量角器，整个安排体现了在教师适度引领下的学生探究学习。

科学地组织练习是技能训练课的重要组成部分之一。我们反对的是机械模仿、简单重复的操练，练习不应是简单重复，练习是一种有目的、有计划、有指导的教学活动。这节课的练习有两点值得和大家分享。一是边学边练，尝试错误，及时反馈，讲究实效，如量角的若干"要领"不是教师"告知"的，而是学生在正误辨析中自己逐步领悟总结出来的，做到了"不仅知其然，更知其所以然"，这些为后面技能的形成起到了支撑作用，使量角的动作技能更为连贯协调，而多余的动作明显减少。二是重视练习设计的"质"，如最后求出钟面上某一时刻两指针夹角的度数，不仅可以用工具测量，还可以结合实际进行推算，方法多样，增加了思维的含量，培养了学生解决实际问题的能力。

潘小明的《角的度量》是一节颇具特色的、充满新的活力的数学技能训练课。

# 五、数学思维的发展不是空洞的

## ——《平行四边形面积》教学实践与思考

## （一）教学内容

《平行四边形面积》是人教版数学五年级上册的教学内容。

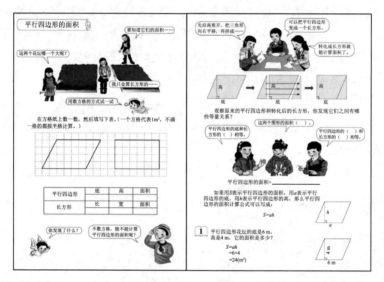

教材的编写意图很清晰：将比较花坛大小这一生活问题转化成一个数学问题——计算图形面积；随后通过数方格得出图形的面积及借助表格收集整理数据，让学生从中提出平行四边形面积计算方法的猜想，进一步地用割补转化的方法进行验证，并由个别推向一般，揭示平行四边形面积的计算公式。

如果教师简单地呈现教材例题，让学生按照教师的要求去进行数方格、填表格、割补图形等活动，学生是能掌握平行四边形面积的计算公式的。但是，数学教学的目的绝不仅仅是让学生获得知识技能，更重要的是以数学知识教学为载体，让学生获得"四基"，促进其数学思维的发展。

## (二)课堂实录

(电脑出示平行四边形。)

**师**：我们已经学习了长方形、正方形面积的计算方法，今天我们来学习平行四边形面积的计算方法。(手拿练习纸)同学手中都有这样一个平行四边形，你能自己想办法，算出纸上这个平行四边形的面积是多少吗？你能从中知道平行四边形面积的计算方法是怎样的吗？开始——

教师巡视学生尝试计算的情况。

**生1**：长度怎样取？

**师**：同学们在用尺量的时候，这个长度我们取整厘米数，最接近几厘米就取几厘米。

3分钟后有较多学生举手示意已完成，教师回到讲台前。

**师**：下面，请你说出纸上平行四边形的面积是多少。

**生1**：35平方厘米。

**师**：有不同答案吗？

**生2**：28平方厘米。

**生3**：32平方厘米。

**生4**：24平方厘米。

**生5**：14平方厘米。

结合回答，教师将这些答案一一板书。

**师**：这24平方厘米是怎么算出来的？

**生4**：$7+5=12$，$12 \times 2=24$。

**师**：7厘米是平行四边形中哪条边的长度？5厘米呢？

**生4**：平行四边形的底边长7厘米，相邻的一边长5厘米。

**师**：把平行四边形相邻两边的长度相加后再乘2，这算出的是平行四边形的什么？

**众生**：周长。

**师**：这个平行四边形的周长是24厘米，而我们要计算的是平行四边形的面积。

说完，教师把"24"擦了。

**师**：32平方厘米是怎么算出来的？刚才是谁说的？

**生3**：平行四边形中间有一个正方形，旁边两个三角形正好能拼成一个正方形。

结合回答，教师随即在黑板上画了一个平行四边形，并将其划分成两个三角形和一个正方形（见下图）。

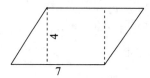

**师**：那么中间这个正方形的面积是多少？

**生3**：16平方厘米。

**师**：（指着正方形下面的一边）请告诉大家这条边长是几厘米。

**生3**：是4厘米。

**师**：（指着直角三角形的底边）这一条边长是几厘米？

下面有学生大声地帮助回答"是3厘米"。

**师**：把这个直角三角形移过去，这样的两个直角三角形能拼成一个什么图形？

**众生**：长方形。

**师**：这个长方形的面积是多少？

**生3**：是12平方厘米。

**师**：如果不是计算错误的话，你认为这个平行四边形面积的正确答案是多少？

**生3**：是28平方厘米。

**师**：答案32平方厘米肯定是错的。

说着，教师把"32"擦了。

**师**：那这14平方厘米是怎样算出来的呢？

**生5**：我想平行四边形面积是底乘高再除以2。

**师**：平行四边形的底是多少？高呢？

**生5**：底是7厘米，高是4厘米，面积是7乘4再除以2，等于14平方厘米。

结合回答，教师板书：$7×4÷2＝14$。

**师**：嗯，你是这样想的，14平方厘米到底正不正确呢？同意的同学请举手——全班学生中，只有生5一人举手。

**师**：敢于发表自己的意见，这一点就很好，很勇敢。这样列式计算，到底有没有道理呢，我们待会儿再研究。

师：是 28 平方厘米的同学请举手——

大部分学生举手。

师：是 35 平方厘米的，请举手——

也有一部分同学举手。

师：下面我们要做什么事情？

有的学生在下面说"看看自己算的答案对不对"。

师：需不需要再看看？

有些学生还真的认为"需要"。

师：我在想，如果没有量错、算错的话，恐怕就是这个答案，那么我们接下来要做什么事情？

终于有学生认为应该让他们讲道理。

师：对，讲道理！现在比较集中的意见有两种：一种认为是 28 平方厘米，另一种认为是 35 平方厘米。看看到底谁能说服谁！

前后 4 人为小组，学生积极讨论。

师：经过讨论，仍然认为是 28 平方厘米的学生请举手——

许多学生很快地举起手来。

师：理由呢？

生 1：我想借用一下这个（指着讲台上木条制成的平行四边形框架）。

教师递过框架。

生 1：（手拿框架演示）平行四边形的周长是不变的，而里面的面积是会变的。

师：你能说出是怎么思考得出 28 平方厘米的吗？

生 1：我是用排除法算出的。因为平行四边形变成长方形的时候，它的周长是不变的，面积是变的，就是不可能是 35 平方厘米，剩下的 28 平方厘米反而是对的了。

"哈哈……"这出乎意料的回答，让教师情不自禁地笑了，同学们也都乐了。

师：你这排除得不干净唉！为什么呢？（指着黑板上的"14"）那你是不是认为 14 平方厘米这个答案也对？

生 1：我认为 14 平方厘米这个答案更不可能是对的。这个平行四边形的周长是 24 厘米，而面积才 14 平方厘米，所以，这个答案肯定是错的。

**师：**这有说服力吗？

**众生：**没有。

**师：**人家不服你。看来，还得讲讲这 28 平方厘米是怎么算出来的。

**生 2：**可以用推移法，算出平行四边形的面积是 28 平方厘米。

**师：**那你知道人家 35 平方厘米是怎么算出来的吗？

**生 2：**我不知道。

**师：**谁愿意告诉他？

这时，七八个同学积极地高举着手，争着发言。

**生 3：**用平行四边形底边的长度 7 厘米乘左边 5 厘米的那条边长，就算出面积是 35 平方厘米。

**师：**35 平方厘米就是这样算出来的，你同意吗？

**生 2：**不同意！我是平移的，把三角形平移过去就能得到一个长方形，长方形的长是 7 厘米，宽是 4 厘米，面积是 28 平方厘米，平行四边形的面积也就是 28 平方厘米。

结合回答，教师进行课件演示：将平行四边形沿高分开——平移——变成长方形。

**生 4：**我们也可以把平行四边形变成一个长方形，长方形的长是 7 厘米，宽是 5 厘米，所以，面积是 35 平方厘米。

**师：**答案是 28 平方厘米的同学请认真思考，他们也是把平行四边形变成了长方形，算出的面积是 35 平方厘米。为什么只有你们的 28 平方厘米才是正确的呢？

这下，同学们纷纷要求该生演示到底是怎样变成长方形的。生 4 一边接过平行四边形框架，将平行四边形拉成长方形，一边说着理由。这时，一些同学举手要发表意见。

**师：**（边说边演示）不用剪开平移，也能把平行四边形转化成长方形，只要拉一拉就行了。长方形的面积确实是 35 平方厘米，所以，平行四边形的面积是 35 平方厘米，我觉得也蛮有道理的。

许多同学一下子懵了：同一个平行四边形的面积怎么可能有两个正确答案呢？有的同学激动地喊："不对！"学生在四人小组内进行着热烈的讨论。

**生 1：**我觉得一点儿也没有道理，如果这样拉的话，那等于它的高就变了。平行四边形的高不是 5 厘米，而是 4 厘米，所以，面积是 28 平方厘米。

**师**：它的高是怎么变的呢？

**生1**：它的高变高了，从原来的4厘米变成了5厘米。所以，面积也变大了。

**师**：面积变大了，所以这个面积不是原来平行四边形的面积了。

**生3**：把平行四边形拉成长方形，平行四边形的高就变高了，因为平行四边形的高是平行的两条边之间的距离，如果把一个长方形拉成平行四边形，是没有规定的，无论拉到多扁，它的面积都是会发生变化的，所以，用平行四边形的边长乘以边长是错误的。

**师**：她刚才说这个平行四边形是可以任意拉的，我就拉给大家看看。

教师进行操作演示（见下图）。

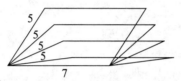

**师**：同学们思考，拉一拉，面积和原来一样吗？继续拉呢？这样不断地往下拉，平行四边形快变成一个什么图形了？

**众生**：快变成一条线了。

**师**：平行四边形快变成一条线了，那它的面积呢？

**生5**：面积快成0了。

**师**：是呀，这5乘7等于35，还成立吗？

同学们异口同声地："不成立！"有的同学还补充了一句："绝对不成立！"

**师**：由此，你知道平行四边形面积的大小是由什么决定的吗？

**生1**：跟平行四边形的高有关系。

**生2**：我认为不应该只和高有关系，和底也有关系。

**师**：为什么说与平行四边形的底也有关系呢？

**生2**：如果平行四边形的底发生变化的话，它的面积大小也会发生变化。

**师**：考虑问题非常全面！平行四边形面积的大小，不仅与高有关，还与底有关。知道了底和高，怎样计算平行四边形的面积？

**生1**：用底乘高就能算出平行四边形的面积。

**师**：任意一个平行四边形的面积都是底乘高吗？为什么？

**生 2**：把平行四边形沿高剪开，进行平移，转化成长方形，长方形的长相当于平行四边形的底，长方形的宽相当于平行四边形的高，因为长方形面积等于长乘宽，所以，平行四边形面积等于底乘高。

**师**：如果用 $S$ 表示平行四边形的面积，用 $a$ 表示平行四边形的底，用 $h$ 表示平行四边形的高，平行四边形面积的计算公式是——

**众生**：$S=a×h$。

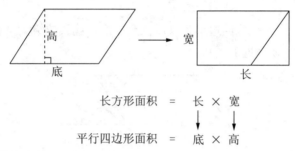

结合回答，教师板书：$S=ah$。

**师**：今天我发现，我们的同学真的不容易，不容易在哪里呢？第一，面对计算平行四边形面积这个新问题，我们同学自己动脑筋，用割补平移的方法把平行四边形转化成了长方形，用旧知识解决了新问题。第二，是更不容易的，我要表扬刚才这位 35 平方厘米的同学，我一直想表扬他，你们知道为什么吗？35 平方厘米这答案明明是错了，为什么还要表扬呢？有谁知道？

**众生**：他敢于发表自己的想法。

**师**：对！面对计算平行四边形面积这个新问题，他也想把平行四边形转化成长方形，然后利用长方形面积的计算方法来算出平行四边形的面积，这个想法是很好的，必须表扬！但是，我们必须注意，转化的过程中，面积大小应该不变。我们的同学通过自己的检验，发现了问题，进行了纠正，当然很不容易！

以前，学习长方形面积计算的时候，我们是用 1 平方厘米的小正方形一个个去摆，发现了长方形的面积计算公式。今天，面对平行四边形面积计算的问题，我们不能用一个个小正方形直接去测量，但是，同学们想到了转化的方法，把平行四边形转化成长方形，用旧知识解决了新问题，发现了平行四边形面积的计算公式，你们真棒！

下课。

### (三)教学思考

**1. 只有学生自己产生问题，才会有学生思维的真发展**

学生学习数学的过程中必须有问题。教师不能只管给学生提问题，还应该帮助学生产生更多的问题，解决更多的问题，使学生的思想更活跃、更丰富。而放手让学生独立思考、大胆尝试解决新问题，再进行想法的交流和思维的碰撞，是让学生产生问题的有效方法。

课的开始，我没有用系列小问题进行启发引导，而是让学生直面"怎样计算纸上平行四边形的面积"这个问题，并给学生足够的时间进行独立自由地思考和大胆地尝试。结果，学生中出现了面积是 35 平方厘米、28 平方厘米等不同的答案。答案的对错不重要，重要的是，它们是产生新问题的重要因素。众多不同的答案，促使学生自我反思，引起学生对他人想法的质疑，新问题从中不断生成：同一个平行四边形，它的面积只可能有一个，正确的答案到底是多少呢？用割补平移成长方形算出28 平方厘米是正确的，那么用拉转成长方形的方法算得 35 平方厘米为什么是错误的呢？周长相等的平行四边形的面积也相等吗？拉转过程中导致面积大小发生变化的原因在哪里？等等。这些问题才真正是学生自己的问题，才会引发学生的真参与、学生思维的真发展。更重要的是，学生发现问题、提出问题的能力在这一过程中得到培养。

**2. 不能空洞地、形式地教思维**

教数学一定要教思维，但是不能空洞地、形式地教思维，而是要以数学知识为载体教思维。让学生在学习知识的过程中学会"运用数学的思维方式进行思考"有丰富的内涵，包括形象思维、逻辑思维和辩证思维，包括合情推理和逻辑推理等。

面对怎样计算平行四边形的面积这一问题，有的学生用长方形的面积计算方法进行类推得相邻两边相乘；也有学生将平行四边形拉转成长方形后用长乘宽去计算。其实，这些都是合情推理。传统数学教学往往重演绎推理，轻合情推理，只满足于证明现成结论，学生很少经历探索结论、提出猜想的活动过程。我认为，合情推理获得猜想发现结论，演绎推理验证猜想证明结论，两种推理功能不同，相辅相成。爱因斯坦曾说："提出一个问题往往比解决一个问题更重要，因为解决问题也许仅是一个数学上或实验上的技能而已。而提出新的问题、新的可能性，从新的角度去看旧的问题，却需要有创造性的想象力，而且标志着科学的真正进步。"因此，教师在教学中要重视培养合情推理的能力。

如何培养这种能力？

我的做法是：首先给予足够的时间让学生独立思考、形成自己的想法；其次让学生充分表达自己的想法，教师不做裁判以引发学生间的争论；再引导学生进行质疑，对猜想所得的结论进行验证；最后，让学生"回头看走过的路"，对探索过程进行反思。诚然，对于课中那"拉转成长方形"的合情推理，我没有直接否定，而是顺着他们的观点质疑："不用剪开平移，也能把平行四边形转化成长方形，只要拉一拉就行了。长方形的面积确实是 35 平方厘米，所以，平行四边形的面积也是 35 平方厘米，我觉得也蛮有道理的。"以此来激发学生深入思考：对于纸上的这个平行四边形，它的面积大小只可能有一个答案，而用割补的方法算出的 28 平方厘米肯定是正确的，那么，35 平方厘米也就被证明肯定是错误的。可是，错误的真正原因在哪里呢？终于，学生通过对不断"拉转"着的平行四边形进行观察、比较，从"变化"中找到了"不变"，即"变化"的是"拉转"所得的这些平行四边形的面积，"不变"的是这些平行四边形的面积大小总是与它的底和高有关。学生不仅揭示出平行四边形面积的计算公式，而且对转换化归思想中的"守恒性"有了深刻的体验。同时，学生还学习了用归缪的方法（不断地拉转平行四边形，使其面积不断地向 0 逼近）对原先错误的想法进行自我否定。另外，学生还体验了无限逼近的思想、从特殊推向一般的思想。

整个探究平行四边形面积计算的过程，是一个不断发现、提出问题和分析、解决问题的过程，又是一个合情推理和演绎推理相结合的过程。学生从中不仅建构了平行四边形面积计算的模型、获得了数学知识技能，而且学习了数学抽象、数学推理、数学建模这些数学的基本思想，积累了数学活动的经验（特别是对合情推理的结论必须进行验证的经验），培养了坚持真理、修正错误、严谨周密、实事求是的学习态度。

值得改进的是，在"由学生不断拉转平行四边形，从变化的一组平行四边形中揭示出其面积的大小是由底和高决定的"之后，教师可以进一步启发（结合拉转到一定角度后的平行四边形）：这个平行四边形面积是固定的吗？让学生从不断变化的角度中发现其面积与相邻两边的长短及它们所夹的角度有关，从而产生"知道了相邻两边的长度和所夹的角度，又可以怎样去算出平行四边形的面积"的疑问。学生的问题意识应该从小培养。

# 附：让学生接触活生生的数学

## ——潘小明老师《平行四边形面积》课堂教学分析与思考

中央民族大学教授　孙晓天

在观摩名师的课堂教学时，大家都希望能获取一些可以直接拿来用的教学经验或模式。潘老师是一位全国知名的特级教师，他的教学有激情，有感染力。不过，潘老师的教学属于比较"阳刚"的那种类型，对于以女性为主体的小学数学教师来说，如果只是想模仿潘老师的教态，可能会比较难。所以，要想汲取潘老师的经验，不能太直接，必须在欣赏潘老师教学活力的同时，细品他课堂当中的"滋味"，这里大有文章。

"面积"一直是小学数学的经典内容。传统上，"面积"属"算学"，重心在"算"，几何意味并不明显。2001年以来的数学新课程，在继续保持面积计算特质的同时，突出了它的几何意义，使面积成为学生通过图形认识现实世界、建立空间观念的重要题材。这样一来，学生仅仅知道面积怎么算就显得远远不够了，注意从生活中使学生发展需要工具的动机，学生通过自己的再发现，归纳构建面积的算法，逐步成为面积教学的主题。这些年我听过不少与面积有关的公开课，在围绕如何改进面积教学的探索过程中，潘小明老师的《平行四边形面积》一课提供了较多的启示，值得我们认真分析与思考。

一、怎么确定教学方向

学生为什么要学平行四边形的面积计算方法呢？

在现实生活中四边形并不常见，连教材都难以为四边形恰当举例。四边形在学生未来的学习（初中、高中、大学等）中会迅速淡去，"露脸"的机会也不多。如果仅以实用性和成长性来衡量它的教育价值，平行四边形的面积计算方法其实不怎么重要，教师讲讲、学生练练，估计也就行了。教师长期以来把平行四边形的面积看成"算学"题材，好像不无道理。显然潘老师没有这么想，他把平行四边形面积看成学生自主发现的载体，在引导学生发现为什么平行四边形的面积是"底×高"的教学过程中，他把"面积"教学处理成一个使小学生有机会寻找和发现规律、得出结论的契机。正因如此，这节课从一连串"为什么"开始，把一个与面积有关的数学内容纳入小学生认识世界的轨道，让课堂里的数学走上"经历、体验、探索"之路，凸显了平行四边形面积教学独有的教育价值。

长期以来，知识的实用性和成长性被一再放大，而知识的独特教育价值则往往被忽略。这里所说的"独特"教育价值指的是与学生全面发展、健康成长关系更大的一般性能力获得。在"应试教育"一再泛滥的今天，潘老师的教学方向值得我们认真体味。

教学方向或教学目标，大体可分为两类：一类是知识性目标或知识导向型目标，另一类是能力性目标或能力导向型目标。无论是知识性目标还是能力性目标，或者如《全日制义务教育数学课程标准（实验稿）》所言的"四位一体"（知识与技能、数学思考、问题解决、情感与态度）目标，在数学课程内容的设置上一般是共用同一个知识载体。知识性目标着眼于载体的事实性、陈述性，一般要通过"了解、理解、掌握、运用"等行为达成。能力性目标则着眼于对载体本身的理解与认知，一般要通过"经历、体验、探索"的过程来实现。"平行四边形面积"作为载体，承载着掌握知识与培育能力的双重功能。潘老师把能力性目标设置为本次课教学的基本目标，把通过"经历、体验、探索"发现规律，设定为这节课教学的主题。他的选择或许出于他经年积累的经验，但我更倾向于认为这是他准确把握数学课程目标的能力使然。这是一个"重"过程的目标考量，从效果看，既达成了认识一个几何事实的目的，又帮助学生体验了规律是如何发现的，不仅拓展了学生的思考和活动空间，也赋予一个经典的计算问题以新的教育活力。

教学要有目标。在某种程度上，目标就是教师自身对教学对象的理解与把握。而目标的恰当定位，与学生未来数学知识观的形成息息相关，由此导出的以学习过程为重心的数学教学，可以决定孩子们一生在数学的道路上能走多远。

潘老师的这节课用事实告诉我们：恰当地确定教学方向有多重要。

二、如何引导学生发现

新课程的"新"就是把培养学生的"创新意识和实践能力"设定为数学课程的基本任务。可时至今日，仍有人对数学教学是否能培育出创新意识和能力存疑。他们认为，在成人的社会里自主创新之路是那样艰难坎坷，目标依然遥不可及，同小孩子谈创新是多么的不切实际。确实，我们带领小学生探索的内容，在数学上都是已知的、成熟的，一点都不"新"。但对学生而言，他们探索的却是一个全新的未知领域，他们在其中经历的发现，实际上是一个"再发现"的过程，即发现的是一个对他们来说是全新的"已知"结果。在一个成人已经熟悉的领域里，学生通过独立思考、自主探索，亲身经历发现的过程，虽然取得的结果是已知的，并不新，但在他们心里埋下的肯定是发现的种子。小学数学教学肯定能而且只有通过这样的方式才能培养学生的创新意识和实践能力，这一点毋庸置疑。数学课程的目标并不是把每一个学生都培养成发明家，而是必须服务于这样一个目标：当国家面临自主创新的挑战时，数学课程要有助于培养能站出来迎接挑战的人！

道理虽然清楚，但如何在课堂教学中实现，值得思考和探讨的空间仍然很大。现实往往是，无论"四位一体"目标喊得有多响，知识的难度和数量仍然是教学目标的主体，固定时间内完成的任务量还在被当作判断教学是否有效的标志，真正拓展出供学生自己自由想象、思考和互动的空间依旧要假以时日。虽然很多教师都意识到了学生的兴趣和好奇对数学探索确实重要，但当面对该如何让学生"经历、体验、探索"时，他们又或多或少有些束手无措。正因如此，潘老师在课堂上对学生的引导，颇值得我们思考、借鉴。

这节课中潘老师引导学生发现的，表面上看是平行四边形的面积计算公式，实际上是支撑这一公式成立的基本依据，即一个具有普遍意义的规律：对面积做基本的几何变换（平移、对称、旋转），就是我们通常所说的"割补法"，能保持图形的面积不变。这是一个与面积有关的基本规律，通常被称作"面积守恒定律"或"面积不变性"。看起来挺直观，其重要性丝毫不亚于结合律、交换律。因为除"割补"之外，对面积所做的任何几何变换，如压缩、延展（数学上说的拓扑变换）都可能带来面积的变化，或者说破坏面积的"不变性"。唯有"割补"能导出面积的计算公式。

"找规律"是小学数学课程的具体内容目标。大概因为规律都是隐性的、潜在的，所以在一个特别注重知识点的教学环境中，规律常常被忽视。实际上，"规律"即"通性通法"，是数学教学的一个硬指标。但不少人觉得规律似有若无，找起来很费事也很耗时，所以他们认为找规律有点难。

找规律很难吗？看看潘老师的引导：

一个学生认为平行四边形的面积等于"边长×边长"，潘老师马上找出一个可以折叠的平行四边形教具，把一个平行四边形延展成长方形，看上去，似乎学生的结论是对的。随后，他又慢慢地把这个长方形压缩成接近一条边，边长还是刚才的边长，可面积都快变成零了。学生的表情变得认真起来，教师似乎能感觉到他们大脑的剧烈活动，每个人的独立思考汇聚成大家共同的结论。

这是潘老师与学生之间的一次互动，问题是由学生提出来的，结论是学生做的，而那个折叠的平行四边形教具的出现，则属于教师的恰当切入和及时引导。一切都很自然，有真正科学意义上研讨的意味，又是再平常不过的一次师生间的平等交流，而不可或缺的，一是教师对学生的信任，二是教师自身对数学规律和教学规律的把握。

潘老师的这节课用事实告诉我们：上述两点就是使"找规律"从难到易、从隐到显、从生硬到自然的基本要义。

三、什么是"活生生"的数学

什么是"活生生"的数学？用几句话肯定说不清楚，但什么不是"活生生"的数学，用一句话就能说清：只能通过"灌输"传输的数学知识就不是"活生生"的数学。"活生生"的数学肯定是蕴含和孕育着丰富的数学思想和经验的数学。公式和算法可以灌输，但思想和经验万万不能灌输。所以，"活生生"的数学不仅指数学知识本身，也包括知识的传输方式。

总的来看，除最后的归纳总结外，这节课潘老师讲得少，但有些话重复率很高，如"请大家自己想""你是怎么想的""把你的想法说说看"，等等。他用这样的简单话语把一个与面积计算内容有关的教学，导向了从直观教学出发，观察、操作、思考、互动等一系列教学行为和谐有序的铺陈、延伸。潘老师在互动过程中的及时切入，丰富了学生从不同角度发现和确认平行四边形的面积是"底×高"的过程。这节课得出的结论显然不是"教"出来的，而是在一个合作交流过程中学生自己"体验"和领悟的结果。因此学生得出结论的过程同时是其获得基本的数学技能，掌握数学语言，认识和探索简单的关系、规则的过程。

有的教师喜欢把数学的思想方法具体化，常常听到有的教师在课堂总结时这么说："这节课我们运用'数形结合'的思想方法解决了……的问题"，等等。其实，像"数形结合""转化"这样的提法准确与否都值得推敲，而说给学生听就更让他们云里雾里了。潘老师的这节课让我们明显感受到数学思想和经验的存在，但他并没有在课堂上使用那些与数学思想、方法相关的专业名词，而是通过自己的教学行为，使学生伴随着平行四边形面积公式的获得过程，感受数学思想方法的存在和力量。尽管这节课"归纳""比较"的思想和经验比比皆是，体现得十分充分，但潘老师并没有让它们显性化。他的处理是睿智的，因为思想和经验只有通过心灵的持续积淀，才会成长为"活生生"的数学，而挂在嘴边的思想和经验只能用来唬人。

潘老师的这节课用事实告诉我们：学生有充分的机会对自己所从事的数学活动进行思考，不仅能保持对数学的兴趣，而且能接触到数学"活生生的"一面。

# 六、用问题引发学生深度思考

## ——《点图与数》教学实践与思考

### (一)教材内容

上教版数学第四册(见下图)。

### (二)教学实录

#### 1. 认识平方数

电脑课件出示：

**师**：这是一个点图，正方形里面有一个圆点，它表示数"1"。下面，老师把这样的两个点图拼在一起，拼成了一个什么图形？

教师在黑板上进行拼摆：

**生1**：拼成了一个长方形。

**师**：拼成的这个点图表示数几呢？

**生2**：表示数"2"。

**师**：这个"2"，我们可以用怎样的算式来表示呢？一排有2个，乘法算式是——
同学们齐声说"一二得二"。教师结合回答，板书算式：$2 \times 1$。

**师**：同学们想一想，接下去，老师要拿几个点图？

**生1**：老师想拿3个点图。

**师**：对！我想拿3个点图。用3个点图干什么呢？

**生2**：把3个点图也拼在上面。

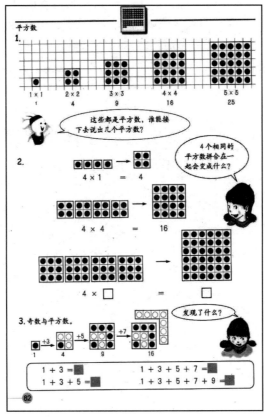

**师**：我想把 3 个点图也拼成一排。

教师把 3 个点图拼成一排：⚫⚫⚫

**师**：拼成的这个点图表示几呢？

**生 1**：表示数"3"。

**师**：这个"3"，可以用怎样的算式表示？

**生 2**：3 乘 1 等于 3。

结合回答，教师板书：3×1。

**师**：其实，老师很想用这 3 个点图去拼成一个正方形。你们觉得行不行？

"不能！"同学们响亮地回答。

**师**：接下去，老师要拿几个点图呢？

众生：4个。

师：有谁知道老师想把这4个点图拼成怎样的图形？

同学们积极地举手，要发表自己的意见。教师则让学生把自己猜想的图形记在心里，待老师拼出后，再与自己心里想的比比，看看是不是一样。此时，同学们全注视着黑板，教师不紧不慢地把4个点图拼成了一排。下面有些学生忍不住地发出"咦——"的声音。

师：猜着了吗？

许多学生回答"没有"。

师：拼成的这个点图表示多少？

众生：4。

师：算式是——

众生：4乘1。

结合回答，教师板书：4×1。

师：老师还想把这4个点图拼成一个什么图形？

同学们积极举手，又情不自禁地说着"正方形"。教师把其中的两个点图移动了

位置，拼成了一个正方形的点图：

师：这个正方形点图表示数几？

众生：4。

师：这个"4"，用乘法算式表示是——

学生激动地发出"嗯、嗯"的声音，以争取发言。

生1：这个乘法算式应该是2乘2。

结合回答，教师板书：2×2。

师：（结合拼成的点图）一排摆了几个？一共摆了几排？

生2：一排摆了2个，一共摆了2排。

师：所以，算式是——

众生：二二得四。

师：小朋友，在2、3、4这三个数中，有一个数非常特别，你们知道是哪个

数吗?

**生 1**: 是"3"。

**生 2**: 应该是"4"。

**师**: 我也觉得是"4",你们知道"4"它特别在哪里吗?

前后 4 个学生为小组,进行讨论。之后——

**生 1**: 4 可以拼成一个大的正方形。

**师**: 同学们,这 3 的点图能不能拼成正方形呢? 2 的点图呢?

学生都回答"不能"。

**师**: 4 的点图能拼成一个正方形,与 2、3 的点图不一样。回答得非常好! 还有不一样的吗?

**生 2**: 它的乘法算式是 2 乘 2 等于 4。

**师**: 这个乘法算式与前面的有什么不一样呢?

**生 3**: 它的两个因数都是一样的。

**师**: 这个乘法算式中的两个因数是一样的,而前面乘法算式中的两个因数怎样?

"不一样!"一些学生在下面回答。

**师**: 是呀,你们的眼睛真厉害!"4"这个数非常特殊,写乘法算式时,它的两个因数是相同的,还有呀,4 的点图可以是个正方形。这样一个特殊的数,我们给它取一个名字,叫什么数呢?

给数取名字,同学们觉得很好奇,有的学生说叫"特殊数"。

**师**: 特殊在哪儿呢?

学生回答"能拼成正方形"。

**师**: 那我们就把这样特殊的数叫作——

有些学生说"正方形数",也有学生欲言又止,犹豫着……

**师**: 把你们想取的名字大声地说出来吧!

同学们鼓足勇气,大声回答:"正方形数"。

**师**: 行呀,被你们说对了,这个数还真的叫正方形数!

"啊——"同学们都笑了。

**师**: 它还有另一个名字,叫作"平方数"。(板书)

**师**: 在下面的 5、6、7、8、9、10 这些数中,还有没有像这样的平方数呢? 如果有的话，请你用点图把这个数摆出来。

同学们认真地思考着，动手拼摆着……之后，学生汇报探究结果。

生1：6是一个平方数，因为6的点图可以摆成两排：

生2：6的点图不是一个正方形，不能写成两个相同的因数相乘，所以，6不是平方数。

生3：8是一个平方数。

师：为什么说"8"是平方数呢？

生3：因为"8"的点图可以摆成一个正方形。

"8"的点图怎么可能是一个正方形呢？该生的回答让其他同学产生了疑问，纷纷

要求他摆给大家看看。生3很得意地在黑板上摆出了一个正方形：

师：同学们，这还真是一个正方形，"8"是一个平方数。

同学们看"呆"了，但渐渐地，越来越多的学生把手举得高高的。

生4：这个正方形中间是空的，不能这样摆。

师：是呀，每排应该都是3个的，可是，它中间一排只有2个。

生5："8"不能写成两个相同因数相乘，所以是不行的。

生6：再加一个点块就行了。

结合回答，教师填了一块进去：

师：再加一个点块，那就变成哪个数了？

生6：变成了9。

师：9是一个平方数，为什么？

生6：因为"9"的点图是个正方形，9可以写成3乘3。

**师**：从 1 到 10 这十个数中，一共有几个平方数？

**生 1**：一共有 3 个平方数。

**师**：是哪 3 个呢？

**生 1**：1、4、9。

**师**：同学们，我们知道 4 和 9 是平方数，可是，他说"1"也是平方数，这到底对不对呀？

许多同学响亮地回答："对！"

**师**：我们是要讲理由的。

**生 1**：因为一一得一。

教师结合回答，板书：$1 \times 1 = 1$。

**生 2**：我有一个方法能够辨认它是不是平方数。比如"4"，它的左下方是"1"，在"1"的基础上加上这样子的东西就变成了"4"，再在"4"的基础上加上这样的东西就变成了"9"，它们是平方数。

**师**：噢，你是这样想的。

**师**：同学们，这"1"可以写成 1 乘 1，所以说它是一个平方数。还可以怎样想呢？

**生 3**："1"的点图是个正方形，所以，它是平方数。

**师**：是呀，凡是平方数，它的点图都是正方形。从 1 到 10 一共有 1、4、9 这三个平方数。

**师**：谁能告诉大家，9 后面还有哪些平方数？

**生 1**：16。

**师**：为什么？

**生 1**：因为四四十六。

**师**：对了。16 的点图是一个正方形，每排有 4 个，一共有 4 排。还有呢？

学生积极地回答：25，36，49，64，81，100。

**师**：是呀，后面还有许多平方数呢，我们就不再说下去了。

**师**：看来，同学们真的认识了平方数。下面的问题，看大家能不能回答。

**2. 探究：至少 4 个相同平方数的和是一个新的平方数**

教师出示：至少几个相同的平方数相加，能够得到一个新的平方数？

师：题目在问我们什么呀？

生1：我知道，4个4相加等于16，是一个平方数。

师：这位小朋友很好，他在举例子说明。有一个平方数是"4"，至少用几个这样的平方数相加，能够得到一个新的平方数？他说用4个，4个4相加等于16，是一个平方数。

师：我们可以再举个例子（课件出示点图"1"），1是个平方数，至少用几个1相加能得到一个新的平方数？

生2：4个1相加能得到新的平方数4。

师：9个1相加等于9，也是一个新的平方数，所以说，至少要9个相同的平方数相加才能得出新的平方数。你认为对吗？

生2：它问我们最少用几个相同的平方数，所以，4个1就够了。

结合回答，出示：

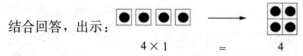

$$4 \times 1 = 4$$

师：对于平方数1来说，用4个1相加就能得到一个新的平方数，那么，对于其他的平方数，是不是也只要用4个相加就能得到新的平方数呢？我们多举些例子来看看，好不好？

同学们齐声说"好！"教师出示：，让学生打手势表示。结果，学生基本

认为用4个。结合回答，电脑显示：

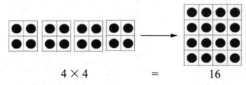

$$4 \times 4 = 16$$

师：接下去，我们用哪个数来举例子？

众生：9。

师：好，我们就用9来举例说明吧。至少用几个9能得到新的平方数呢？

生1：用4个就行了，新的平方数是36。

这时，教师通过课件出示一个正方形 ⬛ ，让学生思考正方形内藏着什么数。

有同学猜藏着的数是"5"，但马上遭到其他同学的反对：这是一个正方形，里面藏着的应该是一个平方数。到底藏着哪个平方数呢？同学们都非常好奇。

师：我并不想问正方形里藏着哪个平方数，因为它是个正方形，所以，里面藏着的数是平方数，任何一个都可以。我想问大家的问题是：至少要用几个这样的平方数，就能得到一个新的平方数？

学生没有一下子就做出反应，而是进行着思考。

师：（指着正方形）用 2 个行吗？

众生：不行。

师：那至少要用几个呢？

这下，学生借助正方形直观图形，很快做出正确的回答："4 个。"

师：是呀，每个平方数都可以用一个正方形来表示，至少用 4 个正方形就能拼成一个新的正方形。所以，至少 4 个相同的平方数相加，就能得到一个新的平方数。

师：下面，我们来研究最后一个问题。

### 3. 探究：从 1 开始连续奇数的和是一个平方数

出示：一个平方数，至少加几才能变成一个新的平方数？

师：1、4、9、16 等，平方数有许许多多。对于"一个平方数，至少加几才能变成一个新的平方数"这个问题，你想怎样来发现其中的规律呢？我们从比较小的平方数开始寻找，好吗？

教师出示点图：

师：平方数 1 至少加几就得一个新的平方数？

学生很快回答"3"。教师让学生用点块在平方数 1 的点图上进行拼摆演示

，并板书算式：1＋3＝4。

师：（指着 4 的点图）平方数 4 至少加几能得到新的平方数？

生 1：加 4 个点图就能得到一个平方数。

此时，许多同学表示不同意。

**师：**别着急嘛，说不准还真的能得到一个新的平方数。我们让这位同学上来加加看。

教师让生1拿着4个数点块，在平方数4的点图上进行拼摆，该生摆了好几下都没有成功，发现两边上摆了两块后，在角上出现了一个缺口（见下图），于是，他再拿了一块，拼得一个正方形。教师则接着板书：1＋3＋5。

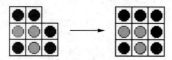

**师：**（指着9的点图）平方数9至少加几得到新的平方数？

学生很快做出正确的回答：加7能得到一个新的平方数。教师结合回答，在9的点图上添加了7个数点块（见下图），并接着板书：1＋3＋5＋7。

**师：**加7后得到的新的平方数是几呢？怎样算出来的？

**生1：**（指着"1＋3＋5＋7"）连加得到16。

**生2：**从平方数的点图中可以知道是16，因为四四十六。

**师：**如果再继续加下去，下一个应该加几？得到的平方数是几？再下一个呢？

学生积极地发言，并做出了正确的回答。

**师：**看来，大家从刚才的一组题目中已经发现规律了。说说你们发现了什么规律？

**生1：**奇数连加得到的是新的平方数。

**师：**是吗？我来帮你举个例子，好吗？

教师板书：1＋3＋7，问学生这些奇数连加得到的是平方数吗？

学生发现了其中的问题，补充说：应该是一个一个连着的奇数，中间不能断掉。结合回答，教师进行了直观演示（见下图）。

**师：**我明白你们的意思，这些奇数必须是连续的。

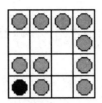

教师出示：3＋5＋7，问学生是不是像这样的连续的奇数。学生又发现了问题，补充说：从 1 开始连续的奇数相加，得到的是一个平方数。

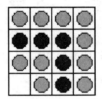

**师：**同学们，这节课上，我们不仅认识了平方数，而且还发现：至少 4 个相同的平方数相加，能得到一个新的平方数；从 1 开始连续奇数的和，一定是个平方数。真的好棒！下课。

## 附：凸显数学本质，培养数学思维

*北京教科院特级教师　吴正宪*

每次走进潘小明老师的课堂我都为他与学生真诚的交流和全身心的投入而感动，被他的教学智慧和理性的数学思考而打动。他对数学教育的独特认识视角与解读，的确值得我们好好研究。

我想以潘小明老师的《点图与数》为例谈谈学习体会。

《点图与数》，是上教版数学第四册上的内容，由 3 个题目组成。

第一个题目，教材以 5 个点图及相应的算式，直接告诉学生这些都是平方数。提出："你能接下去说出几个平方数？"

第二个题目，教材将 4 个相同的平方数点图拼合在一起变成一个新的平方数点图，提出："4 个相同的平方数图拼合在一起，会变成什么？"

第三个题目，介绍"奇数与平方数"。教材用添加点子的方法逐个呈现新的平方数点图，并与加法算式相对应，试图让学生发现奇数与平方数之间的关系。

　　显然，教材中的三个题目，从表面上看都是指向答案的。如果教师不能把握住数学核心概念的本质，不能深刻理解教材、有效地运用好教材，不能给学生充分探索思考的空间，只是顺水推舟地讲一讲、问一问、练一练，也许会很快"顺利"完成教学任务。

　　试想这样的教学会有怎样的效果？

　　第一个题目如果教师只让学生看着书上的点图和算式接着说，学生可能会不假思索地说出接下来的平方数应该是"$6×6＝36$；$7×7＝49$；$8×8＝64……$"学生照葫芦画瓢，而没能对"平方数"的本质有更深刻的理解。

　　第二个题目如果教师只是让学生按照教材的样子把四个同样的平方数点图拼合在一起，学生也会顺利地发现这样拼合下去会变成一个个新的平方数。但是这样给学生独立思考、合作探究的思维空间就会相对较小，学生也很难对"至少4个相同的平方数能拼成一个新的平方数"抽象、概括的过程有充分的体验与感悟。

　　第三个题目同样如此，如果教师只让学生看着书上的点图和算式接着写下去，学生也会顺利地写出"$1＋3＋5＋7＋9＋11＋……$"但是学生却失去了一次在数与形的结合中发现、理解奇数与平方数之间的规律以及发现问题、提出问题的重要探索机会。

　　那么怎样拓展学生的思维空间，让学生在尝试解决问题的过程中逐渐学会发现问题、提出问题，提高分析问题的能力呢？如何让学生在观察、猜想、试验、尝试中抽象、概括出数学规律呢？潘小明老师又是怎样回应这些问题的呢？他是如何基于教材例题，抓住数学本质，对问题重新进行整理规划，让学生积极主动学习的呢？

　　让我们一起走进潘小明老师的课堂，感受他的数学教育理念与实践。

　　一、抓住数学核心概念，引导学生深刻理解"平方数"的含义

　　潘小明老师在引导学生学习第一个题目时是这样处理的：教师首先请学生用点图表示1、2、3、4……并引导学生想象：要表示数1、2、3、4……应该拿几张"1"这样的点图？用它可以拼成一个什么图形？能写出怎样的算式呢？

$$1×1 \qquad 2×1 \qquad 3×1 \qquad 2×2$$
$$\phantom{1×}1 \qquad \phantom{2×}2 \qquad \phantom{3×}3 \qquad \phantom{2×}4$$

（对于数"4"，学生中出现了两种不同的点图及算式。）

潘老师追问：刚才点图所表示的数中，有一个数非常特殊，你们知道是哪个数吗？许多学生都认为是"4"，因为它的点图可以拼合成一个长方形，还可以拼合成正方形，有学生甚至给它起个名字叫"正方形数"。潘老师对学生的回答表示认同："它确实可以叫正方形数，数学上我们把这样的数叫作平方数。其实，在 10 以内的数中，还有另外的平方数，你们猜会是几呢？请说明理由。"学生独立思考，大胆猜想并进行着交流。一场小小的辩论会开始了：有的认为是"6"，因为"6"的点图也可以有两种表示方法，也可以写出两个乘法式子(6×1 和 3×2)。这个想法很快遭到其他学生质疑："6"的点图不是正方形的，它的乘法算式中的两个因数不是相同的。还有的学生认为是"8"，因为"8"的点图可以是一个正方形，同学们纷纷让其用正方形的

点图表示。该生非常自信地在黑板上进行了拼摆演示：。出人意料的正方

形点图一下子还真让一些学生"懵"了。这时很快又有学生质疑：平方数"4"的正方形点图的每行每列的数是相等的，你的这个正方形点图是空心的。"9"才是平方数。此时，潘老师再一次追问：1 到 10 这十个数中，到底哪几个是平方数？为什么？经过一番激烈的讨论，学生终于发现"1、4、9"具备平方数的特征(点图是个正方形，可以写成两个相同的因数相乘)。

就这样学生在观察讨论中不断地发现问题、提出问题、分析问题、解决问题。特别是在激烈的质疑中学生深刻地理解了平方数的意义，平方数的概念就在这样的高质量的思维活动中被学生主动地建构起来了。

二、在直观的图形与抽象数的"平方数点图"中，发现、归纳、概括出数学规律

在解决第二个题目时潘老师首先提出问题："你们知道至少几个相同的平方数能拼成一个新的平方数吗？"这无疑对学生来说是个挑战。学生一时不知从何说起，感到很困惑。潘老师启发道："你们能否举些例子，用平方数点图进行拼摆，看看能否发现些什么规律。请你们先想象一下……"为了便于发现，学生从平方数 1 开始探索。同学们想象着、思考着、动手验证着。在拼摆直观图形的过程中同学们很快发现"4 个 1""4 个 4""4 个 9"都能拼得一个新的平方数。这时，潘老师不慌不忙地出示一个正方形纸片，该正方形能代表任意一个平方数，提出"想一想至少用几个相同的平方数才能拼得一个新的平方数"。学生借助直观图形，展开丰富的想象，利用已有的数学活动经验，

通过观察、猜想、试验，终于从中抽象、概括得出"至少 4 个相同的平方数能拼成一个新的平方数"的结论。通过观察规律，学生感悟到：对于有规律的事物，无论是用数字还是用图形表示都可以反映相同的规律，只是表达形式不同而已。

回顾这段学习过程，我们可以清晰地看到这个数学结论的获得不是教师直接告诉给学生的，而是学生在充分的数学活动中，积极思考、大胆质疑、勇于实践得到的。学生经历了"数学化"的学习过程，学会了怎样思考问题和解决问题，思维能力得到了提升。

潘老师依托、利用图形引导学生进行数学的思考、想象，并获得数学结论。通过直观图形展开想象，学生提高了研究问题的兴趣。正如爱因斯坦所说：想象力比知识更重要，因为知识是有限的，想象力概括着世界上的一切，推动着进步，并且它是进化的源泉。严格地说，想象力是科学研究中的实在因素。

三、在引导学生讨论质疑中发现数学规律

在解决第三个问题时，潘老师还是以"问题串"的方式引发学生的思考。潘老师首先抛出问题："一个平方数，至少加几才能变成一个新的平方数？对于这问题，你想怎样探究来发现其中的规律呢？"

学生有了上面探究的经验，从平方数 1 开始，进行拼摆实践活动。学生通过拼摆很快发现一个点子，再加上三个点子，就可以得到一个新的平方数"4"。在此基础上学生再思考"至少再加几又能得到一个新的平方数呢？"此时课堂上又出现不同的意见。有学生认为再加 4 个，理由是在正方形的上边加 2 个，在右边也加 2 个即可。有学生则认为再加 5 个即可。潘老师在此并没有评价对错，只是建议同学们亲自拼一拼点图，用事实说服对方。该生终于在直观图形的拼摆中发现自己少算了 1 个，应该加上 5。

学生继续探究……在学生发现加 1、加 3、加 5、加 7、加 9 等，得到的数是一个新的平方数之后，教师引导学生进一步观察拼图："你还能发现什么规律？"在亲身实践中，同学们终于找到了平方数与奇数之间的关系。

……

课堂充满了和谐、民主的讨论气氛。学生积极主动地表达着自己的观点。有的学生认为，奇数的和是一个平方数；也有学生认为应该是连续奇数的和是一个平方数。对此，学生质疑、举例证明，最终归纳得出结论：从 1 开始的连续奇数的和是一个平方数。

整个课堂教学，围绕"平方数是怎样的数""至少几个相同的平方数能拼成一个新的平方数""一个平方数，至少加几能变成一个新的平方数，平方数与奇数之间有怎样的关系"三个核心问题展开，将问题指向对概念本质特征的探究、对发现数学规律的策略和方法的探究。三个核心问题，给了学生足够的思维空间。在探究平方数概念的教学中，教师只是提供一些素材，对于概念的本质属性，由学生自己提出假设，教师引导全班同学得出正确结论。学生对一个个点图表示的数不断地进行比较、辨析，逐步揭示平方数的本质特征，即"能摆成正方形点图的数，两个同样的整数相乘的积"，建构了平方数的概念。学生对这样获得的知识印象深刻，记忆牢固，更重要的是，学生的比较、抽象、概括等思维能力以及探究精神得到较好的锻炼和培养。

总之，潘小明老师本节课堂教学有以下几方面突出特点。

第一，抓住数学核心知识概念的本质进行教学，把教材用得有声有色。数学核心概念的建立不是靠简单的模仿，而是注重引导学生参与数学概念形成的过程。抓住概念本质教学，深刻理解概念意义。

第二，注重引导学生在直观图形中理解抽象的数学规律。充分利用直观几何，培养学生的推理能力，帮助学生理解数学本质。

第三，注重在"问题串"中引发学生思考、质疑，给学生充分的思考空间。鼓励学生不断地发现问题→提出问题→分析问题→解决问题，注重学生思维能力的提升。在探究平方数之间以及平方数与单数之间的关系时，学生不断经历这样的过程：对具体实例的观察比较、归纳猜测、举例验证、揭示规律。更重要的是，学生的比较、抽象、概括等思维能力以及探究精神得到较好的锻炼和培养。学生从中积累了宝贵的数学活动的经验，体验到解题策略方法的重要性，不仅达成了知识目标，而且培养了自主探究、发现知识的能力，体验到经历挫折后成功的愉悦。

# 七、让数学核心素养在课堂中生长

## ——《搭配》教学实践与思考

课一开始，屏幕出示：你能摆成几个两位数？

**师：**这就是同学们关心的"这节课学什么呀"，你能摆成几个两位数呢？

只有少数几个学生举手。

**生 1：**无数个两位数。

**师：**为什么呀？

**生 1：**因为数字是无限大的。

**师：**同学们，有问题吗？

"有！"许多学生积极地举手。

**生 2：**缺数字。

**师：**对啊，你可以这样提问：数字也没有，我们怎么知道能摆几个两位数呀？要敢于向老师提问！

**思考：**教师可以先出示 1、2、3 三张数字卡片，再问学生能摆出几个两位数，但我却与之相反，这是为什么？因为我想给学生一个发现、提出问题的机会，而且是一个敢于向教师提问的机会。学生敢于提问的勇气和习惯，是需要在日常课堂教学中逐渐培养的。

这时，屏幕出示 1、2、3 三张数字卡片。

**师：**现在谁知道，用这三个数字去摆两位数，能摆几个呢？用手指的个数表示摆出的两位数的个数。

学生稍作思考后，随着教师的"预备——出"，一齐出示手势：有 3 个的，也有 5 个、6 个的，还有 8 个、9 个的。

**师：**同学们，那么多个答案，怎样才能知道正确的答案到底是几个呢？

**生 1：**可以把摆出的两位数都写在黑板上。

**师：**对呀，把摆出的两位数都写出来就可以知道了！那就请同学们把你心里想摆的两位数写在这张纸上，好不好？

**众生：**好！

学生独立思考，并在纸上写着能摆出的两位数。

**思考：**让学生看着 1、2、3 三张数字卡片，想想共能摆出几个两位数，很多学生只是凭直觉进行猜测，且由于学生之间的差异，会有多种不同的答案，而不同的答案更能让学生产生操作验证的需求。其实，学生所经历的是"猜测—验证"的过程，学习的是科学探究的思维方式。

**师：**在同学们写数的时候，老师也在写，写在了脑子里。现在我把它们写在黑板上，你们帮我检查一下，看看老师写得怎么样，好吗？

**众生：**好！

"13—21—32—31"，教师慢慢地写着，学生静静地看着。当接着出现"13"时，寂静的课堂一下炸开了："错了！你写了两个'13'啦！"

**师：**两个？

**生1：**对！第一个和最后一个都是"13"。

**师：**我把"13"写重了，是吧？

**生1：**对！

**师：**"重复"这词是不是这样写的——

教师在黑板上板书：重复。

**众生：**对。

**师：**重复了，那就应该擦掉。

教师擦去"13"，思考了一会儿，写下"12"。

**师：**（故作不自信地）"12"有没有重复出现？

**众生：**没有。

**师：**（继续思考的样子）我想不出来了，一共能组成5个两位数。

**生2：**还可以把"32"反过来，变成"23"。

**师：**真的还漏了一个"23"呢。同学们，你们觉得老师摆得怎么样？

**众生：**不好。

**师：**不好在哪里呢？

**生3：**不好在没有有序思考。

**师：**没有有序思考，会出现什么问题？

**生3：**会出现遗漏数字。

**师：**会遗漏掉，还可能会怎么样？

**生4：**还会重复。

**师：**对啊，无序地去摆，容易重复和遗漏。那么，怎样才能不重复也不遗漏？

板书：不重复也不遗漏？

**生4：**有序地摆。

**师：**噢，你们刚才摆得有序吗？如果是有序的，等会儿你把自己的序告诉别人；

如果你觉得不是很有序，可以进行调整，好不好？

**众生：**好。

**思考：**根据低年级学生的心理特点，教师装作不懂地与学生一起思考，并故意出现"重复"和"遗漏"的情况，让学生发现、指出教师摆数中存在的问题，从而揭示课题，将学生的思维聚焦在"怎样才能不重复、不遗漏"这一核心问题上。而此时教师让学生查看自己摆得是否有序，其主要目的不在于找出正确的答案，也不只是思考如何有序地摆数，而在于引导学生进行反思性学习。因为反思性学习的意识和习惯，能有效地促进学生的自主发展。

学生认真检查写出的两位数是否有序。之后——

**师：**谁能上来介绍？

部分学生自告奋勇地举手。

**师：**不着急，我们每个同学都有任务，那就是：要看出别人是按照怎样的序来摆数的。

教师请一位女生上前做介绍。

**师：**你摆出的第一个数是几？

**生1：**12。

**师：**同学们，你能知道她摆的第二个数是几吗？

**生2：**是21。

**师：**有不同的答案吗？

"有！"许多学生马上举手。

**生3：**是13。

**师：**到底哪个答案是有序地摆出的呢？

"21""13"，学生中同时出现两种声音。

**师：**认为是"21"的，请举手！

有十多人举手。

**师：**认为是"13"的，请举手！

有更多的学生举手。

**师：**这样吧，让他们说理由，看是不是有序，好吗？

**众生：**好！

**师**：摆了 12，怎么想到接下去摆 13 呢？

**生 1**：我是按照从小到大的顺序摆的。

**生 2**：我是按照十位上先是 1，后面是 2，最后是 3 摆的。

**师**：她说十位上先放 1。把 1 放在十位上，个位上可以怎么放呢？

**生 3**：个位上可以放 2 或者 3。

**师**：个位上放 2，就可以得到——

**众生**：12。

**师**：个位上还可以——

**生 4**：还可以放 3，得到 13。

**师**：噢，你们看出她摆的序了吗？先把 1 放在十位上，这时候，个位上可以放 2 也可以放 3，就能得到两个两位数。接下去她会怎么放呢？

**生 5**：应该把 2 放在十位上。

**师**：把 2 放在十位上，可以得到几个两位数？

**生 6**：我们可以得到 21 和 23。

**师**：几个？

**众生**：两个。

**师**：对呀，谁知道接下去怎么做呢？

**生 7**：把 3 放到十位上。

**师**：可以得到几个两位数？

**生 7**：两个。

**师**：哪两个？

**生 7**：31 和 32。

**师**：再接下去呢？

"没有了！"一些学生说着。

**师**：同学，你举手了，说说还有哪个数可以放在十位上？

**生 1**：没有了。

**师**：是呀，总共有"1、2、3"三个数字，放在十位上也就只有三种情况。一共可以摆出几个？

**生 2**：6 个。

师：我们再回顾一下，她先是把 1 放在十位上，得到几个两位数？

众生：2 个。

师：再把 2 放在十位上，得到几个两位数？

众生：2 个。

师：最后把 3 放在十位上，得到几个两位数？

众生：2 个。

师：一共是几个 2？

众生：3 个 2。

师：对，3 个 2 相加等于 6，所以一共是 6 个两位数。这样考虑真的很有序！

师：（对着上前做介绍的女生）你是不是这样的一个序？

生 1：我是把"12"反过来的。

师：什么叫反过来？

生 1：就是把"12"调换位置就得到"21"。

师：噢，把十位和个位上的数字调换一下位置。调换位置这件事，你们说难不难？

众生：不难。

师：我也觉得不难。拿出 1 和 2 这对数字，摆出 12 后调换位置就得到 21，这一点都不难！难的是怎样有序地找出一共有几对数字。

师：有谁知道，下面她会拿出哪对数字呢？

生：接着可以是 1 和 3。

师：（拿着 1、3）这两个数字，它们也是一对朋友啊！用 1 和 3 这对朋友可以组成几个两位数？

生 2：可以组成两个两位数：13 和 31。

师：同学们，"1、2、3"这三个数字，就只有这两对朋友？

生 2：还有 2 和 3 也是一对好朋友，可以组成 23 和 32。

师：现在，已经有 3 对朋友了，还有吗？

生 3：两个数字能重复吗？

师：什么意思？如果能重复会是怎么样？

生 3：重复的话，是 11、22 和 33。

师：同学们，你们觉得可以吗？

"不可以!"学生齐声回答。

师:为什么?

生4:因为上面没有两个"3",也没有两个"2",也没有两个"1"。

师:对的,这三个数字卡片中没有重复的。刚才,我们一共找到三对朋友了,有没有第四对?

众生:没有了。

师:我凭什么信你们啊?你们得拿出有说服力的事实吧!

生1:因为每一个数都跟另外一个数搭过朋友了。

师:怎样能让人清楚地看到是搭过了呢?

一位女生走到台前,把"1、2、3"三个数字摆成一排,然后,分别用弧线连接1和2、1和3、2和3,边连线边说:"因为每对朋友都用线连过了,所以,一共有三对。"

师:同学们,你们看出她连线时的序了吗?她从哪个数开始连的?

众生:1。

师:对,她从1这个地方开始出发,把1先跟谁连了?

众生:2。

师:跟2连了,1和2这对朋友组成了"12"和"21"。她接着呢?

众生:1跟3连了。

师:1和3这对朋友组成"13"和"31"。1跟谁还没有连过?

众生:没有了。

师:1跟别的数都连过了,1就可以休息了。接下去她怎么连的?

众生:2跟3连了。

师:2跟3连,她有没有回过头让2跟1连?

众生:没有。

师:为什么不用再去连了?

众生:是因为1已经跟2连过了。

师:对啊,2跟1已经连过了,所以只要把2跟3连。2还跟谁连啊?

众生:没了。

师:接下来考虑3。3与1、2都已经连过了,所以共有三条线。这三条线表示——

**众生**：有 3 对朋友。

**师**：知道一共有 3 对后，怎样才能知道共能排出几个两位数？

"翻倍""乘 2"……同学们七嘴八舌地说。

**师**：为什么要"翻倍"或者"乘 2"？

**生 1**：因为 1 和 2 连过了，那 2 和 1 还没有连过，所以要加倍，别的数都是这样的。

**师**：也就是一对数字可以组成几个两位数？

**众生**：两个。

**师**：3 对数字一共组成 6 个两位数。

**师**：那女孩儿真会动脑筋，用连线的方法，而且非常有序地连线，让我们大家清楚地看出共有 3 对朋友，很快知道一共能摆出 6 个两位数。

**师**：同学们，刚才我们把 1、2、3 分别先放在十位上，个位上就有两种情况，共有 6 个两位数，这是一种序；现在先用连线的方法找出有几对，再乘 2 就得到共有 6 个两位数，这也是一种序。看来，能摆出几个两位数的序不止一种，你们真的很会思考！

**思考**：对于用"1、2、3"三个数字共能摆出几个两位数，班上有些学生能够进行有序地思考，但确实也有学生的思考是无序的。对此，教师可以让会有序思考的学生进行介绍，其他学生也能理解接受，但因这种接受缺乏主动的思考，学生自然对"序"不会有深切的感受。如何真正使全体学生学会有序思考，促使学生思维进一步地发展？在摆出"12"后，教师让学生说出按序摆数下一个会是几。此时，学生中出现了"13""12"两个不同的答案。对习惯于"正确答案只有一个"的学生来说，他们很想知道：到底哪个序才是正确的？于是，学生会主动地进行有序思维，并积极辨析摆数是否有序。在对"12"后面应该是"13"的序的探究中，学生学习着分类思考的方法，即当十位上放"1"时个位上会出现几种情况，并进行类推得到共有（3×2）6 种。而在对"12"后面应该是"21"的序的探究中，学生的思维聚焦于：每两个数字为一组，怎样有序地找出所有的"组数"？在学生逐一列举共有 3 组后，教师不断追问：还有吗？怎样让人信服？促使学生用连线的方法表示自己的"序"，积累有序连线找出"对数"的活动经验。经过对"12"后面到底应该是"13"还是"21"的"序"的探究，学生对"序"有了更为丰富的真实的体验，对"排列""组合"的数学思想有了初步的感知。

**师**：同学们，用 3 个数字能摆出几个两位数？

"6个"，一些学生回答。

**师：**同意的，请举手！

绝大多数学生举手。

**师：**给出3个数字，你们总可以摆出6个两位数，是吧？认为这句话对的请举手！

这次，只有少数几个学生举手，其中有的学生又把手放下了。

**师：**有意见的，请举手！

只有三四位学生举手。绝大多数的学生满脸疑惑。

**师：**同学们，用三个数字摆两位数，我们都做过了呀，难道三个数字摆出的两位数不是6个吗？

"有意见！"有几个举手的学生忍不住发表意见。

**师：**好，我们一起来听听他们会有什么意见！

**生1：**因为如果有一个0的话，0不可以做十位数。

**师：**哦，三个数字里面如果出现了0的话，比方说0、1、2这三个数字，能不能摆出6个两位数？

**生1：**不能！

**师：**为什么？

**生1：**把0放在十位上就有01、02，但01、02不是两位数。

**生2：**如果可以重复的话，三个数就不能组成6个两位数。

**师：**你能举个例子吗？比如——

师生一起举例：1、1、2。

**师：**像1、1、2，这三个数字里面的"1"是重复的，能不能组成6个两位数？

**生2：**不能。这三个数字能组成的两位数有：11、12和21。

**师：**有没有这种可能，用三个数字组成的两位数只有一个？这三个数字会是什么情况？

**生2：**2、2、2、3、3、3。

**生1：**三个数字都一样。

**师：**是呀，就比如"2、2、2"摆成两位数只能是"22"这一个。

**师：**所以，我们刚才发现能组成6个两位数的，是怎样的三个数字？

**生1**：是不能重复的三个数。

**生2**：还有这三个数里面没有 0。

**师**：三个数里是没有 0 的，三个数字是不重复的，这样的三个不相同的数字，可以组成 6 个两位数，对吧？

**众生**：对！

**思考**：对用不同的序进行思考所得出的结论，学生会产生深刻的印象，而对产生结论的条件则往往会忽视。正因为这种"忽视"，在由特殊推向一般的思维过程中，会发生"以偏概全"的错误，就像课中"同意三个数字共能摆出 6 个两位数的请举手"，绝大多数学生举手。因此，追问已经获得的结论，审视产生结论的条件，能拓展学生的思维，使学生的思维更加缜密。

**师**：同学们，你们真的会有序地思考问题吗？

"是！"学生们都非常自信。

**师**：好，那我就给个复杂点的问题。

教师出示：1、2、3、5。

**师**：谁能写出所有的两位数？

学生独立思考，各自写着两位数。

**生1**：12、13、15。

**师**：还有吗？

**生1**：还有 21。

**师**：我是说，把"1"放在十位上的，还有吗？

**生1**：没有了。

**师**：接着呢？

**生1**：21、23、25，把"2"放在十位上的就这三个。

**师**：接着呢？

**生1**：把 3 放在十位上，有 31、32、35，没有了。

**师**：总共是 9 个两位数，同意吗？

**生2**："5"打头也可以呀！

**师**：你可以这样问他，"5"为什么不可以放在十位上？

**生1**：嗯，可以放在十位上。

生2：那你为什么不说出来？

生1有点不知所措。

**师**：不是不说出来，当时没有想到，是不是啊？

**生1**：对。

**师**：看来，同学们要找出所有的两位数，不仅要有序思考，还要全面思考，对不对呀？

**众生**：对。

**师**："5"放在十位上有——

**众生**：51、52、53。

**师**：总共是——

**众生**：12个。

12  21  31  51

**师**：（指着板书：**13  23  32  52**）3、3、3、3，共有4个3，是12个。这是一种

15  25  35  53

序，很快就能找出答案。谢谢同学们！

**师**：还有别的方法吗？有没有先一对一对地找的？

**众生**：有！

**师**：同学们，怎么才能有序地找出所有的对数，你行吗？

**生3**：行！可以用连线的方法。

根据学生的回答，教师进行连线，得：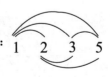

**师**：一共有几对？怎样列式？

**生3**：3＋2＋1＝6（对）。

**师**：每一对组成两个两位数，一共能组成多少个两位数？

**众生**：12个。

**思考**：四个不同的且不为零的数字能摆多少个两位数的问题，比起三个数字更为复杂，似乎有拔高要求的嫌疑。但我觉得学生有了之前有序思考的经验，应该不会感到特别的困难。相反，在新情境中，特别是"有序找对"可以丰富学生对

"序"的体验。另外，这一情境让学生有了发现知识规律的机会，使其感知其数学模型。然而，如果能让学生以"三个数字为基础"进行探究，即在数字"1、2、3"的基础上增加数字"5"，"5"与"1、2、3"分别结对则增加"3对"，也就是增加 6 个两位数。让学生着眼于知识的内在联系思考问题，依次拓展思维，可以丰富学生对有序思维的体验。

师：这样有序地思考，很快地找到了答案。其实，同学们的这种有序思考，在生活中也会有很大的用处。

出示：有三个小朋友，每两个人握一次手，三人一共握几次手？

生1：6 次。

师：这么快就算出来了。

生1：二三得六。

师：我觉得好像是两次。你们看——

教师故意指着图说，第二个与第三个还没有握手呢！所以，一共是两次。

生2：不对，还有第一个和第三个也要握手，一共是三次。

师：总共三个小朋友握手，太简单了！我们在座的小朋友一共有多少人？

众生：41。

师：41 个小朋友，每两个小朋友握一次手的话，你知道一共握多少次手吗？这个问题，谁有办法？下课！

思考：课中，"3 人共握手多少次"，有许多学生很快回答是"6 次"。对此，教师应该让学生充分展示思维过程，与"用 1、2、3 能组成多少个两位数"进行比较，从中感受"排列"与"组合"的区别。而从"3 人握手多少次"到"班上 41 人握手多少次"，将知识运用于生活，运用于更加复杂的问题情境，无疑能培养学生对数学的积极情感，激发学生求知的热情。

我认为，数学核心素养是指学生在自主学习过程中，所获得的对数学知识本质的理解和掌握，所感悟的数学思想方法和探究策略，所习得的数学思维方式、品质和习惯，所生成的积极的情感态度和价值观，所产生的实事求是、敢于质疑、敢于实践、敢于创新的数学的理性精神。而这些关乎学生终身发展和社会发展的必备品格和关键能力，是学生在日常课堂学习活动中逐步形成的。数学教师所要努力实践的，就是"让数学核心素养根植于数学课堂教学"。

# 八、探究知识本质，发展空间观念

## ——《长方体的体积》教学实践与思考

### (一)教材内容

北师大版数学五年级第二学期《长方体的体积》。

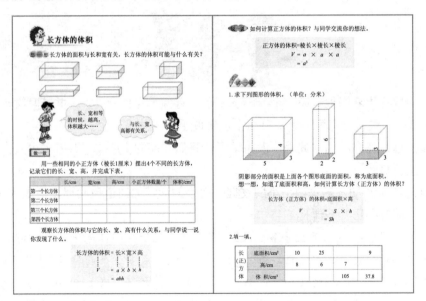

### (二)教学与思考

**1. 如何让学生发现问题，建立联系，产生探究的欲望**

**师**：看到这三个长方体，你想提什么问题？

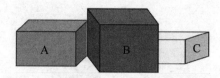

生1：三个长方体中哪个体积最大？

师：有谁知道？

生2：不确定。

师：有不同意见吗？

生3：B长方体体积最大。因为B长方体的长宽高都比A大，所以B长方体的体积应该是最大的。

教师引导学生比较A、B两个长方体的长宽高，发现B长方体的长和宽与A长方体差不多，但B长方体的高则明显高于A长方体。

师：所以，他认为B长方体是三个长方体中体积最大的，同意吗？

生2：那C长方体没有全露出来，谁知道它后面有多长呀？

师：那从刚才的比较中，我们能得到怎样的结论？

众生：B长方体的体积比A大。

师：（指名生2）男孩，你刚才是什么意思？

生2：C长方体有可能是很长的，但是被遮住了，所以不能确定。

师：是呀，虽然我们能看见C长方体的宽和高，但是它的长被遮住了。我们不知道它到底有多长，能知道它的体积有多大吗？

众生：不能。

师：那该怎么办？

生2：移开前面的长方体，让我们能看见C长方体的长。

师：是吗？

绝大多数学生举手表示"是!"

这时，教师进行课件演示，移动B、A两个长方体的位置，使C长方体完整地呈现了出来(见下图)。

"哦——"学生有点惊讶。

师：哪个长方体的体积最大？

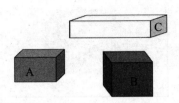

此时，学生没有了先前的那份自信，个个都注视着屏幕，迟疑着……

**师：** 刚才不是都说看到了 C 长方体的长，就能比较出它们的体积大小吗？现在怎么又都不举手了呢？

**生1：** 我认为 C 长方体的体积最大。

**生2：** 我有不同意见。因为它虽然是最长的，但是它的宽和高都不是最宽和最高的。

**师：** 虽然它的宽和高都比 B 长方体要短些，但是它却很长。所以，凭借眼睛观察，能得出 C 的体积一定是最大的吗？

学生摇摇头："不能。"

**师：** 那还得想什么办法，比较出它们的体积大小呢？

**生1：** 要知道每个长方体长宽高的数据。

**师：** 他说要知道长宽高的数据，同学们，他头脑中想的长方体体积与什么有关？

**众生：** 长宽高。

**师：** 长方体的体积与它的长宽高之间到底有着怎样的关系呢？

许多学生静静地思考着，少数学生举起了手。

**生2：** 我觉得体积应该等于"长×宽×高"。

**师：** 这是你的想法。这想法到底有没有道理呢？

**思考：** 面对屏幕上呈现出的三个长方体，要做出"哪个长方体的体积最大"的比较，学生人人都能参与其中。学生之间的差异，导致不同的答案：有的认为 B 长方体的体积最大，显然是凭借直觉做出的判断；也有的认为不能确定，因为 C 长方体到底有多长还不知道；还有的认为 B 比 A 的体积大，因为它们的宽和长差不多是相等的，但是 B 长方体的高明显高于 A 长方体……特别地，对于"B 长方体是三个长方体中体积最大的"的回答，同学们互相质疑着："那 C 长方体没有全部露出来，谁知道它后面有多长呀？"大家自信满满地认为，"只要把 C 长方体的长宽高都呈现出来，就能知道哪个长方体的体积最大"。而当教师把 C 长方体的长宽高都呈现出来时，学生又迟疑了，产生了新的问题：长方体体积与长宽高到底有着怎样的关系？怎样才能计算出长方体的体积？

教师所创设的这个情境，妙在：将三个不同形状的长方体，以特定的方式呈现。学生在比较"哪个长方体的体积最大"的过程中，自觉地建立起长方体体积与长宽高之间的联系，展开丰富的想象，进行缜密的数学思考，积极地质疑，生成了"长方体体积与长宽高到底有着怎样的关系，怎样才能计算出长方体的体积"这一核心问题，产生了探究新知的欲望。

**2. 如何让学生将时间用于探究解决问题的策略上，进行高阶思维活动**

**师**：同学们，对于"长方体体积与它的长宽高到底有着怎样的关系"，也就是"知道长宽高的数据可以怎样计算长方体的体积"，我们是否可以这样思考：长方体体积的大小，其实就是指它所包含的体积单位的个数。比如，1 立方厘米就是体积单位，要比较出它们的体积大小，就是比较它们所包含的 1 立方厘米的个数，谁包含的个数多，就说明它的体积——

**众生**：大。

**师**：这样的话，我们利用小方块(1 立方厘米)摆一些长方体，从中寻找长宽高与体积单位的个数也就是体积之间的关系，再找出计算的方法，你们觉得如何？

"嗯"，学生表示赞同。

教师利用课件在屏幕上呈现了四个不同的长方体，学生收集数据填入表内(见下表)。在填完第三个长方体的数据后——

**长方体体积与长宽高有怎样的关系呢？**

| 拼出的长方体 | 长 | 宽 | 高 | 方块数 | 体积 |
|---|---|---|---|---|---|
| | 5 | 1 | 1 | 5 | 5 |
| | 3 | 2 | 1 | 6 | 6 |
| | 4 | 3 | 2 | 24 | 24 |
| | 4 | 4 | 3 | 48 | 48 |

**师**：这个长方体包含了多少个 1 立方厘米？是怎么得到的？

**生 1**：先用 4 乘 3 等于 12，算出底下一层，再乘 2 就算出一共有 24 个，说明它的体积是 24 立方厘米。

**师**：（指着第四个长方体）你是怎么得出"48"的？

**生 2**：4 乘 4 表示底下一层有 16 个方块，再乘 3 就得到总共有 48 个方块，所以体积是 48 立方厘米。

**师**：还要举这样的例子吗？我们收集这些数据材料的目的是什么？

**众生**：寻找长方体体积与长宽高之间的关系。

**师**：从这些数据材料中，你发现了体积与长宽高之间的什么关系？

**生 1**：长乘宽乘高，就得到体积单位的个数，也就是体积。

**师**：凭什么这样说呢？

**生 2**：你看那些数据！

**师**：这就对啦！

教师让学生观察表内数据，分别说出体积"5""6""24""48"与长宽高的关系。学生从中归纳出长方体体积的计算公式。

**师**：对于任意一个长方体，怎样计算它的体积？

**生 1**：把长宽高相乘就可以算出它的体积。

**师**：任意的一个长方体，它的长宽高应该怎样表示呢？

**生 2**：用"X"表示。

**师**：对！字母可以表示任何数。

出示下图，结合回答，教师板书计算长方体体积的公式：$V = abh$。

**师**：同学们，还有一种特殊的长方体，你们知道吗？

**众生**：正方体。

**师**：正方体它特殊在哪里？

**众生**：长宽高都相等。

**师**：对呀，它的棱长都相等。如果用字母 $a$ 表示它的棱长，那么它的体积计算公式是怎样的?

结合回答,教师板书:$V=a^3$。

**思考:**有教师问,为什么没有让学生亲自动手拼摆长方体,而是借助课件呈现?我觉得让学生亲自动手操作,就像用小棒和橡皮泥去搭建长方体那样,学生不仅很有兴趣,而且在搭建的过程中能较充分地感知长方体的特征,建立深刻的表象,从而形成长方体的概念,其动手实践能力在一定程度上也得到了培养。但是,并非只要动手操作,就能培养动手实践能力。那种没有思维介入的机械动手,无异于手工劳动,或者说不如手工劳动。动手操作,要注重实效,要从实际出发。

实际情况是怎样的呢?

(1)在之前认识体积时,教材上有让学生用小方块拼搭长方体的操作(见下图),学生也已经认识体积单位,所以用1立方厘米的小方块去拼摆出几个长方体,仅仅是无须思维介入的简单操作。相反,学生要想拼摆出像"4、4、3"那样的长方体,是要花较长时间的。更何况在拼摆的过程中,学生将注意集中于怎样把长方体拼摆得更好。将时间花在这样的动手操作中,我认为不太值得。

谁搭的长方体体积大?

(2)在真实的课堂教学中,学生在教师的启发引导下,进行着这样的思考:长方体体积的大小,其实就是指它所包含的体积单位的个数。长方体所包含的体积单位的个数,与它的长宽高之间有着怎样的关系?能否利用1立方厘米的小方块摆一些长方体,试着从中寻找体积与长宽高的关系,以找出长方体体积的计算方法?是否可以观察所呈现的长方体,收集相关数据,寻找体积与长宽高之间的联系,归纳其体积的计算方法？学生以数形结合的方式探究问题，不仅获得了长方体体积的计算公式，而且积累了如何进行探究的思维经验和实践经验。我想，这种思维经验和实践经验，对提高学生自主探究能力所产生的作用，是那种在教师指令下进行动手操作所远不能及的。然而，这种经验是需要慢慢地去感悟、去积淀的，将宝贵的时间聚焦于此，值！

**3. 如何让学生真正理解"长方体(正方体)体积＝底面积×高"这一知识本质，发展空间想象力**

对于"长方体(正方体)体积＝底面积×高"，教材是这样处理的(见下图)。

1.求下列图形的体积。（单位：分米）

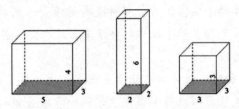

阴影部分的面积是上面各个图形底面的面积，称为底面积。
想一想，知道了底面积和高，如何计算长方体（正方体）的体积？

长方体（正方体）的体积＝底面积×高
$$V \quad = \quad S \times h$$
$$= Sh$$

"长方体体积＝长×宽×高"，这是学生自己从不同长方体体积所包含的体积单位的个数中归纳得出的公式，学生自然深信不疑。而像教材那样，因为"长方体体积＝长×宽×高"，又因为"长方体底面积＝长×宽"，所以"长方体体积＝底面积×高"。学生对推得的"长方体体积＝底面积×高"接受吗？请看——

出示下图(单位：cm)，计算长方体的体积。

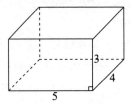

学生根据长方体体积的计算公式，代入数据计算得：$V＝abh＝5×4×3＝60$（立方厘米）。

**师**：同意的，举手！会的，举手！真正理解的，举手！

教师的三次"举手"，让学生那刚想放下的手一次次高举着，非常的自信和坚定。

**师**：（指着其中的"5×4"）这表示什么意思？

**生1**：5乘4，是长乘宽。

**师**：对，是长乘宽。长乘宽得出的是什么？

**生1**：面积。

**师**：他说是面积。

"啊？"马上有学生表示怀疑。

**生2**：是它一层的体积。

**师**：你的意思是：乘得的20是体积？这体积的单位是——

**生2**：立方厘米。

**师**：也就是说，体积是20立方厘米。刚才有同学说是面积，那这"20"表示的是——

**生1**：20平方厘米。

**师**：有意思了，现在出现了两种不同的意见：一种认为是体积，是20立方厘米；还有一种认为是面积，是20平方厘米。到底谁有道理呀？

学生4人一组进行讨论。

**组1**：我们的意见，"5×4"算出的是体积。因为"5×4"表示的是它下面一层的体积。

**师**：下面一层的体积，是什么样子的呢？你们能想象得出来吗？

在学生展开空间想象的基础上，教师进行直观演示（见下图）。

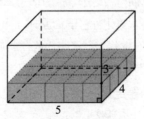

**师**：这就是你们所说的"20立方厘米"？

"是的"，有学生马上回应。

**师**：5乘4得到的是体积20立方厘米，对他们的这种说法，你们都同意吗？

**生2：** 他没有乘1。我觉得这算的是它的面积。

**师：** 你的意思是，这算出的不是它的体积。你认为应该怎样计算体积？

**生2：** 应该是"长×宽×高"。

**师：** 不乘高，算出的就是面积。是哪里的面积？

在学生展开想象后进行直观演示（见下图）。

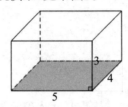

**师：** "5×4"到底表示什么呢？

**生3：** 我支持乘出来的是体积。我认为，如果算出来的是面积的话，那它是一个平面图形，而平面图形是叠不出长方体的。

**师：** 同学们，他说了一句话你们有没有听明白？他说，平面图形是一个"面"，"面"是累积不出"体"的。

**生4：** 我想补充一下，如果是面积的话，把20平方厘米乘3，那是在把这个平面进行扩大，而不是"往上的"。

**生5：** 我想反驳他们俩。因为这个横线是没有把高划进去，没有高它哪来的体积呀？

**师：** （佯装没听明白）他说了什么？

**生6：** 他说，没有"高"的话，你怎么累这个"体"。

**师：** （指着底面）这只是个"面"，没有"高"的话怎么变成"体"呀？能说它是体积吗？

**生7：** 我支持求出的是面积。因为它下面是求面积，才能乘上面的高。

**生6：** 刚才有人说省略，你觉得这个"高"能省略吗？如果省略了"高"，那就成了"平面"，你累不出"体"的！

**师：** （指着底面）这个图形肯定是一个面。如果是体积的话，它肯定得有高度，那这个高度是多少呢？算式是什么呢？

结合回答板书："5×4×1"，并进行"面的运动"形成高为1厘米的长方体。接着，教师又将"面"向下移动到0.5厘米的高度，问学生得到的是"面"还是"体"，现在这个长方体的体积怎么算。它还是"5×4"吗？学生马上予以否定：应该是"5×4×0.5"。教师继续将"面"向下移动至高为 0.1、0.01、0.00001……学生展开想象，进行类推，得体积是 2、0.2、0.0002……教师接着将"面"移动至与底面重合，"现在没有高度了，它还有体积吗?"学生的回答是"没有"。因为它是一个面，面积是 20 平方厘米。

师：是呀，它是一个面，面积是 20 平方厘米。但是，只要把这个面往上微微地移动一下，它就形成了——

"体"，学生回应道。

师：对呀! 把一个点运动后就形成了"线"，把一条线运动后就形成了"面"，把一个"面"运动后就形成了"体"。所以，长方体的体积与它的底面面积和高有关。长方体体积可以怎么算呢?

教师分别将面向上移动至 1 厘米、1.5 厘米、2 厘米、3 厘米，学生用底面积 20 平方厘米分别乘 1 厘米、1.5 厘米、2 厘米、3 厘米，口答出它的体积。

师：长方体体积除了用"底面积×高"计算外，还能怎么算?

教师出示下图。

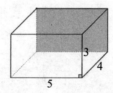

生 1：可以用后面(也就是 5 乘 3 的这个面)的面积乘长方体的宽。

教师移动这个面形成了不同宽度的长方体，学生分别说出宽是 1 厘米、2 厘米、4 厘米时长方体体积的算式。

师：我们已经发现，长方体体积可以用"底面积×高""后面面积×宽"计算，还可以怎样计算?

生 2：还可以把左面或右面的面进行左右移动。

结合回答，教师进行移动左面的演示，学生说出将左面面积 12 平方厘米乘长就得出长方体的体积。

**思考：**从上面的交流互动中不难发现，学生对于推得的"长方体体积＝底面积×高"是难以接受的，因为之前计算长方体所含体积单位的个数时，那"一排的个数×排数×层数"给学生留下了深刻的印象，学生头脑中的"5×4"就是表示底下一层长方体的体积，更因为在学生看来，"面积是平面图形的，而平面图形是没有厚度的，怎么能叠成长方体呢？"这些才是学生的真问题。显然，如果像教材上那样推得"底面积×高"的体积计算公式，并不能解决学生头脑中的真问题。

为此，教师抛出问题的引线：其中的"5×4"表示什么意思？让学生充分发表自己的意见，进行思维的碰撞，并借助课件直观地呈现出了"由20个立方厘米小方块拼成的长5厘米、宽4厘米、高1厘米的长方体"，所以20立方厘米是由"5×4×1"得出的；又呈现了长方体底面那个长5厘米、宽4厘米的长方形，它的面积20平方厘米是由"5×4"得到的。学生对"20立方厘米""20平方厘米"所表示的含义有了直观正确的认识。

特别地，针对学生中的"面积是平面图形的大小，而平面图形是没有厚度的，因此是累积不成体的"困惑，教师借助课件将"高为1厘米的长方体上面"渐渐地往下移，至高为0.5、0.1、0.01、0.00001……学生展开想象，进行类推，得体积是2、0.2、0.0002……当将"面"移至与底面重合时，学生的思维从三维转入二维：它是一个面，面积是20平方厘米。继而再让学生想象，只要把底面往上微微地移动一下，它就形成了体。学生从中感受到了量变引起的质变，实现了二维空间与三维空间的转换。教师由此启发学生联想：后面的面往前移动形成的长方体、左面的面往右移动形成的长方体，发现其体积的计算公式，教师举一反三地对长方体体积计算公式进行解释，形成结构化的知识。

我想，经过这样的探究活动过程，学生不仅解决了存在于头脑中的真问题，对数学知识的本质有了较为深刻的理解，而且通过图形的运动变化、空间想象及平面与立体的转化，其空间观念得到培养，无限逼近等数学思想得到渗透，量变到质变的辩证思维得到启蒙。我特别喜欢学生之间这样的对话：

"'5×4'表示的是它下面一层的体积，是20立方厘米。"

"'5×4'表示的是面积，是20平方厘米。"

"他没有乘1，所以算出的是面积。"

"我支持乘出来的是体积，因为面积是一个平面图形，而平面图形是叠不出长方体的。"

"我是想补充一下，如果是面积的话，把20平方厘米乘3，那是在把这个平面进行扩大，而不是'往上的'。"

"我想反驳他们俩。因为这条横线是没有把高划进去的，没有高它哪来的体积呀？"

"刚才有人说省略，你觉得这个'高'能省略吗？如果省略了'高'，那就成了'平面'，你累不出'体'的！"

......

学生根据自身的思考富有逻辑性地提出主张，学生的批判性思维就是这样得到发展的。

总而言之，这些才是比突破某个知识难点更具价值的东西，是学生发展的核心素养，更值得我们关注！

**4. 如何变单纯的巩固操练为主动地探究发现**

师：把长方体（见下图）的长、宽、高分别增加 2 厘米得到一个新的长方体，体积增加多少立方厘米？

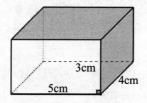

学生独立思考后——

**生 1**：2×4×3＝24（立方厘米）。

师：你们能想象出增加的部分是怎样的吗？

学生借助屏幕上的长方体用手势比画。结合比画，屏幕上显示出增加的那个长方体（见下图）。

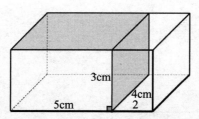

师：把长方体的长宽高分别增加 2 厘米后，体积增加了 24 立方厘米。

**生 2：**（指图）高呢？宽呢？长宽高都要增加 2 厘米呀！

**师：**这样只增加了长，还漏了呢！能画出增加的那些体积吗？

学生独立思考，尝试画出。结果出现多种情况：

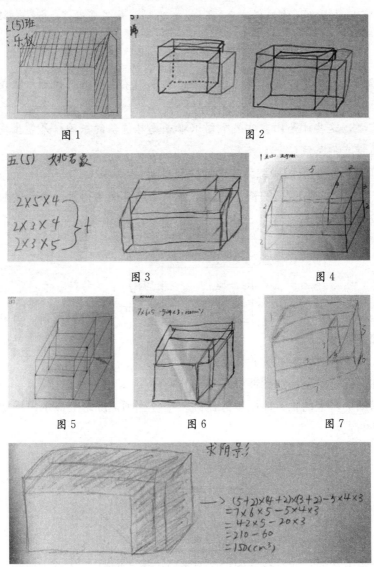

图 1　　　　　　　　　　　图 2

图 3　　　　　　　　　　　图 4

图 5　　　　　　图 6　　　　　　图 7

图 8

有的学生想象着，但难以进行立体地呈现（见图1）；有的学生开始时只对原长方体的三个面各自独立加长，后又进行补充（见图2）；有的学生先列算式求出各自独立加长2厘米后的体积之和，再画图进行验证（见图3）；有的学生画出了增加2厘米后的新长方体，而且以"右面—前面—下面""后面—上面—右面""右面—后面—上面"等不同次序画出（见图4、图5、图6）；还有的不能分清楚按怎样的次序增加，但整体地画出新的长方体（见图7、图8），甚至有的用新长方体体积减去原长方体体积算得增加的体积。

在学生充分想象、尝试画出增加部分的体积后，教师结合学生的回答，逐步进行直观呈现（见图9）。

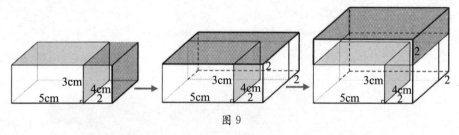

图9

**师**：现在，增加的体积是多少，我们能进行计算吗？

学生列式：$4\times3\times2+(5+2)\times3\times2+(5+2)\times(4+2)\times2$。

**生1**：我先把原来长方体的体积算出来，再计算增加后的长方体的体积，然后用增加后的长方体体积减去原长方体体积。算式是：$(5+2)\times(4+2)\times(3+2)-5\times4\times3$。

······

**思考**：在得出长方体体积计算公式后，教师通常会出示一些长方体或生活中的长方体形状的物体，直接给出长宽高的数据，让学生用公式计算出它们的体积，对知识进行巩固或运用。而本节课中，教师让学生运用所学知识去探究"体积增加了多少"的问题，而要解决这一问题，绝不是将数据代入公式进行计算那么简单，很具挑战性。

有学生认为增加的体积是24（$2\times4\times3$）立方厘米，而在要求指出是哪部分的体积时遇到了困难；在让学生画出增加的部分时，有的学生难以使其"立起来"成为"体"，有的学生虽然画出了增加的长方体，但没能形成一个新的大长方体，算式是$2\times4\times3+2\times5\times3+2\times5\times4$，等等。在学生进行一番苦苦的思索、想象、画图、计算等活动，并努力地表达展现自己的想法后，教师借助课件演示，让学生不断地展开空间想象，发现画图、计算中存在的问题或者证实原先想法。特别是，那渐渐伸展出的右面、后面和上面，让学生再次感悟"面动成体"的思想，体会到知识间的内在联系。缜密思考、空间想象、策略优化等关乎数学核心素养的元素在课中生长。

# 他人评说

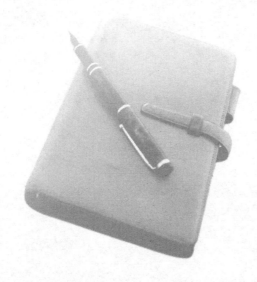

# 一、潘小明教学艺术的几个亮点

特级教师　顾汝佐

## (一)教学艺术概述

我国宋代文学家欧阳修曾说："教学之法，本于人性，磨揉迁革，使趋于善。"《吉州学记》意思是说教学要从人的个性出发；"滞者导之使达，蒙者开之使明"《夫子罕言利命仁论》，这就是说，当学生思想阻滞不前时要启发引导，使之通达，如果有愚蒙不明就要指点开导，使之聪明起来。可见，我国自古以来的教育工作就十分重视以人的发展为本，提高人的素质。由于教育的对象是活生生的人，一个人的成长，有先天遗传基因，又有后天外界环境的影响因素，各个人的生理、心理发展、性格禀赋与情绪体验等不尽相同，这就决定了有效的教学活动，不宜用统一的教学模式，强加在各具不同特点的学生身上，必须运用高超的教学艺术，使每个学生都得到应有的发展。教学艺术广义地说是一种达到娴熟、精湛境界，能巧妙地获得创造性教学效果的技艺。良好的教学效果应该表现为学生在知识、能力、情感、意志和思想方法等方面达到和谐发展。教学艺术来源于教师个人长期的实践经验、对学生学习规律的深切了解、对教学内容的精辟通晓，以及善于运用教学理念和学生心理发展状态。教学方法具有灵活性和创造性，教学手段具有新颖性，教学语言富含艺术性和幽默感，才能有效地激发学生求知欲和思维积极性，从而使其主动探究知识的奥秘，体验学习数学的价值和成功的愉悦。

## (二)潘小明教学艺术的几个亮点

上海市宝山区第一中心小学的潘小明老师，从事小学数学教学工作已二十余年，他跟天真纯洁的少年儿童在一起相互切磋了二十多年，十分熟悉孩子们的学习心态和认识事物的方式。潘老师又具有刻苦钻研的敬业精神，早在十多年前他就获得上海市首届中青年教师教学评比一等奖。此后，潘老师更加努力学习专业知识和教学理论，从各家各派的教学理念中领悟其精神，兼收并蓄，为自己的教学所用，精益

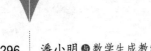

求精，逐步形成自己的教学风格。仅就笔者所知，他的课堂教学艺术有以下几个亮点，但难免挂一漏万。

**1. 善于把握学生的学习心理**

由于长期与少年儿童共同学习，潘小明老师对于孩子们遇到一个数学问题时会怎么想、怎么做，能估计得到，有预见性，能做好启发引导的准备。例如，学生在学习长方形、正方形面积之后，学习平行四边形面积，潘老师估计学生会受到"长×宽"或"边长×边长"的负迁移，误以为用两条邻边相乘就能求出平行四边形的面积，于是他制作了一个备用活动课件。

在课堂上教师让学生想办法求一个没有注明尺寸的平行四边形的面积。果然有几个学生自己量出这个图形的邻边，并把它们相乘。学生的理由是长方形的面积就是用两条邻边相乘求得的。教师演示了上述课件，让学生看到这个平行四边形邻边长度不变，面积变了。学生们恍然大悟，知道了平行四边形是不稳定的，不能用邻边相乘求面积。

又如，在教学三角形的稳定性时，教师发给每个学生一张图，表示一张椅子的侧面，并说明椅子摇动不稳，要求学生为它加一根木条使它不摇动。结果有一部分学生把木条横加或竖加在边框上，有人加在对角线上。谁做得对？潘老师让学生通过实验确认加在对角线上是正确的。从上述例子可以看到教师只有充分了解学生的想法，再引导他们自主学习才有针对性，才能取得意想不到的教学效果。

**2. 巧妙提供机会，让学生在思想碰撞中求知求新**

潘小明比较欣赏德国教育家波尔诺夫的"连续性教育"和"非连续性教育"的观点：教育者只能以儿童的先天素质为起点，按其内在法则，帮助儿童成长。儿童在日常生活中常会遇到"危机与批判""觉醒与顿悟""教训与呼吁""碰撞与挫折"。潘小明强调学生的自我发现和自我探索精神。但是，在组织、引导学生学习过程中，他又特别赞同我国古代启发式的主张："道而弗牵，强而弗抑，开而弗达。"（《礼记·学记》）也就是引导学生，但不是强牵着他们走；严格要求学生，而不施加压力；教师适当开个头或略加提示，让学生独立思考，而不是把结论塞给学生。例如，潘小明在让学生操作学具进行实验这个教学环节上，不是统一规定，而是建议学生用学具演示，或者自己推想，让他们与原认知进行思想碰撞。又如，教材中有一道求平均数的应用题，题目是："四年级一班有 22 个男生，平均身高 140 厘米；18 个女生，平均身高 142 厘米。全班学生平均身高是多少厘米？"这是一个加权平均的问题，估计会有学生用男生平均身高数加女生平均身高数除以 2 的方法计算。而且这种问题是加权平均中比较典型的问题，教师应该让学生对这类问题有全面的了解，学生将来在处理实际问题时才不至于出错。于是，潘老师先组织全班学生独立列式解答，意图是先让学生碰撞自己原有的认知。结果出现两种解答，一种是：(140×22＋142×18)÷(22＋18)＝140.9(厘米)；另一种是：(140＋142)÷2＝141(厘米)。这引起了学生们的争议。教师组织双方说理辩论。采取第一种解法的学生运用"平均数＝总数量÷总份数"的数量关系式说明自己的解答是正确的。采取第二种解法的学生开始时坚持自己的想法，但理由不够充分。此时教师引而不发，将原题中女生 18 人改成 22 人，再让学生各自用自己的解法去计算，结果两种列式答案都是 141 厘米。此时学生才领悟其中原委，全班学生几乎异口同声地说，只有当两个份数（人数）相等时才能用平均数求平均数。教师再一次提出问题：如果几个份数不相等，用它们各自的平均数来求平均数，对谁有利？学生从实例观察中已发现上题中对男生的平均身高有利。类似让学生进行思维碰撞的例子还有很多。

**3. 十分重视在学生感受、体验之余，让其深入认识数学思想**

唐代诗人杜牧有句名言："非探其花，要自拔其根。"意思是说学习不能停留在表面，只顾形式上的热热闹闹，而要寻根究底。数学教学更应该如此。数学具有一定的抽象性，正因为它抽象才具有应用的广泛性。潘小明老师对此颇有感悟，在他的课堂上，学生的活动多，有时很热闹，但他自己却很冷静，抓住一切机会突出数学思想、方法，哪怕是细微之处也从不放过。例如，在研究 24 个立方体形状的商品包装材料的实践活动课上，他引导学生运用分解因数的方法，知道有几种组合，在组合中重合的面越多，外部的表面积就越小，让学生感受到数学方法的简明而全面，也提升了学生对数学思想的认识。

**4. 以激情加幽默呵护学生的好奇心和探究欲**

教师在课堂上的激情会感染学生，教师幽默的语言能引发学生的好奇和兴趣，有助于师生合作，共同探究知识。潘小明老师在这方面是很有造诣的。例如，在组织学生学习三角形分类时，他先让学生每人在纸上随意画几个不同的三角形，然后出示一个直角三角形，让学生比较一下，并让画出相似三角形的学生站起来；再出示一个钝角三角形，让画出相似三角形的学生站起来，最后出示一个锐角三角形，也让画出相似三角形的学生站起来。这时全班学生都站起来了，教师幽默地说，怎么都站起来了，还有没站起来的人吗？学生感到好奇，不知教师想做什么。接着，潘老师请学生为这些三角形起一个名字。他先指着直角三角形，学生说这叫作"直角锐角三角形"，因为这种三角形既有直角也有锐角；他指着钝角三角形，学生说这叫作"钝角锐角三角形"……最后当他指着锐角三角形时，学生争着说，那是"三个锐角的三角形"。教师请大家评论一下这些名字对不对，学生都说是对的，潘老师再请大家评论一下这些名字好不好，大多数学生认为是好的。教师认为这些名字是对的但不够好，能不能少一些字？此时，学生中有人发现一个三角形中只能有一个直角或一个钝角，不可能有两个直角或钝角，而且有一个直角或钝角时，其余两个角一定是锐角，所以，叫作"直角三角形"或"钝角三角形"比较简洁。在学生讨论后，教师用怀疑的口气让学生看看课本上是怎么说的。学生看了课本以后，情绪高涨地说，我们给三角形起的名字跟课本上一样。顿时，他们感到十分自豪、满足。教师竖起大拇指赞扬学生，学生不由自主地鼓起掌来。类似的师生合作探究场面经常出现在潘老师课堂里。

"问渠那得清如许？为有源头活水来。"（宋朱熹句）潘小明老师的教学艺术是他通过不断学习教学理论，吸收先进的教学经验，自己琢磨、领悟又在反复实践、反思中积累而成的。教学艺术是永无止境的，愿我们广大的教师在教学这块神圣的园地上，创造出奇花异草。

# 二、潘小明小学数学教育思想研析

贵州师范大学　吕传汉

实施教学方案，是把"预设"转化为实际的教学活动。在这个过程中，师生双方的互动往往会"生成"一些新的教学资源，这就需要教师能够及时把握，因势利导，适时调整预案，使教学活动收到更好的效果。学生的学习"生成"，产生于教师的启发诱导下的探究学习活动，产生于独立思考、逐步感悟，产生于师生互动、合作交流。

综观潘小明老师的数学课堂教学，突出点包括：用核心问题引领探究学习，培

养学生数学核心素养。这里面有三个关键词：第一个是核心问题，第二个是探究学习，第三个是核心素养。我认为这三个是当前我们教学改革当中，特别是"再出发"阶段非常重要的问题，也是与传统教学不一样的地方。

课改十多年来，我们在启发式教学基础上引进了探究式教学的理念。我主张，我们的教学理念一要弘扬我们国家的启发式教学，二要吸收探究式教学的优点，将探究式教学融入启发式教学。本来启发式教学就蕴含了探究式的教学思想，你不让学生探究，你怎么能把学生引到最近发展区？所以，启发式提问是一种非常好的教学手段。只不过我们的启发式教学，更多是发挥教师的作用，而探究式教学它有一个优点：让学生活动，让学生自主探究，让学生获得自主探究后的体会。这是西方教学的强项。我觉得，教学理念是没有国界的，继承老祖宗传下来的启发式教学，然后适当地引进探究式的东西，丰富启发式教学，这是非常好的。中国的启发式教学日本在学习，美国也在学习，我们不要认为只要是"洋"的东西都好。中国是一个泱泱大国，有五千多年的历史，美国是在新大陆发现后才出现的，我们应当弘扬自己的东西，把老祖宗的东西用好。苏格拉底曾提出一个问题叫学生回答，学生回答后他又装作不懂再问第二个问题，学生又把第二个问题回答出来了，他还装不懂又问第三个问题，学生把第三个问题说出来后就得出第一个问题的答案。学界把这种教学方法称作"催产术"，因为这个知识的"婴儿"不是我传递给你的，是你自己生产的，教师就像接生婆，帮助你生产知识的"婴儿"。这种教学思想的价值是引导学生积极思考，从而获得相关知识。20世纪初，美国的杜威、布鲁纳等把它发展后，形成了西方的探究式教学。现在应当是，把探究式理念吸收到启发式教学之中。探究式教学有个好处，让学生活动、思考，形成他自己学习后的体会。探究什么东西？首先必须有个好的问题。所以，潘老师近两年思考用核心问题来引领学生。一堂课满堂灌不好，满堂问就好吗？也不好！因为它没有中心。因而，潘老师强调，要用核心问题来引领探究学习，这样有利于培养学生的核心素养。我认为潘老师的这个理念非常好！"用核心问题引领探究学习，培养学生数学核心素养"这中间的三个关键词，切中了当前数学教育改革的要害。

我为什么要把潘老师的数学教学上升到小学数学教育思想而不单单是一个教学艺术？我担心单说教学艺术可能会把教师教学引到一些"枝节"上去。对于教学艺术，每个人都可以有自己的东西，但是你必须有一个好的教学思想。

## (一)潘老师数学教学思想的第一个特征：在知识"再发现"的过程中，教儿童学会数学思考

我听过潘老师的一些课，我也听过其他名师的一些课，我感到潘老师课堂教学的这一特征是非常突出的。学生必须由他亲身去探究，亲身去实践，才能有自己的"再发现"。而这个"再发现"，重在过程而不是结论。潘老师善于引导学生进行数学思考，让学生在探究中获得知识"再发现"的体会；充分了解学生的想法，耐心地从学生实际出发引导探究，在师生、生生互动中促进学生思考。

例如，2014年4月潘老师在贵阳上的《确定位置》课。

我听过全国好几个名师上这节课，有位初中特级教师也讲过这节课，课后我说：你首先在平面上确定张三坐什么地方、李四坐什么地方，然后延伸到电影院，再上升到数对，都是在平面上完成这个工作的。而潘老师的课不是这样的。

课一开始，教师出示课题"确定位置"后提问："看到这课题，你想提什么问题？"

"确定什么的位置呀？""怎样确定位置呀？""为什么要确定位置？"学生纷纷提出自己的问题。"这节课，我们一起来思考，来解决同学们提出的这些问题"，教师的一句话就激起了学生探究的欲望。

确定什么的位置呢？教师出示"数射线"(见下图)，并让学生用数确定点的位置。

$$0\ 1\ 2\ 3\ 4\ 5\ 6\ 7\ 8\ 9\ 10$$

在学生分别用数 1、1.5、4、7 等表示出各点的位置后，教师问学生"还要继续下去吗?"有学生认为"不用继续"，理由是"给出任意一点，总能够用一个数来确定该点的位置"，另有学生对此提出疑问：如果有一个点在数射线的上面，怎样确定它的位置?

结合回答，教师出示这个点：

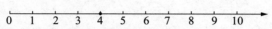

如何确定数射线上面这个点的位置呢?

有学生认为"也可以用'4'来确定，因为这点与 4 是对齐的"；有学生质疑"如果这个点也用数 4 来表示，那 4 到底是指哪个点呢?"此时又有学生想出了办法："在 4 的上面"，却又遭到同伴的质疑"如果 4 的上面还有点呢? 难道就说是'4 的上上面'不成"……终于，学生发现应该知道这点到数射线的距离。

怎样才能很快知道这点到数射线的距离呢?

有学生认为可以从点"4"向上画一条数射线(见图 1)；也有学生提出疑问"如果那点在 5 的上面、6 的上面等，该怎么办呢?""那就画一条做代表，而且把它画在 5 的上面，画在中间观察方便些"，有学生这样建议。可是，又有学生提出疑问：数射线是向一方无限延长的，"5"哪是在中间呀……最终有学生发现数射线的起点应该用"0"表示，而将"4"作为纵向数射线的起点是不对的，应该移到"0"的位置(见图 2)。

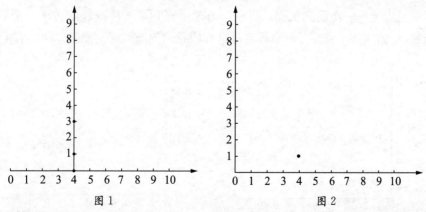

图 1                    图 2

有了横轴和纵轴，学生就有办法确定图中这个点的位置了。绝大多数学生说：在"4"上面"1"的地方。教师告诉学生：数学语言是非常简洁的，能否只用数来确定? 学生自然说出"4，1"。教师告诉学生可用数对表示为(4，1)，并问：还可以怎样表示？有学生马上做出回应：可以用数对(1，4)表示，理由是把纵轴上的数写在前面。这下，又有学生提出疑问：那这儿的点(见图 3)应该怎样表示呢？学生发现应该做出规定，避免混淆。此时，教师告诉学生，你们的建议很好，数学家已经做出"先横后纵"的规定了。

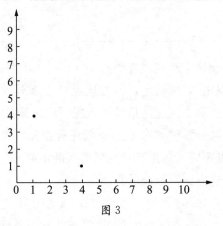

图 3

掌握了用有序数对确定点的位置的学生，非常快地用数对确定了给出点的位置，或者是根据数对表示出该点。学生非常自信地认为给出任意一点，都能用数对确定它的位置。对此，教师追问：是任意一点吗？

有学生提问：如果点在这里呢(见图 4a)？

学生的思维再一次受到挑战。终于，有学生想到了解决问题的方法：把数射线反向延长(见图 4b)。平面直角坐标系就这样因系列问题的解决而被学生"再创造"。

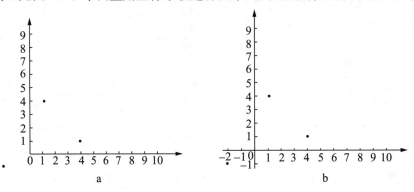

图 4

潘老师从学生学习的角度出发，引发学生提出问题：如何确定数轴上方点的位置？教师用问题驱动学生探究，给学生足够的探究"候答"时间，让学生经历像发明者笛卡儿那样去思考、去探究的过程。在这过程中，学生自主地构建坐标平面，实现了从一维空间点的确定到二维空间(平面)上点的确定。这个过程就是学生思维的飞跃过程。

潘老师就是这样，以数学知识"再发现"的魅力，激发学生的学习兴趣；以探究知识"再发现"的过程，培育学生的创造能力。

### (二)潘老师数学教学思想的第二个特征：设计教学的"核心问题"，培育学生的核心素养

课堂上，潘老师抓住一切机会引导学生聚焦数学思想、方法，哪怕是细微之处，也从不放过。他让学生在问题解决过程中，经历发现问题、提出问题，尝试解决问题，充分展示自己的想法，倾听并与不同意见的学生进行对话，在解决问题中又发现新问题。通过序列的问题，学生展开深入的思考，创新思维得以发展。

怎样用核心问题引领学生探究？这是潘老师思考、探索实践的问题。

2015年5月我在上海听了潘老师上的《重叠问题》课，我觉得这节课上得非常好！

课的开始，教师创设了如下情境：

"育才小学三年级定于下周二举行跳绳、周五举行踢毽比赛。三年级共有三个班级，每班选7人参加跳绳、选5人参加踢毽，三年级共有多少人参加了跳绳、踢毽比赛？"

教师让学生思考，列式计算。在学生列式($7 \times 3 + 5 \times 3$)算得36人后，教师提问：你能肯定是36人吗？学生产生认知冲突。然后，教师出示各班参赛学生的名单。

在出示三(1)班参赛学生名单前，教师先问学生圈内该写什么，并追问：不参加跳绳比赛的学生能写进来吗？参加跳绳比赛的学生能不写进来吗？这绕口令似的追问，不仅让学生感到有趣，更让学生体会到数学集合思想(集合是具有共同属性的元素的全体)。

在学生很快算出三(1)班共有12人参加跳绳、踢毽比赛后，教师紧接着出示三(2)班参赛学生的名单(见下图)。这下，绝大多数学生很快答出"共有12人参加跳

绳、踢毽比赛"。

跳绳的　　　　　　　踢毽的

"不对，应该是 11 人！""11 人也不对，是 10 人！"学生中出现了不同的答案。到底出了什么问题？学生仔细观察后发现：张伟和于丽重复了。

"我们出错的原因是什么？"教师让学生进行反思。有学生进行起自我批评来："是我们没有仔细观察。"也有学生说："题目出得也有问题，让人看不清楚。"教师顺着学生问道：

"要让人清楚地看出跳绳的、踢毽的、既跳绳又踢毽的各有哪些人，怎样用圈表示呢？"

就这样，课时核心问题在有人重复参赛的情境中产生了。该问题既是学生迫切想要解决的，又挑战了学生的思维。

接着，教师给出充足的时间让学生独立思考，尝试画圈，进行思维碰撞。比如，同样用三个圈来表示却出现两种不同的情况：

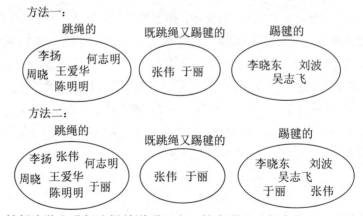

对此，教师让学生进行选择并说明理由。较多学生选择方法一，理由是简洁明了。但另有学生进行了反驳：跳绳圈内没有张伟和于丽，说明张伟和于丽没有参加跳绳，踢毽圈内也没有张伟和于丽，说明张伟和于丽也没有参加踢毽，怎么张伟和于丽突然又变成两项比赛都参加了呢？你们这样表示不是自相矛盾吗？"选择简洁的自然没错，但前提是方法必须正确。怎样纠正呢？"教师的提问引发学生思考，终于学生发现应该在"跳绳的"和"踢毽的"前面加上"只"。过程中，学生的批判性思维得到培养。

又如，用三个圈正确表示后，教师又问："有没有更简单的呢？""可以用两个圈！"有学生激动地回答。教师则装作糊涂地说："两个圈，那不又要让人看不清楚了吗？""不会的！不会的……"学生连声否定。"那是怎样的两个圈呢？"教师让更多学生思考并用手势表示两个圈的位置关系。教师结合回答出示下图，并提问：你们觉得这样能让人看清楚吗？

有学生建议在中间要写"既跳绳又踢毽的"，也有学生认为这是"多此一举"，因为中间部分既在跳绳圈内又在踢毽圈内，只有既跳绳又踢毽的人的名字才能写在这里。通过不同想法的碰撞，学生对于"交叉圈"表示"重复"有了更深的体会。

但教师并不因此满足，而是让学生用多种方法列式计算三(2)班参赛人数，并用图进行解释。学生中出现了"5+7-2""5+5""7+3"等算式，不仅发散了学生的思维，而且促使学生对各集合及相互间关系进行思考。

在重点解决"三(2)班参赛人数"后，教师让学生先猜三(3)班参赛情况，有学生说"会不会像三(2)班那样有几个人重复"，也有学生说"会不会全部重复"，这时教师出示下图，学生大喊："哇，真的全重复了。""要不是有三(2)班的教训，可能有许多学生会说有12人参赛呢！怎样让人清楚地看出有重复的？"教师激发学生思考。

有学生说：像三(2)班那样画圈，把重复的名单写在"交叉圈"里。有学生表示反对：踢毽的学生全参加了跳绳，应该把踢毽的圈移入跳绳的圈内(见下图)。学生很快得出三(3)班共有7人参赛。

至此，三个班级参赛情况都清楚了，共有 29（12＋10＋7）人参赛。教师却明知故问：那开始时你们为什么都说有 36 人参赛？学生也实话实说：开始时题目没有说有重复参赛的呀！教师马上反问：那题目里说过没有人重复参赛吗？

教师见学生无言以对，有点得意地说：这下你们明白了吗？学生不是很服气地说：“明——白——”教师说：“是真明白还是假明白，下面这题就能检测。”屏幕出示：“育才小学三年级定于下周二举行跳绳、周五举行踢毽比赛。三年级共有三个班级，每班选 7 人参加跳绳、选 5 人参加踢毽，三年级共有多少人参加了跳绳、踢毽比赛？”

学生惊讶：这不就是原来的那题吗？有学生机智地问：“老师，这是不是原来的‘育才小学’？”教师略加思索后摇摇头说：“不知道。”这下，学生学乖了，不再说 36 人参赛了，而是回答：不知道这道题的答案。

教师再次刺激学生：“不知道，是不能给分的！”有学生马上补充：“不是不知道，是不确定！”“不确定，说明参赛人数有许多种可能，那参赛人数有可能是 40 人吗？”教师问。“不可能！最多是 36 人。”有学生回答。“噢，原来不能确定的是几个人参赛，但参赛人数的范围是能确定的。那是怎样的一个范围？”问题解决后让学生再看情境，学生会有更深的体会：两个集合之间有着并列、交叉、包含三种关系，对问题的分析必须缜密、合乎逻辑。

从情境中引出核心问题：如何表示跳绳、踢毽中“重复”的人？利用画圈，教师引导学生对“重复”进行数学思考；引领学生在解决核心问题的探究过程中，不仅建构“重复”这一核心概念，而且获得集合“交”的几何直观体会；学生的数学抽象、推理、表达等能力得到培养。

潘老师长期与儿童共同学习，对于儿童遇到一个数学问题会怎么想、怎么做，他能估计得到，有预见性，并能做好启发引导的准备。他重视课时“核心问题”设计，

善用核心问题培育学生核心素养。

潘老师认为：课时核心问题，是基于课时核心知识和学生认知水平，关注核心素养培育，统领课堂教学的情境性问题。

### (三)潘老师数学教学思想的第三个特征：针对儿童个性"因材施教"，促进学生个性发展

他引导学生，但不牵着他们走；严格要求学生，而不施加压力；适当开个头或略加提示，而不是把结论塞给学生。他善于从学生个性特征出发引导学生独立思考，用心关爱、培育学生，让学生按个性发展！

《组合图形的面积计算》，是我2015年在西安听的潘老师上的又一节数学课。

课一开始，教师出示：

问：你能想出什么方法计算这图形的面积？

学生独立思考，在学习单上进行尝试，并展示自己的方法。教师结合回答予以呈现(见下图)，问学生："一共出现了几种方法？"学生很快回答有五种方法。

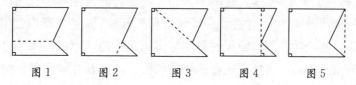

图1　　图2　　图3　　图4　　图5

"我怎么就看不出有那么多种？"教师的问题引发学生的思考，明摆着的五种方法怎么就看不见呢？莫非是要将这些方法进行归并，怎样归并呢？渐渐地，学生有了想法：图1至图4是属于一种类型的，都是先把图形分割成几个简单图形，再计算它们面积的和；而图5是另一种类型的，即先添补成一个长方形，再用长方形面积减去多算的面积。大家都赞成把第一种方法叫分割法，第二种方法叫添补法。

低起点的开放性问题，让每个学生都能参与其中并形成自己的想法；不同想法的交流丰富了解决问题的路径，拓展了同伴的思维。特别是，教师那"我怎么就看不出有那么多种"的回应，激发学生的思维，学生主动将具体的方法进行归并，使零散的方法成为结构化的知识，提升概括及运用知识的能力。每个学生都经历了将组合图形转化为简单图形去计算面积这一探究活动过程，思维在各自原有的基础上有了相应的发展。

之后，教师给出了数据（见下图），让学生列式计算图形的面积。

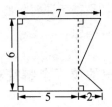

虽说根据所给数据计算面积对部分学生而言是有点难度的，但是由于有分割法、添补法的学习基础，学生就不会束手无策，有些同学尝试列式计算：6×5＋2×2÷2＋2×（6－2）÷2＝36（平方厘米）。

显然，他们是用分割法把图形分成一个长方形和两个直角三角形，而且把下面直角三角形的高看作 2 厘米进行计算的。

对此，教师没有直接指出错误之所在，而是将错误及学生间的差异作为教学资源，让学生对此方法充分发表自己的观点。有学生问："右下角的三角形，你怎么确定是等腰直角三角形的？"该生回答："因为三角形的内角和是 180 度，一个直角是 90 度，另外两个角差不多大，所以都是 45 度，它是等腰直角三角形。""那如果一个角是 46 度，另一个角是 44 度，这两个角相差不多，能说是等腰直角三角形吗？只有知道其中一个角是 45 度，才能说是等腰直角三角形。"学生之所以会出错，是因为在他看来，用分割法计算图形面积时只要知道三角形的高即可，而凭直觉很容易认为其是等腰直角三角形，更何况现在正缺高的值。这是教师研究学生解决问题时可能出现的想法而特意做出的设计。

潘老师认为，课中的因材施教，最佳时机莫过于学生出错之时。错误往往会暴露出学生思维中的真问题，因而使问题解决更有针对性；而学生中的差异将会导致不同想法的交流甚至碰撞，从而有效促进学生思维的发展。

上述学生间的对话让我们看到，学生的对话已经不是简单的"是"与"否"，而是在运用概念进行判断推理，其思维的逻辑性、表达的条理性等得到提高。相信班上学生都会有这样的体会：数学结论的得出不能只凭直觉，应该有充分的依据。经常进行这样的思辨，学生的思维将会变得更具理性。

通过辨析，学生达成了共识：不能断定右下角是一个等腰直角三角形，自然也就不能这样列式计算。

按理，有了结论，对此算式的讨论也该结束了，但教师却鼓励学生充分表达此时对这算式的想法。"为什么算出的答案与用添补法的一样，都是 36 平方厘米？"学生提出了自己的疑惑，"莫非我们的直觉还挺精准的，那三角形还真是个等腰直角三角形？""如果直角三角形的高不是 2 厘米，整个图形的面积还会是 36 平方厘米吗？怎样进行验证呢？"学生举例验证：当直角三角形的高是 1 厘米、3 厘米时，整个图形的面积仍然是 36 平方厘米。"通过举例验证，你有什么新的发现吗？"教师的提问学生对例子进行归纳，发现"直角三角形的高不论是几厘米，整个图形的面积始终是不变的"。"从这几个例子中就能得出这个结论？只能说这是由这几个例子归纳得出的猜想，怎样才能证明这个猜想呢？"教师的问题很符合学生的学习心理。怎样进行证明呢？可以再举些例子，但还是没有举完。怎样能举出所有的例子？有学生想到了字母，因为字母能表示任何的数。

于是，设下面直角三角形的高是 $x$，上面直角三角形的高为 $y$，得：$2×x÷2+2×y÷2=2×(x+y)÷2=2×6÷2=6$（平方厘米）。

另有学生利用图形的运动变化进行证明（见下图）：不论直角三角形的高是几厘米，都能像第一个图那样通过平移将两个直角三角形拼成底 6 厘米、高 2 厘米的三角形。

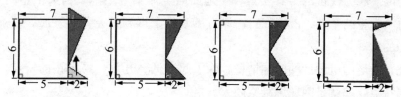

还有学生是这样证明的（见下图）：空白的这些三角形的面积都相等（同底等高），是所在长方形面积的一半，所以，两个直角三角形面积的和也占长方形面积的一半。

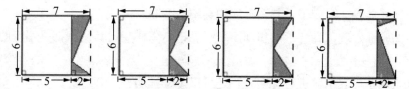

猜想终于得到了证明，学生自然明白了把直角三角形的高看成 2 厘米面积也是 36 平方厘米的道理。那么，前面的列式计算到底对不对呢？

学生中又出现了争论：有些学生认为是可以的，因为不论高是几，两个直角三角形面积的和是不变的；另一些学生则认为仅凭眼睛观察说是等腰直角三角形是不可以的。最终双方达成共识：无论高是多少面积的和是不变的，为了便于计算，可以假设高是2厘米。

为了计算更加方便，我们可以怎么办？"把点移到中间，高成了3厘米""干脆移到顶端"。结合回答，教师进行动态演示（见下图），学生惊喜地发现：可以将原图转化成梯形。

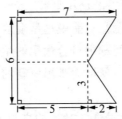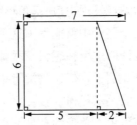

只有因材施教，才能面向全体。然而，面向全体往往又被误认为"齐步走"，在课中的表现就是：要求低一点，步子小一点，速度慢一点。困难学生可能跟上来了，学生之间的差异可能缩小了，但这是在低位上的质量均衡，更是以牺牲部分学生的个性、潜能发展为代价的。其实，真正地面向全体学生绝不是消灭学生间的差异，而是让每个学生的个性、潜能在自己原有的基础上得到最充分的发展，使不同的人得到不同的发展。

为此，潘老师所设计的问题情境，除了起点低、开放、易出错的特点外，还有一个重要特点，那就是问题思维空间大。

"凭什么说是等腰直角三角形？"

"如果不是，那三角形的高就不是2厘米，图形的面积还会是36平方厘米吗？"

"怎样才能验证高变了，其图形面积会不会变呢？"

"举例验证发现，高变了面积却不变。无论高怎样变，其面积都是不变的吗？为什么？"

"除了用字母表示数进行证明外，还可以怎样证明？"

"既然高无论是多少面积都不变，那原来的算式正确吗？"

"为了计算方便，可以怎样转化图形？"

……

由核心问题产生的系列问题，并不是教师直接给出的，同样，一系列问题的解决也是在学生思维的碰撞中完成的。这中间，有些学生主动地发现并找到解决问题的方法，有些学生在同伴思维的展示中得到启发和理解，真可谓各有所得，学生在数学学习中得到不同的发展。

在做同一件事情的过程中，不同的学生得到相应的、充分的发展，这是潘老师因材施教的基本理念和实施策略。

### （四）潘老师数学教学思想的第四个特征：将错误作为"生成资源"教学，培育学生思辨能力

学生在学习过程中会出现错误，而这种错误是宝贵的学习生成资源。教师应及时把握，充分利用，进行开放的教学，倾听学生发言，捕捉学生的错误想法，让学生在正确与错误的思维碰撞中，增强思辨能力。

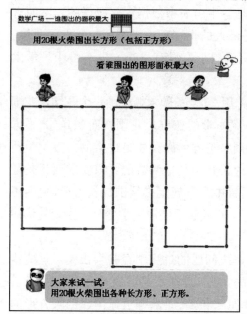

怎样才能及时把握、充分利用？2015年10月潘老师在贵州遵义市上的《谁围出的面积最大》课例值得借鉴。教材是这样编写的（见左图）。课一开始，教师出示：有两根绳子，一根长20厘米，另一根长18厘米，哪根绳子围出的长方形面积大？

结果，学生一致认为：20厘米的那根绳围出的面积大，因为周长长的长方形面积就大。

对此，教师没有直接予以否定，而是问学生：如果"周长长的长方形面积就大"这话是正确的，那么"20厘米的那根绳围出的长方形面积大"这个结论也就正确。可是，你们有没有验证呢？用一句话引发学生新的思考，学生纷纷举例进行验证。有的举到了正例，就认为这话是正确的；有的举到了反例，就说这话是错误的；有的正例、反例都举到了，就认为这话是半

对半错的。这是学生交流中生成的错误。对此，教师依然没有直接否定，而是设计了这样的情境。

请第一排的 8 位(5 男 3 女)学生起立后，教师让学生一起判断"站起来的都是男生"这话是否正确。当学生全体齐声说"错"时，教师故作正经地："我能举例验证！你们看这位是男同学吗？所以这话应该是对的。""错，里面还有女同学呢！"学生理直气壮地回答。教师口气缓和地说："那就说，这话是半对半错哦！"学生寸步不让："没有半对半错，只要里面有女同学，这话就是错的！"

"那'周长长的长方形面积就大'这话是半对半错的，是吗？"教师突然调转话题，学生恍然大悟：这话也一样是错的，因为只要举出反例，就说明这话是错的。

之后，学生在收集整理数据、寻找周长相等的长方形其面积变化的规律中发现，"长方形长与宽越接近面积就越大，长与宽相等时面积最大"，教师的"反之呢"，引导学生进行逆向思维。很快就有学生发现："长方形长与宽相差越大面积就越小，当宽等于 1 时面积最小"。此发现是学生由表中数据观察所得的，然而有同学表示反对：宽等于 1 时与长的差还不是最大的，永远也没有相差最大的时候。因此，结论是：长方形长与宽相差越大面积就越小，只有更小，没有最小。学生的思维又有了突破。

之后，运用知识于实际生活，教师出示：用 26 米长的木栅栏围一个花圃，花圃最大的面积是多少？有些学生围出长 7 米、宽 6 米的长方形花圃，面积是 42 平方米；也有学生质疑：为什么不围成正方形花圃？正方形面积才是最大的。有学生回答："这样就不是整米数。""题目中没有规定边长必须是整米数的，只要求面积是最大的。"学生回答："审题非常到位！是呀，题目中没有规定必须围成长方形(包括正方形)，凭什么说正方形的面积是最大的呢？"一石激起千层浪，学生又产生新的认知冲突⋯⋯

在潘老师的课堂上，学生在探究知识、解决问题的过程中经常会出错，这些错误看似是学生自然生成的，其实是教师预设的：明知学生凭经验直觉会认为"周长长的长方形面积大"，教师故意让学生判断"20 厘米和 18 厘米哪根绳围成的长方形的面积大"；明知道学生在举例验证中会出现"举到正例马上判断是对的"，就让学生自己去验证交流；明知道学生对"周长相等时围成正方形面积最大"印象深刻而对其前提"周长相等的长方形中"容易忽视，教师故意设计了"用 26 米木栅栏围面积最大的草坪"让学生回答。

面对学生的错误，教师不是直接予以否定，而是让学生充分发表自己的观点，进行不同想法的碰撞，发现并解决问题。学生确有困难时，教师只是引导一下。比如，周长长的长方形面积就大，你们有没有验证过？站起来的都是男生这话对吗？那说半对半错可以吗？题目中也没有说围长方形花圃，凭什么说正方形花圃的面积是最大的？

潘老师之所以这样组织教学，因为他认为：进行批判性思维，有利于培养学生的思辨能力；而课中学生的不同观点、错误的想法正是展开批判性思维的宝贵资源。

高质量学习的奥秘，就是高质量地思考；高质量教学的奥秘，就在于激励学生越来越多地思考、越来越深入地思考、越来越发散地思考……困惑、怀疑、不确定性，成为学习的状态；质疑、反思、不从众，成为学习的灵魂。

# 三、潘小明：抬起头往下看

《现代教育报》记者　雷玲

### (一)抬头：关注学生需要

课堂上，学生的一举一动，都逃不过潘小明关注的眼睛。

一次，潘小明给学生上《平行四边形面积》一课。一开始，他发下一张印有一个平行四边形的纸，让学生想办法求纸上这个没有注明数据的平行四边形的面积，并要求其探究平行四边形面积的计算方法。

如此开放的学习任务，如此大胆的教学设计，不禁令在场的每一位听课教师为潘老师捏了一把汗：学生到底会出现哪些情况、哪些问题呢？老师们仿佛已经看到学生茫然、探究夭折、教程断裂的"悲惨"场景。

明确任务后，学生调动起自己的知识经验，用自己的思维方式积极地进行着探究。8分钟后，学生展示自己的思考过程及答案：a. $(7+5)×2=24$（平方厘米）；b. $7×5=35$（平方厘米）；c. $7×4=28$（平方厘米）。

"怎么有这么多的答案，你们说说。"潘老师一句话就把主体地位还给了学生。很快，学生通过讨论（生生互动）排除了做法 a，而对做法 b、c 却争执不下。

这时，潘老师让两种不同做法的同学大胆求证。做法 c 的学生展示了剪拼法，而做法 b 的学生认为平行四边形具有不稳定性，可以拉成一个长方形，即平行四边形的两条相邻的边就变成了长方形的长和宽。这时，很多学生恍然大悟，原来做法 b 的学生认为把平行四边形拉成长方形，形状改变，而面积没有改变（其实是变大了）。

节骨眼上，潘老师再次通过课件演示平行四边形"底不变，高改变"引起的面积改变。学生们终于明白：原来平行四边形的面积应该同底和高有关！这一过程中，学生不仅掌握了计算公式，更重要的是学习了化归的数学思想，特别是对割补转化实现化归有了深切体悟。

"教师只有在教学前十分清楚目前学生已经知道了什么，尚未获得哪些学习经验，才能开启新知识的传授，只有清楚了解每一个学生的'锚桩'即起点在哪里，才能使满载新知识的航船停靠。"这是潘小明多年教学的体会，也形成了他的课堂特色：每一次提问，出发点永远是学生。

上海市名师研究所的专家们在听了潘老师的课后，颇为感慨地说："潘老师的最大特点是，不是从教案上起，而是从学生上起。"

"一位优秀的教师，一定是一位勤于了解学生、善于研究学生的教师。"这是采访潘小明后记者最深刻的认识。

## （二）往下：探寻知识、思维、情感联结

2008 年 5 月的一天，当潘小明在上海市新闸路 1718 号附近的餐馆向记者讲解他的"新冰山原理"时，记者多年来一向自认为处于弱势的数学思维被"砰"然激活。

原来，数学知识、数学思维、数学情感这三者好比海明威"冰山原理"中所指的具体可见的文字和形象、寓于文字和形象之中的情感和思想。数学知识是显性的，是浮出水面的"山头"，数学思维、数学情感是隐性的，是在水面下面但支撑着整座"山"的重要基础，而数学思维是一个重要的中介，数学知识和数学情感都是寓于数学思维活动中的。"一个数学教师，要学会往下看，透过水面去发现并抓住支撑着数

学知识的数学思维，让学生亲历数学思维活动的过程，不仅获得扎实的知识技能，而且产生积极的情感体验、科学态度和探索精神。"潘小明强调。

明明知道学生出错了，却放手让学生争辩；老师似乎糊涂了，学生不断地纠正老师；学生提出问题了，老师仍然不断追问……潘小明的课堂上，常常出现学生辩解得面红耳赤、老师逼问得山穷水尽等场面。例如，潘小明每次讲到"面积"这一内容时，都会向学生提出"怎样验证'周长长的长方形面积就大'这话是否正确呢"这一问题。"通常会有学生举一个正例来验证。我明知这样的证明是不科学的，但还是先让学生从各自的思维实际出发去举例验证。"他告诉记者，让学生学习举例验证正确的思维方法，比结论本身更为重要！

诱发争议，让学生潜在的错误想法得以充分暴露，在不同想法的碰撞中感悟真知；佯装不明白，表现得十分钝感，以此激发学生的探究欲……这些功夫，都来自潘小明对于学生的极度敏感，来自他作为教师长于透过水面去发现并抓住支撑着数学知识的数学思维，让学生在亲历数学思维活动的过程中不仅获得扎实的知识技能，而且产生积极的情感体验、科学态度和探索精神。

"'往下'教数学，才能上出有深度的数学课。"潘小明对此体会很深，"回首自己成长的轨迹，那就是'学习—实践—反思'的过程。翻开我的数学教案，每节课都是分为'知识点及教学程序、预想学生的学习、意外与反思'三个部分来写的。我有一个习惯，就是上完一节课，只要有点滴的感触，我就会用笔记下来，发现有价值的课例，我就会及时写下来。而每一次公开课以后的反思，更是从不懈怠的。"正是因为这样一种"往下"的精神和习惯，才造就了今天的潘小明。

### (三)营造："问题场""问题串"

尽管担任校长多年，但潘小明从未离开自己心爱的课堂。从 20 世纪 80 年代初走上教师工作岗位，到今天已整整 28 年了。"作为校长的我更多的是从事一些行政工作，但是我仍然坚持进课堂，因为我对课堂、对孩子们已经有了一份割舍不掉的情结。"只要一谈起三尺讲台，潘小明就一往情深地说，"人活着，是一种追求，更是一种责任，我正把这份责任与追求写进我的课堂人生"。

他认为，新课程理念下，一些教师之所以对怎样把握课堂感到困惑，之所以只会放开课堂却不会收住课堂，在于对学生的了解不够，对教材的把握不够。

"学生知道什么？还应该知道什么？更应该知道什么？"这三个问题，是潘小明在备课时首先思考的问题。他认为，今天的教师尤其要关注学生的"最近发展区"。

怎样让不同层次的学生都能参与到课堂讨论中来？怎样在大问题下不断将新的问题牵引出来？每一次进课堂，他都努力营造一个"问题场"、创设一个"问题串"。

他认为，构建一个有长度、有宽度、有深度的"思维场"应该从创设一个具有数学思维价值的问题情境开始。而一个好的问题情境，应该是具有数学思考价值的，它能激活经验，产生意向，激发创造。因此，它必须是开放的，使得各层次学生都能参与并产生自己的想法，并通过学生之间不同的想法激发思维，经过实践验证等活动，让学生发现知识规律。"而深切的体验必定来自亲身实践，但亲身实践未必产生深切体悟，这时，教师必须适时引导，而且必须导在数学思维上。"没有花里胡哨的课件，没有哗众取宠的游戏活动，没有"小手如林"的伪热闹现象，也没有刻意的干巴巴的思想教育，潘小明的课堂，正因为独特的着力点和巧妙的引导，令学生终身受益，令同行敬佩不已。抬起头，往下看，这话怎么听都有些别扭，却和谐地在潘小明的数学教学中体现，而且，就因为这一抬头，一往下，成就了潘小明平实而精彩的课堂人生。

# 四、以学的活动为基点的生成教学

## ——《圆的认识》课例分析

华东师范大学课程与教学研究所博士生　刘兰英

富有生命力的数学教学要以学生发展为本，要以学生的活动为基点。所以尊重学生思维，"顺学导教"的活力课堂，是我们多年来孜孜追求的理想课堂。然而事实上，很多时候很多老师却难以走出"以教定学"的固有模式和僵化的教学预设的羁绊，致使一次又一次有利的教学生成时机在眼前悄悄地溜走。怎样才算是"以学的活动为基点"的生成教学呢？

一次偶然的机会，我欣赏了特级教师潘小明的小学四年级《圆的认识》一课，豁然开朗，或许它是对上述问题的最好解答。本文试图以此课例分析来诠释我们对"以

学的活动为基点"的数学生成教学的理解。

【环节Ⅰ：课题引入】

师：在生活中你看到哪些物体的形状是圆的？

生1：汽车轮胎。

生2：足球。

师：足球是圆的。同意的请举手。（学生全举手。）足球的这个"球"是不是我们数学中所说的"圆"呢？要回答这个问题，我们需要先弄清楚数学中的"圆"到底是什么。

分析：教师从生活中的"圆"导入课题，让学生的数学学习始于数学现实和已有经验。然而学生的先验知识并非都是正确的，有些是不完整的甚至是错误的。此片段中，当学生做出"足球是圆的"回答时，潘老师能顺势利导，对此答案做引申进而设疑，从"足球到底是不是圆"这个问题出发，让学生产生认知冲突，引起悬念，激疑入课。

【环节Ⅱ：引导学生画圆】

师：下面请每位同学在纸上画一个圆，只画一次。

学生拿圆规画圆，完成后，教师选一份学生作品展示。

师：这个图形是圆吗？有问题吗？

生1：我觉得应该是圆。用圆规画出来的都是圆。

生2：没问题。

师：咦，这里怎么分开了？分开就不是圆了。为什么会分开，是什么原因造成的呢？

生3：因为圆规没拿紧，用劲儿的时候变了。

师：没拿紧。哪个地方变了？

生3：圆规的两个脚变了。

师：两个脚变了，就是——

生3：距离变了。

师：是哪里到哪里的距离变了？

生3：圆规两个脚之间的距离变了。

师：我发现在画圆时，有同学是这样拿圆规的（教师把手捏在圆规腰部），手转不了了；有同学很聪明，手转不了就转纸；有同学用两只手分别拿住圆规的两个脚。所有这些操作都是不正确的，容易使圆规两脚之间的距离变动，画到后来这条线就接不上了。所以拿圆规很重要。我们应该用手捏住圆规的头，针尖固定，手用力将重心放在针尖这位置上，带有铅笔的这头要拧紧，这样按顺时针方向转一圈就转出了一个圆。

教师配动作演示后，要求每位学生用正确方法画圆。

**师**：我们不可能总是在纸上画圆吧？生活中很多地方需要画圆。如果要在操场上画一个很大的圆，你准备怎样做？

**生1**：画4个半径的长度，然后把4个点一连。

**师**：你说的是不是这样连？

**生1**：连成曲线。

**师**：曲线怎么曲？

**生1无语**。

**生2**：画4个扇形，然后拼起来。

**师**：我明白你的意思。4个扇形，每个扇形的夹角都是直角，对吧？那么扇形怎么画？

**生2也无语**。

**生3**：用麻绳把4个点围起来。

**师**：怎么围？麻绳或许真能解决问题，那么怎么利用麻绳呢？

**生4**：把麻绳一端固定，另一端涂上颜料，再拉直麻绳，围着固定点绕一圈就可以了。

**师**：真聪明。绳子的一端固定，另一端涂上颜料，绳子的长度就是圆的半径，这样转一圈就可以画出一个圆了（媒体演示画圆过程）。

**师**：如果要把圆画得大一些，怎么办？

**众生**：把绳子加长。

**师**：真聪明。

**分析**：此环节中，教师以"如何科学画圆"为核心，通过"如何在纸上画圆""如何在操场上画圆""怎样把圆画得更大"这三个问题步步为营,引发学生自行操作、自我思考。

首先,教师从学生已有的"圆规画圆"经验出发,质疑"为什么有同学用圆规画的不是圆",并根据现场观察分析学生多种不正确的画圆动作,进而介绍正确的操作方法。接着,教师话锋一转,由纸上画圆变成操场上画圆,很自然地将数学与现实生活联系起来。对于"操场上如何画圆"这个问题,教师始终以学生思维作为教学起点,针对学生回答穷追不舍,或让学生自感语塞,或让学生恍然自悟,直至找到解决现实数学问题的最佳方法。至于"怎样把圆画得更大"这个问题,学生很自然地想到"加长绳子",这是学生在画圆活动中深刻理解了"圆的大小与其半径有关"的必然回应。

整个教学情节中,师生对话环环相扣,充满了数学思辨,散发着学生思维的光芒。可见,数学生成教学是遵循学生思维组织数学活动的过程,是启发学生数学思考的过程。而教师高质量的提问则是启动学生数学思维的引擎。

**【环节Ⅲ:解读"圆"的概念】**

**师:** 刚才我们用圆规画圆、用绳子画圆,工具不一样,画出来的却都是圆,这是什么道理?

**生1:** 都绕了360度。

**生2:** 都有一个中心点。

**生3:** 两者画圆的原理是一样的。

**师:** 画圆时都有两个点。一个点是固定的,另一个点是运动的。它是怎么动的呢?

**生4:** 运动时与中心点的距离是一样的。

**师:** 对。一个点固定,另一个点绕着它去走,但之间的距离始终保持不变,在这个运动轨道上走一圈得到的图形就是圆。所以,圆就是一条线。什么线?

**众生:** 曲线。

**师:** 圆就是由无数个点组成的这样的一条曲线。因此,足球是不是圆?不是圆。生活中讲的"圆"与数学中的"圆"不是一回事。

**生5:** "足球"如果不是圆的,那它是什么东西?

**师:** 真会动脑筋。球是什么东西呢?(稍顿)足球是一个体,球体。听得懂吗?它不是绕着固定点走出来的。它是怎么得到的呢?假如有个半圆,以半圆的直径为轴,整个半圆的面绕着轴旋转一周,就得到空间图形"球"。从这个"球"中也可以找到"圆"。怎么找呢?比方说西瓜,长得像足球那样饱满,一刀切下去可以得到什么面?(学生插嘴:"圆面。")对,圆面,边上的一条曲线图形就是圆。

**分析:**教师如何浅显易懂地解读"圆"这一抽象概念,应是本课教学的重点也是难点。此课例对该问题的处理相当巧妙。它重在剖析"为何用圆规和绳子两种不同工具画出来的图形都是圆"这一问题,启发学生去概括圆的一般特点,理解圆的概念。具体地说,教师激发学生在反思画"圆"的过程中去感知并抽象出"圆"的三大特点:两个点(固定点、运动点)、一条线(由无数个点构成的曲线)、距离(动点到定点之间的距离)不变。这些都为学生科学认识数学中的"圆"打下了很好的基础,也为学生理解后续内容"半径有无数条,且长度相等"做了完美的铺垫。

更值得一提的是,在教师引导学生得出"足球不是圆"后,没想到有学生冷不丁地提出"球是什么东西"这一问题。显然,这是出乎教师意料的但的确是源自学生的问题。怎么办?要向眼前这群小学四年级的孩子解释清楚这个问题可不是一件容易的事,其中会涉及中学立体几何的知识内容,孩子能听得明白吗?到底要不要在课堂上做即时回应呢?稍作停顿后,教师没有避而不谈,而是急中生智,抓住时机动态生成,以特有的方式生动形象地解释了空间图形"球体"形成的原理。极其简短的一段话,不仅很好地解答了学生的疑惑,还让学生初步感知了"球"与"圆"的区别和联系。

**【环节Ⅳ:解读圆心、半径和直径】**

**师:**这个圆大,那个圆小,圆的大小与圆的什么有关?

**众生:**半径。

**师:**看这一点,我们把它叫作"圆心",通常用 $O$ 表示。那么什么是半径?

**生1:**从圆心到圆边一点的线段。

**师:**圆边?这个点到底在圆的什么位置,圆外?圆内?什么是圆?曲线是由无数个点组成的,所以这个点就在圆上。我们把这句话写下来就是"从圆心到圆上一点的线段叫圆的半径"。(板书后,要求学生齐读。)

**师:**从圆心到圆上一点,也就是说圆的半径只有一条?

**生1:**任意一点。

**师:**任意一点。那圆上有多少点?

**众生:**无数。

师：太好了。动点走过的是无数个点，这句话就应改成：从圆心到圆上任意一点的线段叫圆的半径（在板书中添上红色两字"任意"）。那么，一个圆的半径有多少条？

众生：无数条。

师：既然有无数条。那为什么只画这一条呢？

生2：因为圆心到圆上的距离都是一样的。

师：你怎么知道这无数条半径的长度都是一样的？有没有验证过？

生2：没有。

师：有没有办法验证？

生3：因为圆是用圆规画的。圆规的一个点是固定的，另一个点是始终固定长度画的，两个点之间的距离是不变的，所以半径不变。

师：聪明！什么是圆？圆是动点绕着定点旋转一周的图形。所以无数条半径长度都是相等的。（教师画一条圆的半径）这就是半径，通常用 $r$ 表示。

师：什么是圆的直径？

生4：把圆上一点和它对面一点连起来就是直径。

生5：我有疑问。如果不经过圆心怎么能画出直径？

两个学生争执起来，教师鼓励生4向生5解释。

生4：圆的直径就是从这边半径到那边半径的合并。

生5：（针锋相对）你刚才说从圆上一点到圆上另一点，没说经过圆心，也没说什么合并。

生4：（显得有些着急）圆的直径就是圆的垂直线段。从这头到那头的垂直线段就是直径。

师：垂直线段？我也晕了。你的意思是像这样斜的就不是直径了，对吗？

生4：也是直径。

师：好，请看这个图。圆上一点（A），对面一点（B），这也是对面，对吗？

**生4**：不是，对面那点指的是经过圆心的那个点。

**生5**：（插话）可是刚才你没说要经过圆心。

**师**：（对着生4）那你现在能说什么是直径了吗？

**生4**：直径就是经过圆心的两条半径的合并。

**师**：经过圆心，直径是线段，也有两个端点。两个端点在哪？我明白大家的意思了。我们可以这样来表达：通过圆心且两端都在圆上的线段叫圆的直径（板书）。直径通常用 $d$ 表示（板书）。

让学生齐读后，教师再读一遍，强调概念中含有两层意思：通过圆心、两端都在圆上。

**分析**：此环节中，教师处处设疑激疑，引导学生利用已有的认知经验，通过论辩来明晰什么是圆的半径、直径及其特性，鼓励学生用精准的数学语言来表达"半径"和"直径"这两个抽象概念。整个教学过程立足于学生的认知起点，洋溢着动态生成的精彩，跳跃着学生思维的火花，充满着教师教学的智慧。

在课例中，从"圆边"到"圆上"，从"圆上一点"到"圆上任意一点"，从"半径有无数条"到"为何只画一条半径"，从"无数条半径相等"到"怎么验证"，如此这些，层层递进，直至学生真正明白"什么是半径"以及"圆的半径有无数条且相等"这一特性。教学过程中，蕴藏着精准的数学语言，充盈着严密的逻辑推理，弥散着浓浓的"数学味"。

在解读"什么是直径"时，基于学生的思维起点，教师乘势追问，一段极其精彩的学生辩论把课堂气氛推至高潮。通过学生思维火花的相互碰撞，师生之间平等对话，学生彻底理解了"直径"这一抽象概念中所包含的"通过圆心"和"两个端点都在圆上"这两个特点。也恰恰是在学生似懂非懂、想表达却又语无伦次的时候，教师适时提供了精确的直径和半径的概念表述，以化解学生思维和表达上的障碍，使之茅塞顿开，自然地达到了"不愤不启，不悱不发"的教学境界。

**【环节Ⅴ：运用中体验圆与半径、圆心的关系】**

**师**：现在要求在这张正方形纸上画一个最大的圆，怎么画？

学生画后，教师展示学生的两个作品。

**师**：这个是最大的圆吗？（投影1）不是，画到纸外面去了。这个是最大的圆吗？（投影2）也不是，这边上怎么还空着呢？想想看，画最大圆的关键在哪？可以讨论一下。

学生同桌讨论后，展开交流。

**生 1**：圆的直径应该等于正方形的边长。

**生 2**：我认为圆的半径是正方形边长的一半。

**生 1**：他说的和我说的一样。

**师**：一样，那你还说什么呢？（向着生 2）不过你说的也有道理。因为画圆时圆规两脚分开的距离就是圆的半径，所以你在想要画最大圆，半径应等于正方形边长的一半。对吧？

生 2 点头。

**师**：圆的大小与半径是有关系的。在最大圆中，以正方形边长的一半作为圆的半径，还需要什么因素？

**生 3**：把圆规针尖放在正方形的中心点。

**师**：怎么找中心点？我刚才看到有同学在估测，误差较大。这个是正方形，能不能利用正方形的特点呢？

**生 4**：能。（边折边说）先把正方形对折一下，再对折一下，这个交点就是正方形的中心点。

**师**：很好。还可以怎么找？

**生 5**：连接正方形的四个点，两条对角线的交点就是中心点。

**师**：我明白了。（借助 PPT 动态演示找中心点的过程）这就是圆心。有了圆心和半径，就可以画出一个最大的圆（媒体演示画最大圆的过程，要求每个学生自行操作一遍）。

**分析**：在此环节中，教师通过"如何在正方形纸上画最大的圆"这一情境问题的探索与解决，让学生再次体验圆与圆心及半径之间的关系，从中学会如何寻找圆心并确定圆的半径，感知"圆心确定圆的位置，半径决定圆的大小"。

教学过程中，教师机智地处理了有向开放、交互反馈和动态生成三者之间的关系。具体表现为：一是依据课堂教学实际需求对教学预设进行灵活应变，立足于预设又融入教学机智，使教师的"教"为学生的有效学习服务；二是在教学活动中引发师生间、学生间的多向互动，促进学生多种感官的全方位参与，寻找教与学之间的内在规律；三是随机动态生成而非盲目随意生成，围绕课堂教学目标有序展开生成性的教学活动，并以特有的方式解释了预设与生成之间的辩证关系。

这一环节也让我们再次真切地感受到：走进教室前的学生对新知识并非一无所

知的，站在讲台上的教师也并非知识的绝对权威。课堂上有关"教什么，怎么教，为什么这样教"三个问题的设计并非源自教师固有的经验或"神圣的"教参说明，而是应以学生、学情、学习活动为基点。为此，生成教学的关键是教师要了解学生，理解学生，相信学生，感受学生。教师要了解学生已有的经验是什么，要了解学生原有的认知起点在哪里，要了解学生的思考感悟力有多强，要了解学生的情感体验和认同感有多深。唯有如此，教师才能更敏锐地捕捉学生思维的活跃地带，并激发学生在数学思维火花的碰撞过程中实现数学知识的自我建构。所以，只有基于学情的教学才是有逻辑起点的教学，只有以学的活动为基点的教学才是有活力的教学，只有"教服务于学"的课堂才是有生命力的课堂。

**【环节Ⅵ：拓展与延伸】**

**师：**圆与正方形有什么不同？为什么汽车的车轮是圆的，而不是方的呢？这些问题，同学们课后去思考。

全课结束。

**分析：**最后环节是对本课教学内容的拓展与延伸，让学生带着问题走出课堂，启发学生运用"圆"和"方"的区别去思考"为什么车轮是圆的而不是方的"这一现实生活问题，再次体会"圆"在日常现实生活中的功用，感受"数学源于现实生活，回归并应用于现实生活"的真谛。

# 五、在学习中收获，在收获中成长

上海市小学数学名师基地学员　张丽

在成为教师的初期，我听过潘老师上的一堂课，利用长方体、正方体体积与表面积的知识，来引导学生解决生活中的一些物体的用料面积与占空间体积的实际问题。听课时我被潘老师的教学机智深深吸引，觉得教师的工作真是一门艺术，我要是能像潘老师那样潇洒地站在讲台上，启迪孩子们探寻知识的奥秘该多美呀！如今我有幸成为潘老师名师培养基地的成员之一，能从潘老师处学习，与各位后备名师一起切磋教学，真是幸运！

一转眼，我参加上海市普教系统潘小明小学数学名师培养基地即将两年了，在这两年里我们十位学员在主持人潘老师的引领下，共进行了近 40 次的教学研讨活动，活动内容丰富多样，有研课、上课、说课、评课、听讲座、考察学习等。以下我就从五方面谈谈这两年的学习体会。

**1. 善于激发学生的好奇心**

好奇是儿童的天性，新奇和惊讶是思考的开端。每次在课堂引入部分，潘老师总会与孩子们随意聊几句，让孩子们轻松自如地进入学习状态。然后，潘老师会结合课堂教学内容引起学生学习的欲望。比如在教学《圆的初步认识》时，他组织学生看圆形钟的图片，然后让学生联想"生活中有哪些圆形的物体"（如轮胎、足球），进而思考"数学中的圆形与生活中看到的球是否是一回事""数学中的圆形到底是什么"，引起学生的好奇心，使学生带着好奇进入新课学习的情境之中。

**2. 善于引导学生发现新知**

学生自主发现新知能提升其自信心、自豪感，这远比教师传授知识有效得多。潘老师在课堂中就非常注重引导学生自主发现新知。比如，他让学生先尝试自己画圆，然后思考怎样能画出圆，画时要注意什么，逐步引导学生了解圆心、半径的作用，自主归纳半径、直径的含义以及关系。我想，由于这些知识都是学生自主发现的，他们一定能真正理解，并印象深刻。

**3. 善于通过设问引起学生思考**

我们看到在课堂中潘老师总能在关键时刻提出引起学生思考与探索的问题，反映出潘老师自身教学与知识功底的深厚，他能根据学生在课堂中生成的情况随时调整教学策略，追问学生一些问题，引起大家的讨论。比如："我们会用圆规在纸或黑板上画圆了，那么怎样在操场上画圆呢？"通过讨论，学生真正了解了圆心、半径的作用。又如在《问题解决》一课中，潘老师在课的结尾处让学生思考三个问题：(1)本节课你在学习过程中遇到什么困难？(2)获得哪些新知识和解决问题的办法？(3)还有什么疑问或想法？这不仅有效引导学生找到一道题的解题方法，解答了一个生活实际问题，更重要的是，潘老师通过一个又一个有坡度的问题，引导学生不断提高思考层次来解决问题，让学生明白遇到困难该怎样想方设法、灵活运用已有知识去解决实际问题。同时潘老师让学生自主梳理在解决问题过程中获得了哪些新知识以及解决问题的方法，并鼓励学生提出新的问题，再次调动学生学习的积极性、求知欲，从而形成学习的良性循环，使学生明白学习时要善于发现、勇于探究、勤于动脑、敢于创新，只有把学到的本领加以运用，让它为我们的学习、生活、工作服务，这样的学习才更有价值。

### 4. 善于鼓励学生质疑解答

课堂中，学习气氛热烈，学生与听课老师（包括我）常常忍不住发出笑声，这样的课堂是轻松有趣的。在此也可看出潘老师的教学机智、幽默，特别是善于鼓励学生质疑解答。他鼓励学生提出问题，鼓励学生相互争论，这不仅保护了学生的好奇心、创新力，而且引起了学生更深层次的思考与探究，使学生的数学学习能力、数学学习兴趣得到不断的提升。

### 5. 善于设计有效练习拓展知识

我非常欣赏潘老师设计的练习，如在《圆的初步认识》数学中他让学生先猜老师准备的正方形纸有什么用，这不仅引起了学生的兴趣，也引起了学生的思考。在讨论用正方形纸画最大圆的过程中，学生不仅对本课学习的新知识进行了巩固，更进行了拓展。

潘老师精心设计的教学过程让我们感叹于特级教师对于教材把握的深度；他在课堂中的精彩问题、巧妙追问不断引导着学生的深层思考；他对孩子的鼓励语言增强了学生的自信心与敢于发现问题、提出问题、探索问题、解决问题的勇气。

从潘老师生动的教学中，我们看到了他在深入研究教材教学内容时对于教材留出的空间进行的诠释，更看到了他对于学生数学思维的启发与引导。如果我们在设计每个教学内容时都能像潘老师那样进行深层研究与挖掘，如果我们在每堂教学实践课中都能像潘老师那样善于启发学生的思维，那么我们的数学课堂教学将同样精彩，我们教师的智慧将使学生更有智慧！

# 六、用生命与激情在课堂上歌唱

## ——教书育人楷模潘小明同志主要事迹

### 上海市宝山区第一中心小学党支部书记　宋进喜

潘小明同志常常讲这样一个小故事：爱迪生曾失败 99 次，直到第 100 次，他用钨丝成功地发明了电灯。爱迪生却说自己成功了 100 次——前面的 99 次，他成功地发现了那 99 种材料都不能用来做灯丝。

潘小明同志说："震撼着我的，是爱迪生孜孜以求的人生态度，是爱迪生看待成功与失败的胸襟与高度。"这个小故事，成为他的人生哲学。他扎根教育事业，教书育人，矢志不渝，用生命与激情在生成的课堂上歌唱，成长为全国著名特级教师。

### (一)师风可学，学风可师

潘小明 1960 年出生在上海北部的宝山区。父亲是中学语文老师，上海市优秀园丁，深受学生的爱戴。他立志要做像父亲一样的好老师！1980 年，自上海市安亭师范学校毕业，潘小明成为盛桥中心校的一名小学老师，从此，开始了他的课堂人生。步入教室的那一天，他的心特别踏实，那感觉，就像在多年的漂泊之后，终于找到了停靠的港湾。

1980 年，他语、数包班，一周 24 节课，却乐此不疲；1983 年，崭露头角，获上海市首届小学数学青年教师教学评优一等奖；1988 年，调任月浦中心校教导主任，兼任中队辅导员，其带教班级成为区优秀中队，学业成绩遥遥领先，他本人于1989 年获"全国优秀教师"称号；1993 年，调至宝山区实验小学任教，后又担任副校长，2003 年调任第一中心小学校长，始终没有离开他钟爱的数学课堂，2006 年被评为上海市数学特级教师。任世事变迁，他宠辱不惊，从容淡定，唯有课堂上激情未改，唯有对学生关爱依旧。

"潘老师，我们是知心朋友，祝您教师节快乐！"贺卡是小李亲手制作的，极其普通，潘老师却倍加珍惜。"他真的懒到头了。"记得小李母亲曾含着泪水说，"您帮帮我们吧！我们没有文化，我不想让他将来像我们那样……"在以后的日子里，潘老师确实领教了小李的"懒"，然而潘老师没有气馁，他真心地与小李交朋友，真诚地给予帮助，小李终于被潘老师的真情所感化，好的习惯渐渐养成，学习成绩逐步提高，并以较好的成绩升入中学。

在潘老师的影响下，一大批学生爱上了数学。调至实验小学后，潘老师举家搬进了学校边上的出租屋，由于年久失修，管道常常阻塞。那天晚饭后，他和往常一样，到学校里给学生解答数学问题。没想到家里污水直冒，等他回到家，发现爱人临时用沙袋把马桶堵上了。在他的精心培育下，那个班，居然有 7 位学生考入上外附中。

潘老师认为，爱，是一种理解，是一种同情，是一种尊重，是一种关心，是一种帮助，是一种无须回报的付出。"我的生命一定是属于孩子们的，因为我是那样地爱着他们，也正是他们给予我不断攀登的力量，令我微不足道的生命闪烁着灵动的光芒。"

1999 年，潘老师母亲被确诊患胰腺肿瘤，即将动手术，母亲含着热泪紧握着儿子的手说："你工作很忙，回学校去吧，我不会有事的。"顿时，泪水模糊了潘老师的眼睛：这边是躺在手术台上随时有生命危险的母亲，那边是处于期末紧张复习的五十多个学生……最终，他还是回到了学校，回到了课堂上。2002 年，父亲大病住院，白天却不要他陪，嘱咐他不要耽误学生。父亲病逝的前一天晚上，还在帮他修改区骨干班的发言稿……为了提高自己的文化素养，他以惊人的毅力，先后攻读了文、理科双大专及教育管理本科。记得那年，他接连收到宝山医院、新华医院发出的他两岁女儿的病危通知，他强忍悲痛，白天坚持上课，晚上去医院陪女儿，熄灯后他便在医院的走廊里看书，准备复习考试。值班医生被他感动了，主动把值班室借给他。

"智如泉涌，行可为表仪者，人师也。"潘老师就是这样一个师风可学、学风可师的人师。

## (二)生成教学，矢志不渝

"作为一位老师，如果能经常为学生们想想，那他一定是一位好老师。"课堂带给他的，是一个平实而精彩的人生！

他将自己的教学取名为生成教学，即让学生亲身经历学习活动的过程，在获得知识技能的同时，生成智慧，生成人格。他认为，课堂只有开放，才有可能生成，只有不断地生成，课堂才有生命力，学生和老师才会共同成长。这一教学理念得到了专家、同行的认可，在全国小学数学界产生了一定的影响，《人民教育》《现代教学》等杂志对其做了专题报道。

他先后拜德高望重的特级教师汪绳祖老师、上海小学数学界的泰斗顾汝佐老师为师，潜心钻研数学课堂教学，踏上了课堂人生的新起点，频频上公开课，从宝山走向了上海，从上海走向了全国各地。顾汝佐老先生说："潘小明的本事在于他捉得住学生，他一直用有吸引力、具有挑战性的问题来刺激学生。"1995 年"吴正宪、潘上明课堂教学艺术研讨会"在青岛举行，这是我国第一次举办个人教学艺术研讨会，全国各地的数学教研员、各教育杂志的编辑纷纷赶来，真是盛况空前。事隔十年，第二届"吴正宪、潘小明课堂教学艺术研讨会"于 2004 年在上海浦东举行。潘小明拥有一大批教师"粉丝"，他建立网上专栏，撰写博客。老师们复印他脱销的著作，追随着潘小明老师的足迹。

他的自主探究学习专辑在中国教育电视台《名师讲坛》栏目播放。他的论文曾获中国教育学会论文二等奖、中国教育学会小学教学专业委员会年会论文评比一等奖。他在省、市级刊物上发表文章一百余篇。他的专著《新课程理念的探索实践——小学数学课堂教学案例与反思》被编入 21 世纪数学教育探索丛书。他还应邀去全国二十多个省市讲学，引起广泛关注。南京大学哲学教授郑毓信的学术论文引用了潘小明的文章及观点，并与潘小明就数学活动中生成智慧与人格问题进行了深入的探讨。

"其实，我上的课并不是每一节都很成功。"记得有一次，上百名老师慕名而来听他的数学课《能被 3 整除的数的特征》。这节课上得很闷。当时，他的心情真的是糟糕透了！他精心设计的课堂怎么会上成这样？问题到底出在哪里？他认真地反思之后，终于找到了问题所在。这样的一次失败经历对他来说也是难得的经验，让他在以后的日子里更勇敢地挑战自我。一年后，在名师工作室汇报活动中，他又上了这节课，结果上得很成功。

他有一个习惯，就是上完一节课，只要有点滴的感触，他就会用笔记下来；发现有价值的课例，他就会及时写下来。而对于每一次公开课之后的反思，他更是从不懈怠。也正是有了这样一次又一次的反思、积累，才有了他上课时的应对自如。

他的课堂教学实录有的被编入《名师授课录》，有的被编制成素质教育影像教材，有的作为培训教材通过卫星播放……2006 年《小学青年教师》发表的《潘小明专辑》的编者按中写道："确实，作为当今小学数学教育领域的大家，潘老师总是从学生的角度思考问题……所有听过潘老师课的人，无不为他匠心独具的教学设计、精湛的课堂教学艺术而叹服。"

孜孜以求，不惧失败，实践反思，矢志不渝，他坚持案例（课例）研究，从一名普通小学数学教师成长为全国小学数学教育领域的名师，还被聘为华师大兼职的硕士生导师，课堂成就了他精彩的人生。

## （三）实践引领，引领实践

2003 年，潘小明同志被任命为宝山区第一中心小学校长。2009 年上海市校（园）

长暑期培训，潘小明同志以"实践引领，引领实践"为主题，向全市教育系统介绍了他的管理经验，他说："做教师也好，做校长也好，实践是我最推崇的方式。"他的实践故事和理性思考深得同行的肯定和赞赏。

他忠诚党的教育事业，在担任校长的八年中时刻以一名优秀共产党员的标准严格要求自己，勤勤恳恳、兢兢业业，团结同志，使宝山区第一中心小学进入一个新的发展里程，得到师生、家长和上级领导的一致好评。潘小明同志富有创新精神，特别是2008年，宝山区第一中心小学与海江小学两校"撤二建一"，针对合并后带来的许多问题，他立足班子建设，率领新班子勇于实践，迎难而上，敢为人先，实施精细化管理，扩大优质资源，惠及学生和社区居民；他实施课程领导，坚持生成教育的办学理念，积极开展"生成的课堂"教学实践，率先实现小学生减负；他强调育人为本，德育为先，形成了礼仪校本特色课程，2011年4月，市教卫党委书记等领导莅临学校调研德育工作，他的以"小问题，大礼仪"为主题的汇报得到与会领导一致好评和高度认可。

在潘小明同志的带领下，宝山区第一中心小学先后荣获上海市未成年人思想道德建设工作先进单位、上海市安全文明校园、上海市普教系统名师名校长培养基地、上海市音乐学科基地、全国著名小学办学成果展示校暨全国百校校长考察定点校等数十项荣誉称号。

潘小明同志认为，教师的课程执行力起源于其内心深处对新理念、新方法的认同；校长最大的责任在于带出一支好的教师队伍。一中心作为区规模最大的小学，校长行政管理工作之繁重可想而知。但课堂始终是他的主阵地，为了获得老师们内心深处的认同，他殚精竭虑，不遗余力，率先开放课堂，一次次给全体教师上示范课，并搭建平台，让教师们与张人利、孔企平等一批专家、教授、家长共话生成教育。四年级学生在作文中写道："我们的潘校长既帅气，又幽默。"二年级孩子则直抒胸臆："我非常非常非常喜欢您的数学课！"老师们也被潘校长精彩的课堂、先进的理念和教学的激情所感染，全员投入以案例（课例）为载体的"生成的课堂"的行动研究，在关爱生命的课堂中成长。学校办学质量全面提升，一批教师在市乃至全国教学大奖赛中获特等奖，并成长为市、区骨干教师，在学校乃至宝山区发挥着示范引领作用。

### (四)生命如烛，师德如光

作为上海市"双名"工程小学数学名师培养基地及宝山区名师工作室主持人，潘小明同志倡导直面问题，学习理论，实践研究，探索有效方法，提升综合素质。来自专家的高视角的引领和来自学员的思维碰撞，实现了"追击本质，发展思维"，同时打造了一支"高专业水平、高敬业精神、高合作能力"的优秀教师团队。

基地学员小张老师清楚地记得潘小明数学名师培养基地的第一次正式活动：那天，作为导师的潘小明亲自执教，为学员们展示了一堂精彩的五年级《解决问题》的教学，同时做了《应用题与解决问题》的专题讲座。潘老师精彩的设计、生动的课堂与其人格魅力感染着每个学员。

学员们在两年的学习总结中纷纷写道："潘老师对教学研究的执着和热情深深打动了我们。""在这近两年的学习中，我们专挑有难度的、老师们平常不太进行公开教学的课来研究，尝到了成功的喜悦、探索的乐趣。""我参照基地的磨课方式开展教研活动，教研组的老师也尝到了基地磨课方式的甜头。"

课堂教学实践能力的提升，更为有效的研究方式的掌握，勤奋敬业精神的磨砺，基地学员在感悟中有了收获，在收获中继续成长……

潘小明同志还担任中国教育学会小学数学专业委员会理事，中国教育学会中小学整体改革委员会学术委员，上海市教师学研究会数学专业委员会副主任。广为辐射的不仅是他的生成教育理念，更是他高尚的人格魅力和深厚的学识魅力。

自 2005 年起，他先后数次随宝山教育局及进修学院领导前往云南维西，帮困结对，培训教师。2007 年暑假，他原本身体不适，经过 3 个多小时飞机、6 个多小时的盘山公路的行程之后，他胸闷心慌，阵阵呕吐，高原反应严重。但是第二天，本着对小学数学教学的热爱，对云南维西小朋友的那份特殊感情，他硬是挑战生理极限，用生命与激情在雪域高原唱响了新课程的华章。

2008 年暑假，他光荣地被聘为上海对口培训云南省中小学骨干教师项目小学数学学科领衔专家，对云南红河地区骨干教师进行培训。在出发之前，团队的 10 位主讲老师对培训方案等进行了多次的研讨。到了红河之后，他们首先对各班进行了访谈，了解了受训教师的困惑及需要通过培训解决的问题。学员们充分反映各自的想法：有新教材，但没有新思路、新观念；学校缺少计算机，即使有教师制作课件能力也跟不上；希望上海老师能面对云南的学生为他们上一堂观摩课，个别教师建议最好不要用多媒体⋯⋯

晚上，潘小明老师及时召开专家组会议，针对老师们反映的问题及建议，进行有关内容的调整。会后，老师们修改培训内容，工作到凌晨两三点钟。他本人也将原来的生成性教研等两个内容调整为"理念—方法—实效"的专题讲座，并借班上观摩课。他还结合视频课例，将一个个很现实的教学问题呈现在教师面前，让教师们思考学生可能有的情况，教师应该采用什么针对方法，并说说其理由，在思考解决实际问题的过程中，教师应体会怎样去做一个有思想的实践者。有学员这样写道："培训期间，有幸听了许多好课，但给我最大启发的是潘小明老师上的《数学广场，谁围的面积最大》一课。"从潘老师身上，他看到了中国教育振兴的希望，他也会为之而继续努力！

潘小明同志先后被评为全国优秀教师、上海市特级教师、宝山区教育系统"十佳教育工作者"，连续被中共宝山区委、区政府授予"宝山区青年尖子""宝山区拔尖人才"称号，2011年被评为上海市优秀党员。

潘小明同志说："人活着，是一种追求，更是一种责任，我把这份责任与追求写进了我的课堂人生。"

# 写给年轻教师的话

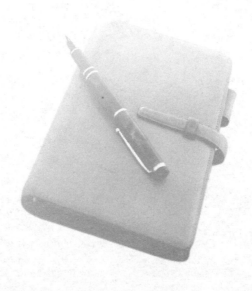

# 一、信仰，是坚守的动力

年过半百。三十多年的教龄以及"特级教师"的头衔忽然使自己有些汗颜：我是一名优秀的教师吗？我何以成为现在的我？如果给我重来一次的机会，我又将如何选择？如何行走这条伴我 30 年甚至终身的路？于是，朝花夕拾，我撷取了一些亲身经历的片段，加上点滴的感悟，留予青年教师们。

和孩子们在一起，永远年轻

敬爱的潘老师：

或许您已经不记得我了，因为我只是您所教的众多学生中普通的一名，而对我，您却是我这一生难忘的恩师。

正是因为您对我数学学科的教导，使我得到了启发，从那以后，我数学成绩大大提高，我对它产生了浓厚的兴趣。后来我在全国数学"希望杯"竞赛中得了三等奖。这都要感谢您啊！

我现在已是复旦大学经济学系的一名学生，以后我会更加努力。希望能早日回到母校看您。最后，再次感谢您，您是我这一生中对我影响最大的一位老师，因为您给了我信心！

谢谢您，并祝您教师节快乐！

学生：张琪

这是我所教的一位学生在离开母校八年后给我寄来的贺卡上的话。说实在的，我真的已经不记得她了，但是，我把这贺卡珍藏至今。因为贺卡中"您给了我信心"一句话，震撼着我，也使我坚定了当一名能给学生信心的好教师的信念！

在所有的小学教师中，您是给我印象最深的。因为我们不仅仅是师徒，我们更是一对好朋友，不是吗？

您永远的学生（朋友）：陆融冰

贺卡虽然并不精致，但勾起我对我俩师生之间那朋友情谊的回忆，让我感受到朋友的教育力量。我同样珍藏着，我想让自己永远成为学生的朋友。

当一名小学教师，整天跟小孩子打交道，不会有太大的出息。这种想法，年轻时的我也有过。然而，当我所教的学生，过了若干年之后，或是上了大学，或是出国留学，或是参加工作，却始终没有把我忘记，感谢因我的教育而影响他（她）的人生时，我不仅感到欣慰，也为年轻时的想法而深感惭愧。

"选择了教师，就是选择了高尚。"我现在才慢慢地理解教书育人楷模于漪老师的这句至理名言。我认为，教师不仅是一份职业，更是一份事业！

当前，社会上那些追求功利、浮躁的现象确实影响着学校的教育，应试教育的阴影始终挥之不去。一些领导重视自己的政绩，急功近利，片面追求升学率，于是，教师专课不专用，加班加点，不惜以学生的身心健康为代价，去追求所谓的高质量。而且，这种现象有愈演愈烈之势，蔓延到了小学。就我所在的学区，某些领导为了提高学区在区质量管理考试中的排名，曾经提出对学区小学一年级学生进行学科质量管理考试（现已取消）。面对学区组织的统一考试，我当然有着自己的想法，在全校教师大会上进行了《路在哪里，走向何方》的主题发言，指出：高利害的测试将会导致教师不得不带领学生进行大量重复练习，而超负荷的练习活动会抹杀学生真正的学习兴趣。学生一旦失去了学习的兴趣，那么他们永久地放弃学习就是不足为奇了。我提出：坚持"生成教育"的办学理念，进行"生成的课堂"教学实践。我坚守着"为每个学生终身发展"的教育理念。

"教书育人"，我认为"教书"与"育人"不是并列关系的两件事，而是有因果关系的一件事，即"教书"的目的是"育人"，也就是通过"教书"来达到"育人"的目的。因此，对于数学教师来说，你首先应该是教师，其次才是数学教师。数学教师是通过数学教学来达到教育学生的目的的。让学生理解数学的概念，掌握运算的定理、法则和公式，进行相关的计算，会解决一些简单的实际问题等，这是数学教学的任务，但更重要的是借助这些数学知识的学习，培养学生学习的兴趣，养成良好的学习习惯(尤其是独立思考的习惯)，促进学生身心的健康发展，让学生对自己更加充满信心，因为这些才会真正影响学生的终身发展。在应试与学生终身发展之间，只有选择后者的教师，才能成长为一名优秀的教师。

另外，在教师队伍中，也存在着这样的现象：有的年轻教师，在一些重大的教学赛中获奖，之后，便有了提升的机会，或是教研组长，或是分管教导，甚至副校长、校长。我本人也是如此：1980年参加工作，1983年获上海市小学数学青年教师教学观摩一等奖，1990年担任教导主任，1998年担任副校长，2003年担任校长。让教学骨干担任学校的管理人员，这是无可厚非的，因为学校的管理更应该是一种专业引领。但问题在于：刚参加工作不久有机会获奖这是否能说明自己已经是一名骨干教师？当年我获得一等奖时也觉得自己已经是骨干教师了，但我现在觉得当时的想法很幼稚，那时的我，充其量不过是个"演员"。而骨干教师应该是个"导演"，当导演的，必须经过课堂的摸爬滚打，有一定的教学经验的积累，有自己的教学思想，这是一个相当漫长的成长过程。另外，人是有各自的智慧潜能的，有的适合做教师，有的适合搞管理，就我来说，应该是比较适合当教师的。人只有在适合自己的岗位上工作，才能更舒心、更投入，也更容易获得成就。因此，年轻教师应该清楚："我到底是谁""我到底要去哪里""我怎样到我要去的地方"。更何况，即使是担任教学管理的职务，年轻教师也应该知道：在倡导教育家办学的今天，学校行政管理者更应该是一个专业引领者。因此，我想说，年轻教师不要受"官本位"思潮的影响，要脚踏实地，立足课堂，夯实基础，勇于教学创新，不断超越自我，努力提升自己的专业能力。

教育，是一份需要信仰的事业。所以，要让自己成为一名优秀的教师，首先必须有自己的教育信仰和人生目标。有了信仰，才会有坚守；有了目标，才会去努力。成功，属于脚踏实地、勤奋努力的人。

## 二、反思，是前进的起点

在指导青年教师进行教学设计时，经常有教师会提诸如"这个情境要不要设计"

"这个知识点教师要不要讲""这里要不要让学生进行小组讨论"等问题，对此，我通常的回答是"你说呢?"我不是不愿意告诉他们，而是想促使教师自己思考。我也发现，有些学科的青年教师(尤其像语文学科)，为了上好一堂观摩课，真的非常的"心"苦，因为专家都很有思想，又很热情，积极地献计献策，从教学目标到教学环节，连一个个教学细节都不放过。但是，很多情况下，专家的想法也不尽相同，会让青年教师无所适从，非常为难。然而，问题的关键不在于专家的建议，而在于青年教师缺乏教育思想。怎样让自己成为一个有思想的教师呢?

记得在 2011 年 4 月的华师大教育科学学院课程与教学系的硕士论文答辩中，《基于教学案例分析的教师专业化发展研究》一文引起了我的极大兴趣。我说:我是上海市数学特级教师，市小学数学名师基地主持人，我的专业成长的秘诀就是撰写教学案例。

教学案例是真实而又典型且含有问题的事件。简单地说，一个教学案例就是一个包含疑难问题的实际情境的描述，并且也可能包含解决问题的方法在内，是一个教学实践过程中的故事，是对"当前"课堂中真实发生的实践情境的描述。案例不仅叙述了教学行为，而且记录了伴随行为而产生的思想、情感和灵感，它是个人的教学档案和教学史，有独特的保存和研究价值。我体会到，撰写教学案例的过程，就是重新认识教学事实的过程，就是反思的过程、研究的过程、总结的过程、提高的过程。

然而，这样的好事教师们一般不太喜欢去写，即使写了也是为了完成任务而写的。出于无奈的为写而写确实是件蛮痛苦的事。有的教师甚至抱怨:活都忙得来不及做，还写什么案例呢? 确实，教师的工作非常繁忙，很难静下心来写教学案例。但是，话又得说回来，也许正是因为你不写教学案例，才导致工作的忙乱。对于撰写案例，我觉得:案例不是随随便便就可写好的，与其说是"写案例"，倒不如说是"做案例"。所谓"做案例"，就是围绕主题进行设计，带着思考走进课堂，结合教学实践对先前的设计思想等进行反思，在此基础上写出案例。"做案例"主要做好下面三件事。

第一件事，重视现代教学理论的学习。比如，通过学习现代建构主义的理论，我知道了知识不是游离于人脑之外的客观存在，而是人脑对客观世界属性及其联系的能动反映。既然如此，学习就不应是知识由外到内的转移和传递，而应是学生建构自己的知识的过程，即建构是学生通过新、旧知识经验之间的反复、双向的相互作用，来形成和调整自己的经验结构。既然如此，教学应当把学生原有的知识经验作为新知识的生长点，引导学生从中生长新的知识经验。这对教师进行教学设计无疑有着指导作用。

第二件事，带着思想走进课堂。我经常跟教师们讲，只带着课本走进课堂，这是一件非常简单的事。因为我们现在的教师大多是大学本科毕业的，小学数学教材上的知识、习题有不理解、不会做的吗？按照教材进行知识的讲解，有什么难的呢？问题在于我们的教学目标不只是让学生获得知识，而且要发展思维和完善人格，这就不是一件简单的事了，需要不断地的思考。我经常思考的问题有：本节课的主要教学任务（研读教材，读出显性知识背后的隐性知识）是什么？学生有哪些知识和经验，他们的认知起点在哪里？教学目标是否定在班级学生的最近发展区内？创设怎样的问题情境？进行问题架构、组织教学活动的理论依据是什么？等等。经过对上述问题的思考，我走进教室时的心情，真可谓"手中有粮，心中不慌，脚踏实地，喜气洋洋"。这样的课堂上，师生的情绪一定是非常饱满的，学习活动一定是非常有效的。更重要的是，预先的想法、预设的方案能否在教学实践中得到较好的体现会备受关注，此时的教室简直就是一个实验室，对于实验的结果，我还是充满期待的。经过这样的课堂实践，在进行教学反思、撰写案例时，教师自然有了具体丰富的内容。

第三件事，进行教学反思，撰写案例。反思什么？怎样反思？这是写好教学案例的前提。我经常反思的内容有：教学设计的理念是否正确？在实际的教学中其可操作性如何？还可以进行哪些方面的教学改进？等等。显然，这就需要教师把学生在学习过程中发生的故事和现象、过程和效果作为课堂教学研究的基础和依据。如果说教师备课的顺序是"教育理念→教学设计→教的行为→学的行为→学的效果"，那么，进行教学反思的顺序正好与之相反，即"学的效果→学的行为→教的行为→教学设计→教育理念"。可见，教学反思应该从学生的学那头开始。由学生学的效果去分析其学的行为；由学生学的行为去分析教师教的行为；由教师教的行为去分析教师的教学设计；再由教学设计去分析教育理念，用思想和对话建立教学活动相关环节和要素之间的关系，并认识其间的联系。经过这样的一个反思过程，教师就能找出教学成功与失败的原因，使经验更具理性，使错误得到及时纠正。例如，《文字计算题》的教学，我们把教学重点确定为"从问题出发，结合树状算图，分析文字计算题的结构，能用综合算式解答两步文字计算题，在分析、表达的过程中发展学生逆推的思维能力"。为此，出示问题"40 乘 2 加上 18 的和，积是多少"，让学生独立思考，列综合算式进行计算，再结合学生中的错误算式"40×2＋18"（如果没有发现，教师自己出示），引导学生通过逆推发现其中的错误，从中学习逆推的思维方法。然而，整个课堂教学过程非常平淡，班上的学生基本能够由条件出发进行的思考，列出综合算式进行计算，教师出示的错例以及让学生从问题出发进行的逆推，都不是学生自身的需要。应该说，我们的设计指导思想是正确的，但是，方案设计不符合学生的实际，为此，我们进行了改进：出示"用 90、90、90 来编一道两步计算的文字题（要求：最后求的是积是多少，并列出算式）"。这是一个开放性的问题，给学生一定的思维空间，学生积极思考并展开思维：90 加 90 的和再乘 90，积是多少？90 乘 90 的积再乘 90，积是多少？90 乘 90 除以 90 的商，积是多少？90 减去 90 的差再乘 90，积是多少？……课堂生动活泼，学生思维非常活跃。我们体验到了教学成功的快乐。

由此可见，"做案例"不是独立于平常教学工作之外的额外工作，"做案例"的过程，是一个不断学习先进理论的过程，是一个运用理论进行教学设计和实践的过程，是一个不断对学生的学习进行深入细致的分析研究、发现问题改进教学的过程，而这，恰恰是促使自己专业能力提升的过程。叶澜教授说："一个教师写一辈子教案不可能成为名师，如果一个教师写三年教学反思，就有可能成为名师。"这话是很有道理的。如果你想使自己每天的上课不致变成单调乏味的苦差，想享受课堂教学带来的快乐，那就请你自觉地进行教学反思，多写点教学案例。相信你会体验到研究带来的幸福。

# 三、心态，是成长的支柱

年轻教师的成长，需要良好的环境。环境，总是外部的，因此，得由他人来创造。长期以来，我是这样认为的。让我改变这一想法的，是一次学校英语组教师的讨论会。

晓薇，一位只有四五年教龄的英语教师，她做了这样的一段发言：张老师是个很有办法的教研组长，我从她身上要学习工作思路清晰，做事讲究效率；我要向陈老师学习认真踏实、默默无闻的工作精神；而许老师对教材分析精深，我要向她学习，刻苦钻研教材，做好教学设计；毛老师教学风格生动活泼，经常利用实物设计情境，学生课堂学习兴趣浓厚，值得我努力学习。晓薇老师的这席话，绝对不是什么恭维讨好，而是发自内心的，因为她平时就是这样做的。然而，给我带来的思想冲击是：人无完人，谁身上没有缺点？我们常看到老师身上的缺点，然而，晓薇老师看到的都是他人身上的优点。看到缺点就会产生不满意，就会进行批评，而看到优点，自然会产生很多好感。说实在的，经晓薇老师这么一说，我对以上教师的好感一下子就平添了几分。如果人人都有一双能发现他人优点的眼睛，那么，我们的同事关系会变得更加和谐，我们的工作环境会变得更加积极向上。我想对年轻教师说，教师的成长需要一定的环境，良好的环境有利于年轻教师的健康成长，而良好环境的营造不是游离于自身之外的，我们自己应该是营造良好环境的主体。我们成长的环境中，不仅有同事关系（它是一种重要的关系），还有一种良好的师生关系（在一次对学生进行的访谈中，好几位同学都亲昵地用英文名字"Emily"称呼晓薇老师，她与学生的关系犹如大姐与弟、妹的关系），以及一种良好的干群关系（在学校工作安排出现困难的时候，她毅然地承担班主任工作，并在这一全新的领域努力地探索着、辛勤地工作着。这样的年轻教师，会有哪位领导不喜欢呢）。

　　一个偶然的机会，在从福州返回上海的东航班机上，我看到了东航总经理刘绍勇的《"心"的视野》一文，文中写道："人只有心态放松，才能取得最佳的成果。乐观，乐又见，乐观者在每一次忧患中都看到机会。悲观，悲又见，悲观者在每一次机会中都看到忧患。"智慧的人不为外物所动。境遇变化则视角变化，唯独不变的是心灵。站在谷底看山峰，心怀进取而非落寞，因为还有可进步的空间。站在峰顶看山腰，心生坦荡而非骄傲，因为看到更广阔的世界。与人相交，无论经验或教训，都是充实心灵的财富……只有学会调控自己的心态，才能体会自由的快乐；只有时刻安守内心正见，才能掌控自己的人生。所以，要想成为一名优秀的教师，不能仅关注自己的学科教学，还要有一个良好的心态，去处理各种人际关系，营造自身成长的良好环境，使自己茁壮成长。

　　年过半百，教过三十。能给予青年教师最重要的箴言只此三句：坚守教育信仰，坚持教学反思，坚定健康心态。试试吧！

# 参考文献

1. 郑毓信. 数学思维与小学数学[M]. 南京：江苏教育出版社，2008.
2. 郑毓信. 开放的小学数学教学[M]. 南京：江苏教育出版社，2008.
3. 潘小明. 新课程理念的探索实践[M]. 上海：上海教育出版社，2004.
4. 晓鄂. 浅谈情境设置问题[J]. 小学数学教师，2007(1-2).
5. 张奠宙等. 数学教育学[M]. 南昌：江西教育出版社，1991.
6. 钟启泉. 课程的逻辑[M]. 上海：华东师范大学出版社，2008.
7. 钟启泉. 对话教育：国际视野与本土行动[M]. 上海：华东师范大学出版社，2006.
8. 刘兼，孙晓天. 数学课程标准解读（实验稿）[M]. 北京：北京师范大学出版社，2002.
9. 肖川. 当代教育思想精要[M]. 北京：开明出版社，2006.
10. 钟启泉等. 解读中国教育[M]. 北京：北京科学出版社，2000.
11. 张卓玉. 第二次教育革命是否可能[M]. 北京：中国商务出版社，2009.
12. 郅庭瑾. 为思维而教[M]. 北京：教育科学出版社，2007.
13. 黄伟. 提问与对话——有效教学的入口与路径[M]. 杭州：浙江大学出版社，2016.